福建師範大學文學院百年學術論叢　第六輯

中華文化與閩臺社會

劉登翰　著

本成果受「開明慈善基金會」資助

第六輯
總序

　　庚子之歲，正值「露從今夜白」的秋季，福建師範大學文學院又邁出兩岸學術交流的堅執步伐，與臺北萬卷樓圖書公司繼續聯手，刊印了本院「百年學術論叢」第六輯。

　　學科隊伍的內外組合、旁通互聯，是高校學術發展的良好趨勢。我發現，本輯十部專書的十位作者，有八位屬於文學院的外聘博士生導師及特聘教授。他們或聘自本校其他學院，或來自省內外各高教、出版、科研部門，或是海峽彼岸遠孚眾望的學術名家。儘管他們履踐各殊，而齊心協力，切磋商量，共為本學院「百年學術」增光添彩的目標則無不一致。這種大學科團隊建設的新形態，充滿生機，令人欣悅。

　　泛觀本輯十種著作，其儻論之謹嚴，新見之卓犖，蓋與前五輯無異。茲就此十書，依次稱列如下：其一，劉登翰《中華文化與閩臺社會》，採用文化地理學和文化史學交叉的研究方法，提出閩臺文化是從內陸走向海洋的多元交匯的「海口型」文化重要觀點；其二，林玉山《漢語語法教程》，系統性地引證綜論漢語之語法學，以拓展語法研究者的學術窺探視野；其三，林繼中《王維──生命在寂靜裡躍動》，勾畫出唐代文藝天才王維的深廣藝術影響，揭示其詩藝風格之奧秘；其四，顏純鈞《中斷與連續──電影美學的一對基本範疇》，研討電影美學的核心理論問題，提出「中斷與連續」這一對新的美學範疇，稽論此新範疇與其他傳統範疇之間的關係；其五，林慶彰《圖書考辨與文獻整理》，辨析臺灣「戒嚴時期」出版大陸「違禁」著述的情實，兼涉經史研究、日本漢學、圖書文獻學之多方評識，用力廣

博周詳；其六，汪毅夫《閩臺區域社會研究》，從社會、文化和文學三個部分，分析閩臺文化的同一性和差異性，並及中華文化由中心向閩臺的漪動情狀；其七，謝必震《明清中琉交往中的中國傳統涉外制度研究》，結合中琉交往中相關的中國涉外制度作多方梳理，揭明中國封建王朝的對外思想、對外政策的本質特徵，以及對世界格局的影響作用；其八，管寧《文藝創新與文化視域》，把脈世紀之交文學與消費社會及大眾傳播之間的關係，分析獨具視角，識見精審；其九，謝海林《清人宋詩選與清代文化論稿》，全面梳理有清一代宋詩選本，對於深化宋詩研究乃至清代詩學研究有一定的參考價值；其十，周雲龍《別處另有世界在——邁向開放的比較文學形象學》，在不同類型的文本中擷取有關異域形象的素材，以跨文化、跨學科的視角，對其中的話語構型進行解析，探究中西、歐亞在現代性話語中的遭遇。從學科領域觀之，這十種著作已廣泛涉及文學、歷史、語言、區域文化、電影美學等不同學科，其抒論角度、方法、觀點之新穎特出，尤使人於心往神馳的學術享受中獲得諸多啟迪。

　　晚清黃遵憲詩云：「大千世界共此月，今夕只照人兩三」（《人境廬詩草》卷一），句中透露著無奈的孤獨感。藉此比照今日兩岸學術文化溝通交流的情景，我們無疑已經遠離了孤獨，迎來了眾所共享的光風霽月。我校文學院「百年學術論叢」在臺灣印行到第六輯，持續受到歡迎稱道，兩岸學者相與研磨，便是切實的印證。我感受到，在清朗的月色下，海峽兩岸的學術合作之路，將散發出更加迷人的炫彩。

福建師範大學汪文頂

西元二〇二〇年歲在庚子仲夏序於福州

目次

第一章

文化地理學與閩臺文化關係研究

第一節　空間和時間：文化地理和文化史的交叉視野

當我們把福建和臺灣作為一個共同文化區來進行考察時，我們面對的不僅是一個文化地理學的課題，而且是一個文化歷史學的課題，同時還是一個比較文化學的課題。我們的目標是，在一個確定的文化區域內來探討閩臺文化的親緣關係，追溯其根源，辨析它們在形成和發展進程中產生的變化與差異。

這樣，我們首先必須從文化區的考察入手。

十八世紀德國著名的哲學家伊曼努爾・康德（1724-1804）為現代地理學的建立和發展做出了突出的貢獻。他在一七五六至一七九八年間為哥尼斯堡大學講授的世界上第一門自然地理課程時，首先把地理學和歷史學作了本質上的區別。他認為，地理研究和歷史研究雖然都同樣注意事物的發展和變化，但地理學關注的重點是事物在空間分布上的差異和變化；而歷史學關注的重點則是事物在時間進程上的差異和變化。因此，地理學是一門空間分布的科學，通過空間的對比，研究事物在地球各個不同區域分布的異同、特點、格局和規律；而歷史學則是一門時間發展的科學，通過時間的比較，研究事物從這一時期到另一時期發生的變化及其特點、原因和規律。空間概念和時間概念的提出為地理學和歷史學的區分確立了重要的座標。

然而，地理學並不僅僅只是一門靜態地研究地球上自然現象和人

文現象在空間分布的科學。因為任何一種地理現象（自然的和人文的），都會隨著時間的延伸而存在發展和變化的過程。靜態的空間分布，實際上是動態的時間發展的結果，並且時時處於時間不斷的變動之中。因此，歷史的、發展的觀點並不為歷史學的研究所專有，它同時也應當成為地理學研究的基本觀念和重要方法。這不僅表現在它促使地理學產生了一門以歷史學的觀點來研究地理現象的分支學科——歷史地理學，而且作為一種觀念和方法，滲透在整個地理科學各個分支的研究之中。

近代地理學的形成和完善，是由十九世紀康德的兩位同胞來完成的。

一位是被稱為近代自然地理的奠基人、德國著名的地理學家亞歷山大·馮·洪堡。早期的地理學家大多只記錄自然界的各種現象，很少注意到它們之間的相互關係及在該地存在的原因。洪堡的研究則最先注意到各種地理現象之間的因果關係，並試圖解釋這些自然現象的空間分布原因。晚年他完成的二十九卷鉅著《宇宙》，系統地總結了自己一生足跡遍及歐美兩大洲的調查和研究，為近代自然地理學的建立起了奠基的作用。

另一位是被稱為人文地理學的奠基人、德國著名的地理學家卡爾·李戴爾。李戴爾豐富的哲學和歷史學修養，使他的研究側重在人文地理方面。他傾畢生精力最後完成的十九卷《地球學》，特別注意地理環境中的人文現象以及人與環境的關係。他主張把地球作為一個獨立的單元，不僅研究地球表面各種自然現象的分布、特徵、關係和原因，而且，把人作為地球這一生態系統中的一個組成部分，說明地球這個統一的整體與人及人的創造的聯繫，探索人文空間行為的規律。這樣，李戴爾在為地理科學中的近代人文地理學奠基的同時，也把過去一向被認為歸屬於自然科學的地理學拉向人文科學，使它具有自然科學和人文科學的雙重屬性，成為介於自然科學和人文科學之間

的一門特殊學科。

　　人文地理學是研究地球表面上人類活動所創造的一切人文現象，及其在空間分布和空間差別中所形成的區域系統的科學。儘管不同學者對這一定義的表述各有不同，但其基本內涵則是相近的：其一是研究人類活動所創造的一切人文現象；其二是以人地關係的理論為基礎，探討各種人文現象的分布、變化和擴散，以及人類社會活動的空間結構；其三是研究和預測其發展和變化的規律。人類社會活動的人文因素和現象是廣泛而多樣的，由此而帶來的人文現象的區位系統也是多種的，它形成了人文地理學的多個分支，如經濟地理學、人口地理學、聚落地理學、政治地理學、文化地理學等等。

　　文化地理學從人文地理學中分支出來，是二十世紀二十年代以後的事。雖然在此之前，文化的起源和傳播，早就引起現代地理學先驅們的注意，並由拉采爾在他的《人類地理學》中最早提出了「文化景觀」的概念。隨後，一九〇六年德國的地理學家施呂特爾把對「文化景觀」的研究，由表面的描述深入到它背後的社會、經濟和精神結構的層面。二十世紀二十年代美國的地理學家Ｃ・Ｏ・索爾繼承了施呂特爾的思想，通過「地球表面的烙印」──物質性的文化景觀，研究區域性的人文地理特色；隨後又進一步把它擴展到文化景觀的非物質層面。經過幾代學者的努力，文化地理學的研究對象逐漸明確起來，這一學科分支也從人文地理學中脫穎而出。它作為研究人類各種文化現象的空間分布、地域組合和文化區域系統的形成、變化和發展的科學，也在二十世紀八十年代以後獲得了中國地理學界的熱烈響應和參與，並且成為近二十年來備受關注的中國區域文化研究的具有普遍指導意義的理論基礎。

　　文化地理學包含著系統文化地理學和區域文化地理學的兩大序列。前者主要就文化的諸種因素如語言、文字、宗教、民俗、藝術等的空間分布進行系統的研究，如語言地理學、宗教地理學、民俗地理

學等，因此，系統文化區也稱部門文化區。後者則以不同區域範圍的劃分——大至洲別、國別，小至一省一縣，乃至一山一水，來進行限定性的、以區域為範疇的文化地理研究。但無論是系統文化地理學，還是區域文化地理學，它們都將涉及一系列共同的基本理論課題，諸如文化的源頭、文化的傳播與擴展、文化的生態學、文化的綜合作用、文化區的形成，以及各種文化現象發展變化的規律等等。這一些課題，實際上也包含了文化史研究的部分內容。

文化關係研究毫無疑問應當屬於文化地理學和文化史學互相交叉的一個研究範疇。

本書所討論的閩臺文化關係，是在一個特定的共同文化空間中，對其文化源頭、文化傳播與擴散、文化存在形態與景觀，以及在傳播擴展過程中由於人地因素的某些不同而產生的差異與變化的探討。它必將涉及文化地理學所關注的一些基本重要論題。對這些論題的深入探討，當然也會蘊含著文化史研究的某些內容。

這些概念和論題摘其要者有以下幾個方面。

首先，關於文化區的概念。文化地理學把具有某種文化特徵和具有某種文化特徵的人在地球表面所占據的空間視為一個文化區。文化區依據不同的標準，可以分為形式文化區和功能文化區兩類。形式文化區是依照一種或多種文化特徵的空間分布來劃分，如種族、語言、宗教信仰、民俗等；功能文化區則以不同的政治、經濟、社會的功能所含攝的地理範圍來區分，例如一個國家、一個省、一個縣或一個選區、一個教區。本書所討論的是作為形式文化區的閩臺文化關係。雖然，從地理位置上看，閩臺並不接壤，而是隔海相望；從社會功能上看，臺灣雖曾一度隸屬福建，但自一八八五年以後即單獨建省，由於歷史的多方面原因，發展至今，無論政治體制還是經濟體制都與福建不同。因此，以功能為標準劃分，閩臺並不屬同一個功能文化區；但如果就其文化特徵考察，閩臺兩地無論在人口族緣關係、社區聚落方

式、語言形態，還是宗教信仰、民俗風情、民間工藝等等，都有著密切的親緣關係，不僅相似甚至相同。所以，就文化特徵而言，閩臺無疑屬於同一個形式文化區。這是我們討論閩臺文化關係時立論的基本前提和出發點。

其次，關於文化擴散理論。文化地理學認為，每個文化區，不論其屬於何種類型，都是某種文化在歷史發展過程中的空間現實體現。在這個意義上也可以說，文化區是文化在某一時期傳播所形成的產物。因此，這個本質上應當屬於文化史學的論題，便滲透在文化地理學的研究之中，成為它時空辯證的一個認識論基礎。瑞典著名地理學家哈蓋斯特朗對文化擴散做過系統的研究和分類。他認為文化擴散有兩種類型：擴展擴散和遷移擴散。擴展擴散指的是某種文化在空間上由中心地通過人群傳播逐步擴展到另一些地方。它可能是「傳染型」的，即通過已經接受這一文化的人群與其他人群的直接接觸，如疾病的傳染一樣，逐步擴展開去；也可能是「信息型」的，通過公共信息系統的傳接，由中心地向次中心地，再向更周邊的地方，等級遞進式地擴展開去，因此它也稱「等級擴展」；還可能是「刺激型」的，即在傳播的過程中由於種種原因不可能原封不動地照搬，而是在接受傳播的刺激之後，按照自身的條件和需要進行改造和更新，從而創造出新的文化。另一種類型的傳播叫遷移擴散，即隨著人群的遷移而擴散。因為人既是文化的創造者，也是文化的承載者；人群的遷移，實質上也是文化的遷移。由於人群的流動，其跨越的幅度可以很大，文化的傳播，便也可能隨著人群遷移的路線，越過高山、大漠或海洋，形成新的文化分布區，而與其文化原生地並不一定相連接。這種擴散方式與擴展擴散相比較，不僅地域更廣，速度也更快。當然，擴展擴散和遷移擴散作為文化傳播的兩種基本形態，並不互相對立或截然分開，往往兩者滲透並存，互為補充。就本書所討論的閩臺文化關係而言，漢民族文化由中原地區傳入福建，再由福建延伸到臺灣，主要依

靠移民的遷徙。因此，遷徙擴散是漢民族文化經由福建再延伸到臺灣的主要傳播類型。但同時漫長年月的人群交往，使擴展傳播的諸種形態也在閩臺地區同時存在，它加深和豐富了文化傳播的內涵與手段。

第三，關於文化景觀研究。「景觀」作為地理學的一個特殊概念，指的是地球表面各種地理現象的綜合體。它有自然景觀和文化景觀之分。前者是未經人類活動影響的自然綜合體，後者則是人類為滿足某些實際需要而附加在自然景觀之上的各種文化創造物。因此，文化景觀是空間意義上的文化特定形態。它如一面鏡子，反映出具有不同文化背景的人群集團各自特徵鮮明的不同文化創造。它的獨特性，便成為指明本地區文化的同一性和區別其他地區的文化差異性的重要標誌。文化景觀又可劃分為物質性文化景觀和非物質性文化景觀兩種。物質性文化景觀是人類在自然景觀的物質條件基礎上所進行的文化創造，有著明顯的可視性和與自然物的融合性，如建築、園林、城市、運河等；非物質性的文化景觀主要指的是包括意識形態在內的多方面精神文化現象，例如語言、宗教、法律、音樂等。它雖不是一種看得見、摸得著的物質存在，卻是通過人類大腦的知識、經驗貯存和聯想，可以感知的精神文化現象。從空間意義上說，文化景觀是文化的凝聚體；從時間意義上看，文化景觀又是文化發展在一個特定階段的結果。因此，在文化景觀中，往往包含著文化的起源、擴散和發展的各種有價值的信息，它必然要成為文化地理研究中最受關注的中心論題。

第四，關於文化的綜合作用。文化地理學認為，一種文化因素的空間分布，除去受環境中自然因素的影響，還會受到其他文化要素的影響。因此只有把文化地理的研究對象放在各種自然和文化相互關聯的背景中才能辨析清楚。這一理論不僅對文化的空間分布研究至關重要，而且對於同一文化區中不同地域的文化差異也極富啟示意義。因為即使在同一文化區中，其自然地理條件和固有的文化存在要素也不

是完全均等的。新來的文化處於不同的自然、文化背景中，必然會出現差異。根據文化擴散理論中的「刺激擴散」類型，不同的環境在接受新傳入的文化的「刺激」時，往往不是原封不動的照搬，而是按照自身的環境條件（自然、文化地理因素）和現實需求，派生出新的變體。這就是文化傳播或文化區形成中常常會出現的本土化過程和體現的原因。它與作為文化源頭的固有文化有著極為密切的親緣關係，既是源頭文化的延伸，又是源頭文化的變異、豐富和發展。因此，在肯認共同文化區的文化同一性同時，也注意到文化的不均衡傳播與差異性的存在，是對文化同一性更深入一步的研究。它也是比較文化的一個重要話題。閩臺文化關係的發展，實際上典型地體現了文化傳播過程中同一性與差異性同時存在的辯證兩面。關鍵的問題是，差異性的存在並不能淹沒同一性作為這一共同文化區的主導和本質。

　　當然，還有其他一些概念和理論，如文化擴散中的「距離／時間衰減定律」，即文化傳播的影響強度會隨著距離和時間的增加而逐漸衰減。它對於文化傳播的不均衡性和文化影響的逐步削弱都有所啟迪，是文化區域研究中不可忽略的現象。這裡不一一細述。

　　文化地理學的當代發展，客觀上修正和補充了十八世紀德國哲學家康德對地理學和歷史學作空間和時間劃分的基本理論。在今天的文化地理學研究中，普遍引入了歷史的方法，許多重要觀念和理論，都交錯著空間和時間的視野與識見。如作為文化地理學最為重要的文化景觀理論，它既是空間的，也是時間的，是文化的時間發展在空間上的凝定。在它身上既看到現實的存在，也看到歷史的脈跡，甚至可以追尋到文化的源頭。歷史方法的普遍引入文化地理學研究，和文化地理學的觀念被借用到文化史學的討論中來，這種科際的綜合，反映了人類文化活動中時間和空間統一的本質，是文化研究深入發展的必然趨勢。建立這種空間與時間——文化地理學與文化史學交叉的視野，是我們深入閩臺文化關係研究的一個目標和前提。

　　有關文化地理學的相關論述，可參閱下列著作：

H・J・德伯里著，王民等譯：《人文地理：文化・社會與空間》（北京市：北京師範大學出版社，1988年）。

王恩涌：《文化地理學導論》（北京市：高等教育出版社，1989年）。

夏日云等：《文化地理學》（北京市：北京出版社，1991年）。

王會昌：《中國文化地理》（上海市：華東師範大學出版社，1992年1月）。

張小林等：《人文地理學導論》（北京市：測繪出版社，1995年）。

陳正祥：《中國文化地理》（香港：三聯書店，1983年12月）。

第二節　中國文化地理中的閩臺文化區

　　文化地理學依照地理環境的差異和族群分布的不同，及其在歷史進程中不同政治、經濟、文化發展所形成的各自殊異的人文景觀，將世界劃分為若干大小不同的文化區。所謂文化區，《人類地理學概念詞典》將它定義為「具有相同文化屬性的人所占有的地區」[1]。王恩涌編著的《文化地理學導論》也認為文化區指的是「某種文化和具有某種文化特徵的人在地球表面所占據的空間」[2]。它是對人類文化「空間分布」的一種劃分，但這種劃分，不是先天而來或亙古不變的。它既受到造化所賦予的地理環境的影響，更是人類後天創造的結果。因此，文化區是隨著歷史的發展和時間的演替而產生變化的，所以我們又把人類文化的這種「空間分布」看作是時間發展在空間上文化凝聚的結果。

　　對於文化區，可以根據研究對象和研究目的的不同，作不同層次的劃分，大至整個世界，小到一個省、一個縣，都可視其實際情況進

1　轉引自王會昌：《中國文化地理》（武漢市：華中師範大學出版社，1992年1月）。

2　王恩涌：《文化地理學導論》（北京市：高等教育出版社，1989年）。

行不同文化區域的劃分。中國是一個幅員遼闊、歷史悠久的多民族國家，其地理環境的獨特結構和漫長歷史形成的中華民族文化的總體特徵，在世界文化地圖上呈現出鮮明的東方風貌，成為世界文化地理上獨立的一個文化區。而在中國的版圖之內，東、西、南、北也存在著互有差異的複雜地貌和多元的民族分布，並且形成了各個地區政治、經濟、文化背景不盡相同的社會發展，從而呈現出形形色色的人文景觀，成為我們對中華民族文化在自身版圖之內再進行文化區域劃分的依據。

根據王會昌《中國文化地理》一書的論述，中國文化區域的劃分，可以分為三個層次。

第一個層次依據不同的地貌、生產方式和民族文化的差異，可以籠統地將中國劃分為東部和西部兩大文化區。這裡東部和西部的劃分，按照傳統習慣是從黑龍江省的愛輝縣到雲南省的騰沖之間劃一連線，其東半壁以平原、丘陵和海拔在二公里以下的高原、山地為主，盛行季風氣候，是中國比較發達的農業區，稱為農業文化區；西半壁以草原、沙漠、高山和高寒高原為主，屬大陸性氣候，是中國主要的游牧區，稱為游牧文化區。這是中國文化地理劃分中的一級文化區。

第二個層次是在上述的劃分中，再依據地理環境的不同、民族集團的分布及其文化特徵的差異，作進一步的細分，即二級文化區（亦稱文化亞區）。東部農業文化區可以分出漢民族為主體的中國傳統農業文化亞區和西南以少數民族為主體的少數民族農業文化亞區兩大部分；在西部游牧文化區中則由於其南北的地理環境和民族集團的巨大差異，可以劃分為北部蒙新草原的沙漠游牧文化亞區和南部青藏高原的游牧文化亞區。

第三個層次的劃分，即三級文化區（亦稱文化副區）的劃分則比較複雜。在中國兩大文化區的四個文化亞區中，由於東部和西部的巨大差異，對文化區的劃分原則也略有不同。在西部多民族的文化亞區

中，主要考慮以主體民族的分布範圍所形成的文化差異來確定文化副區的界限；而在東部傳統的農業文化亞區之內，其民族的主體都是漢族，民族分布的範圍自然不能作為文化副區劃分的依據。但在這一南北縱長數千里的文化亞區裡，地跨熱帶、亞熱帶、暖溫帶和亞寒帶幾個氣候區，農業耕作制度和類型南北差異很大，地理景觀也各不相同，它同時導致南北方人民不同的生活習慣、民間習俗、風土人情和文學藝術等。因此，對傳統農業文化亞區中的文化副區的劃分，將更多地考慮其地區的文化風貌。它既不以民族劃分，也不以今天的省區邊界為界線，可能是一個省為一個文化副區，也可能包括了兩個、三個省分，還可能以一個省為基礎，融入了周邊省區的某些部分。

依照上述原則，王會昌《中國文化地理》將中國傳統農業文化亞區（二級文化區）劃分為十二個文化副區，自北至南為：一、關東文化副區；二、燕趙文化副區；三、黃土高原文化副區；四、中原文化副區；五、齊魯文化副區；六、淮河流域文化副區；七、巴蜀文化副區；八、荊湘文化副區；九、鄱陽文化副區；十、吳越文化副區；十一、嶺南文化副區；十二、臺灣海峽兩岸文化副區，亦即我們通常所說的閩臺文化副區。

關於閩臺是否同屬一個文化副區（為了敘述簡便，以下凡提及閩臺文化區指的都是文化副區），學術界曾經存在著一些不同看法。一九九二年，在由中華炎黃文化研究會牽頭於廈門舉辦的「閩臺文化學術研討會」上，曾經就此展開討論。一些學者主要從民族、語言、風俗習慣、民間信仰和文學藝術等方面所具有的共同文化特徵，肯定閩臺為一個共同文化區。另一些學者則在肯認臺灣文化是中華文化一個分支的前提下，強調臺灣歷史發展的特殊性，特別是近半個世紀以來走上與大陸無論政治制度還是經濟體制都完全不同的道路，從而不贊成把閩臺看作是一個共同文化區的提法。著名歷史學家戴逸在為會議所作的學術小結中認為：「分歧的產生是對今天臺灣文化的特殊性的

估計有高低，這就可以推動我們去研究今天的臺灣文化，深入分析，認真思考，以求得共識。」[3]

這一至今尚還難說已經取得共識的分歧，主要來自兩個方面：一、如何確認文化區的劃分類型與標準；二、怎樣看待同一性和特殊性，亦即臺灣社會發展的特殊性，是否從根本上改變了它與福建共同的文化特徵。下面我們分別從這兩個方面來進行討論。

首先，關於文化區的劃分類型和標準。

第一，文化區的劃分是文化地理學賴以建立的一個基本概念。作為研究「文化空間分布」的一個專門學科，文化區通常被界定為「某種文化和具有某種文化特徵的人在地球表面所占據的空間」。它按照不同的需要和指標體系，又可以分為形式文化區和功能文化區兩類。形式文化區強調的是具有一種或多種共同文化特徵的人所分布的地理範圍，如語言、宗教、民俗、文學藝術、社會組織、聚落方式等等。我們通常所說的文化區，大致屬於這一類。功能文化區是依照文化的功能——廣義的文化所含括的政治、經濟、社會的不同機制和功能所組織起來的地區來劃分，如一個國家、一個省、一個縣或一個教區、一個選區等。因此兩類文化區既互相關聯，又互相區別。首先形式文化區是依照文化的特徵來劃分，所側重的是文化的本體；功能文化區則是以文化的機制和功能來劃分，所側重的是功能。第二，形式文化區的形成往往有一個比較漫長的歷史發展和文化積澱的過程，是所謂時間的發展在空間上的文化凝聚。這也就是我們往往習慣從文化史學的立場來認識形式文化區，或者從形式文化區的景觀來進行文化史的研究的原因。而功能文化區則更強調它在目前的狀態，雖然也會有一

3　戴逸：〈閩臺文化的淵源與發展〉，載閩臺文化學術研討會論文集，中華炎黃文化研究會編：《同祖同根，源遠流長》（福州市：海峽文藝出版社，1993年）。關於閩臺是否同一文化區的爭論文章。可參閱同書徐曉望的〈中華文化與閩臺文化〉和陳孔立、吳志德的〈臺灣文化與中華文化關係的探討〉等文。

個積累和發展的過程，但往往會由於某些政治和經濟上的原因而作重
新的劃分。因此，形式文化區往往更多關注其歷史的積累和發展的過
程，有更大的相對穩定性；功能文化區則更多側重現實的考察，有較
多的變化。第三，由歷史承傳下來的以文化特徵為劃分標準的形式文
化區，其邊緣界線往往比較模糊。這一方面是歷史的變遷使原來相對
分明的界線逐漸模糊；另一方面則由於文化的擴散作用，在不同的文
化區域邊緣互相滲透影響，成為一種「毛邊」。而功能文化區以其機
制和功能的要求，如作為政治上行政轄區的省、市、縣，其疆界必須
是十分明確的。在這裡，形式文化區的區域與純粹地理學意義上地區
的概念略有差別。被歲月流逝模糊化了的文化區域，作為一個文化範
疇的概念，成為界分文化的標誌。它的邊界是一條模糊的「帶」，而
不是功能文化區的一條明晰的「線」。第四，形式文化區和功能文化
區既互有區別有時又互相重疊，它們往往還可能互為因果。一方面可
能因為文化特徵的共同性而在某種程度上也呈現為文化功能的一致
性；另一方面也可能因為功能區域的劃分而影響文化的形成，從而具
有某種同一性。它們在不同的歷史發展階段會形成不同的界線，其複
雜紛紜的狀態，只能根據不同的對象進行具體的分析。

　　從文化地理學的意義來思考閩臺文化區，我們看到，一方面，閩
臺作為共同的形式文化區，是長期的歷史所形成的。在中華文化形成
的歷史進程中，漢民族文化向南播遷，在福建有著一個本土化的過
程；帶有福建本土特色的漢民族文化，特別是以閩南方言和部分客家
方言為背景的閩南文化和客家文化，再度越海向臺灣延伸，使閩臺兩
地成為一個共同的文化副區。它以閩南方言和部分客家方言為基礎，
在宗族制度、聚落方式、民間信仰、民俗習慣、文學藝術等方面，形
成了具有共同特徵的文化風貌。儘管在其歷史發展中，特別是臺灣社
會，有過與福建不同的遭遇，但它在沿襲富有閩臺本土特色的中華文
化傳統上，表現出了在歷史坎坷和異質文化衝擊、包圍中堅守民族本

位的文化穩定性。雖然歷史發展的不同帶來閩臺兩地文化形態的某些
差異，但並未從根本上或總體上改變閩臺文化的同一特徵和屬性，它
們作為形式文化區是一致的。但是另一方面，今日閩臺兩地並不同屬
於一個功能文化區。儘管歷史上臺灣曾經是福建的一個府，在行政管
轄、科考制度等機制上曾經是一致的，但自臺灣建省以後，閩臺兩地
作為政治功能上的轄區已經分開；特別經過近一個世紀的日本殖民占
領和兩岸分隔，臺灣不管政治制度還是經濟制度都走上與福建及中國
大陸完全不同的發展道路，其作為現實的功能文化區，當然也就不
同。我們對閩臺共同文化區的界定，主要是就其作為形式文化區而
言，而非指功能文化區。對閩臺文化區的認識上有所歧見，部分原因
或恐與此有關。當然，我們認為閩臺兩省不屬於同一個功能文化區，
而是一種對中國文化地理的區分。我們是在這一前提下，把閩臺放在
中國文化地理的背景上作區域文化的辨析。

　　其次，關於同一性和特殊性的問題。

　　文化的同一性是文化區形成的依據和標誌，這是毫無疑義的。在
一個共同文化區中，同一性也不是絕對的，只是就其文化的總體形態
而言；而文化的差異性雖是特殊的，卻是普遍存在的。問題是這一普
遍存在的文化差異性，只是共同文化在擴散過程或後來的歷史發展
中，受到其他環境要素和文化要素的影響而產生的某些特殊形態，它
並不從根本上改變其文化在質態上的共同特徵。如果差異成為主導，
改變了文化的同一性質，成為兩種不同質地和形態的文化，那麼一個
共同文化區便會分化為兩個不同的文化區。文化地理學在討論文化的
擴散、文化的綜合作用以及文化區的形成與發展時，都肯認了這種
差異（在同一文化區內）和變異（分化為兩個不同文化區）存在的可
能性。

　　閩臺文化區的情況如何呢？首先，閩臺文化區的形成是中原文化
傳播的結果。從歷史上分析，閩臺都曾經是移民社會。只不過中原移

民入閩，已有一千多年的歷史，中原移民在福建的土著化，即形成中原移民在福建的定居社會，如果是在宋代[4]，距今也已千年左右，加之長期以來融入國家統一的政治體制和文化傳統之中，其移民社會的色彩已很淡薄；而福建對臺灣的移民，從明末開始至清代中期形成高潮，距今也只三、四百年時間；加之不斷的異族侵擾、割據和分隔，民族意識和尋根認宗的戀祖情懷強烈反彈，反倒使臺灣社會的移民色彩得到較長時期的保持。中原文化播入福建，經過本土化以後，以閩南文化的地域形態再度傳入臺灣，便使閩臺社會的地域方言、生活習俗、民間信仰、文學藝術，乃至某些社會心態和文化性格，都保持著基本的同一性。這是我們確認閩臺為同一文化區的根據。

　　但是，福建與臺灣也存在許多差異。臺灣的自然地理環境與福建不盡相同，福建依山面海，臺灣則是四面環海的島嶼。福建的人文因素也與臺灣有所差別，福建曾是閩越族的聚居之地，但漢以後，閩越族已被強制內遷或消融在後來成為福建人口主體的中原漢族移民之中，至今我們只能從考古遺存和某些文化遺風中來了解古越族的生存蹤跡。而臺灣則是包括平埔族和高山族[5]在內的原住民最早的聚居之地，雖然人類學的研究推論高山族的某些部分與古越族有某種親緣關係，但高山族只是一個籠統的名稱，有著許多各具自己獨特文化形態的不同族系，其族源十分複雜。在歷史發展中，臺灣原住民除平埔族

4　參閱林國平等：〈閩臺文化的形成及其歷史作用〉，見林國平主編：《閩臺區域文化研究》（北京市：中國社會科學院出版社，2000年7月）。

5　關於先於漢族居住在臺灣的土著民族的稱謂，歷史上多有不同。三國時稱「山夷」，隋稱「流求土人」，宋稱「毗舍耶」，元稱「瑠求」或「琉球番」，明稱「東番夷」。至清，則稱為「番族」，並有「生番」、「熟番」、「高山番」、「平埔番」之分。日據時期以「高砂族」稱之。抗戰勝利之後，開始出現「高山族」的稱謂。但二十世紀五十年代以後，臺灣當局則以「山地同胞」或「山胞」稱之。一九四九年以後，在民族認定時，沿襲了「高山族」的名稱。但近年來學術界對這一稱謂屢有爭議，或以「原住民」、「先住民」稱之，或以「南島語系族群」稱之。

大部分融入漢族移民之中，其避居高山、海島的其他族系依然保持自己獨特的文化形態，並且在近年世界性的原住民運動中，越來越強烈地表現出要求承認和尊重的民族自覺和文化自覺。這一切都不能不使中原文化在播遷福建與臺灣的先後進程中，呈現出某些差異性特徵。其次，在臺灣的歷史發展中，自日據以後，便中斷了與福建相似相攜的發展道路。在異質文化（先是日本，後是美國）挾其政治和經濟的強勢長驅臺灣，並且在一個時期裡（如日據時期）成為社會的主導文化。這一特定的文化環境，便不能不使福建和臺灣的文化同一性受到挑戰，而產生較大的差異。這是臺灣特殊文化處境的一方面結果。另一方面則是，中華文化的強大凝聚力，在本來就有強烈祖根意識的臺灣社會，昇華為一種與異質文化相抗衡的民族意識。在這一「祖根意識／民族意識」主導下，民族文化的各種形態，特別是浸透在日常生活中的那一部分常俗文化，例如方言俚語、宗族觀念、民間信仰、禮儀習俗、民間文藝等等，越發以充沛的生命力活躍起來。例如媽祖廟宇在日本毀除漢族神祇的殖民文化政策下，不減反增，就是一個例子；臺灣歌仔戲也是在日據時期以閩南方言為基礎，攝取閩南口傳文學和傳統戲曲的故事內容，在閩南歌仔（傳入臺灣稱「本地歌仔」）和歲時節慶迎神賽會時化裝表演的各種「陣頭」基礎上，吸收其他劇種的戲曲表演程式而孕育發展起來的臺灣唯一的地方劇種，更是一個突出的例子。

　　閩臺之間文化差異性的存在是一個客觀事實，也是其他文化區（例如吳越文化區的江蘇與浙江，荊湘文化區的湖北與湖南等）都普遍存在的一種現象。問題是這一差異性是否根本改變了閩臺文化的同一性，成為另一種在本質和形態上完全不同的文化了呢？

　　我們且以文化的構成理論來試作分析。狹義的文化，是一個包括有思想傳統、民俗習慣和流行觀念三個層次的同心圓的概念。其中，思想傳統是其核心部分；經過思想傳統的長期薰陶、影響而外化

為民間普遍接受的民俗習慣，是這個同心圓的第二層；處於文化這個同心圓最外層的是流行觀念，它不太穩定的部分隨時會被淘汰，而相對穩定的部分則有可能滲入民俗的層面，甚至有可能化為思想傳統的有機組成部分。這三個層面相互影響，構成了充滿活力的、互動的文化內涵。依照這個文化構成，今日臺灣社會所出現的文化差異，主要表現在第三個層面，即流行觀念上，包括其政治制度和意識形態，也常常處於變動不居的「流行狀態」中；其第二層面的民俗習慣和居於核心地位的思想傳統，與福建並無太大差別，特別是思想傳統，仍保有中華文化的儒家思想和儒、道、釋三元合一的價值觀體系。以近三十年來兩岸開放以後頻繁交往的大量事實考察，我們看不到這種從形到質的不同文化的完全分野。相反的是，在不斷的文化尋根和認祖歸宗活動中，有一種消弭差異、走向新的整合的趨勢。閩臺之間的文化同一性，依然是本質的、主導的，閩臺仍然應當被視為一個共同的文化區。

當然這並不意味文化的差異性不存在或者已經消弭，也並非認為對文化差異性的研究已不重要。相反，在肯認同一性的前提下承認差異和研究差異，是為了更實事求是地在尊重客觀事實的基礎上進一步促進同一的整合。對文化同一性的研究是對事物認識的一個基本的層面；而在同一性認識的背景上，對文化差異性的辨析，則是對事物更深層的分析，是研究的深入和對同一性的進一步肯定。在這個意義上，對特殊性的辨析有著與對同一性的肯認同等重要，甚至更為深刻的意義。

第二章

閩臺文化關係的歷史溯源

第一節　古地理學的研究：地緣關係

　　閩臺兩地有著極為密切的文化親緣關係，其淵源可以追溯到遠古時代。古地理學的研究最先為我們揭開了閩臺文化親緣存在的地理基礎和發生的奧秘。

　　翻開地圖，臺灣位於中國大陸東南一百多公里的海面上。東臨浩瀚的太平洋，西隔臺灣海峽與福建省相望，南界巴士海峽和菲律賓群島遙對，東北隔著太平洋中一道二千七百公尺深的沖繩海槽與日本琉球群島為鄰。全島南北長約三百八十公里，東西寬約一百五十公里，其最窄處僅二十公里，總面積為三點六萬平方公里，是中國最大的島嶼。除本島外，還包括周近許多島群，最大的是澎湖島（六十四平方公里）與周圍六十多座小島和礁灘；東南部有綠島、蘭嶼、小蘭嶼、七星岩等島群；東北部海域則有分布更廣的花瓶嶼、彭佳嶼、棉花嶼、釣魚島、黃尾嶼、南小島、北小島、赤尾嶼等，多為火山島，還有少量的珊瑚礁島和沙島等。

　　這是今天臺灣的地理位置和概況。然而在遠古時期，臺灣並不是一直漂浮在東海滔滔波浪之上的島嶼，它曾經有過數度與大陸連成一體的歷史，迄今它依然立在中國大陸棚的東緣之上。古地理學的研究，從大陸板塊的地形結構和臺灣海峽的海底地貌變遷的歷史中，揭開了臺灣與中國大陸這個饒富興味的地緣之謎。

　　中國大陸的形成，早在震旦紀之前即已完成。其華北──塔里木

大陸區、揚子大陸區和藏南大陸區，構成三個大陸型地殼區；到晚海
西印支階段以後，揚子地臺與華北地臺合為一體，形成了統一的亞洲
東部大陸。福建、臺灣和閩臺之間的臺灣海峽，都屬於亞洲大陸板
塊，只不過由於處在大陸的邊緣，地殼易受擠壓而產生斷裂。幾條衝
斷層將其分成一些小板塊，形成了臺灣中央山地、臺灣西部平原盆
地、臺灣海峽海底斷裂和裂谷、臺灣海峽海底盆地和福建東部的隆起
帶。考察今日臺灣周邊的海底地貌，可以發現，東部瀕臨太平洋的海
底，呈急遽傾斜的走勢，不到幾公里，就深達二公里以上；西部與福
建相望的臺灣海峽則呈淺海的平緩走勢，是屬於寬達一百公里至二百
公里的大陸棚淺海地帶。它以臺灣淺灘為界將海峽分為南北兩個部
分：淺灘以北，屬於東海大陸棚的一部分，淺灘以南，屬於南海大陸
棚的一部分。海峽的南北兩端略深，北部一般不超過一百公尺，南部
可達四百公尺，而中南部較淺，即自東山島至澎湖島一帶，僅四十公
尺左右，有的才十多公尺，這也就是後來我們常說的東山與澎湖之間
存在的一道「海上陸橋」。[1]

　　在遠古時期，由於地殼運動和氣候變化，臺灣曾經數度與福建連
在一起。最早是在第三紀末，發生喜馬拉雅造山運動，臺灣褶皺隆起，
帶動了臺灣海峽和福建海岸迅速上升，臺灣與福建連成一體。到了中
新世末期，臺灣海峽發生斷陷，海水浸入，致使福建與臺灣分離。到
第三紀末、第四紀初，臺灣海峽南部和福建東南沿海一帶有玄武岩噴
發，形成澎湖列島和玄武岩臺地，臺灣海峽作為原始的東海盆地的一
部分，以臺灣淺灘為界，成為東海盆地和南海盆地的海底分界。

　　在中國大陸的地貌格局基本奠定以後，臺灣與福建以陸地相連的
數度離合，主要是由於地球氣候變化的原因。自更新世以來，因冰川

---

[1]　參閱宋文薰：〈由考古學看臺灣〉，載《中國的臺灣》（新北市：中央文物供應社，
　　1980年11月）。

的週期性出現與消融，引發海浸，又曾經四次以陸地和福建相連。最早一次是在早更新世的鄱陽冰期，中國海域的水面下降六十公尺左右，臺灣島猛然上升，臺灣海峽也大部分露出水面，臺灣與福建遂連成一片；直到早更新世晚期，氣候轉暖，進入了鄱陽冰期向大姑冰期過渡的間冰期，冰雪消融，海面回升，臺灣海峽出現海浸，臺灣島才與福建陸地分離。

　　第二次的相連發生在中更新世。其時氣候轉冷，中國稱為大姑冰期的第二次來臨，海面再度下降，臺灣又與福建以陸地相連。直至中更新世後期，氣候轉暖，海面復升，臺灣才再度與福建分開。

　　第三次發生在晚更新世。中國稱為廬山冰期的第三次冰期出現，轉冷的氣候使海平面劇烈下降，裸露水面的海峽淺灘成為一道陸橋，把臺灣島與福建再次以陸地相連。直到晚更新世的中期，中國進入廬山冰期與大理冰期的間冰期，才又因氣候轉暖、海面上升，臺灣海峽被上升的海水淹沒，復使臺灣與福建再度隔海相望。

　　第四次出現在距今一萬一千多年前的全新世。這是第四紀的最後一次冰期，臺灣與福建又經歷了一次陸地的相連與離分。至距今六千至七千年左右，轉暖的氣候使海浸達到最高峰。此後，六千年來氣候雖略有變化，但溫差變動不大，海面的升降幅度也不超過一公尺，臺灣海峽便進入了一個穩定的狀態。曾經四度相連又四度離分的臺灣與福建，便也隔海相望未再出現劇烈的變動。

　　古地理學的研究證明，位於中國大陸棚東緣之上的臺灣，地形結構與中國大陸是一個整體，屬於亞洲大陸板塊的一部分，它的東海岸才是歐亞大陸的邊緣。它雖然由於地殼運動的原因，從大陸邊緣斷裂出去，但在它浮懸海中之後，又因週期性的冰期數度與福建以陸地連接。此時正是地球上生命活躍的更新世時期。這也意味著，在臺灣曾經數度以陸地和福建相連時，存在著一條陸上通道，使得遠古時代華南相的各種動物，甚或古人類，能夠越過海峽，生存在海浸以後又從

大陸分離出去的臺灣島上。臺灣著名的考古學家宋文薰曾以大量的考古發現為佐證，認為「臺灣位於中國東南大陸棚上，在最近三百萬年至一萬年之更新世冰河期間，曾數次與華南以陸地相連。期間有源源不絕的華南相哺乳動物群往臺灣遷移。故在這段期間很可能有以狩獵與採集為生的舊石器時代人類，跟隨動物群移居臺灣」[2]。臺南左鎮菜寮溪山谷、關廟鄉龜洞溪兩岸和臺中頭科等地的沉積層，發現的大量劍齒象、犀牛、大角鹿、四不像等動物化石，阿里山西麓「桃園礫石層」中發現的中國犀牛化石，以及大熊貓、東方劍齒象、中國貘、熊等化石，都是早更新世和中更新世第一、第二次冰期從大陸遷徙到臺灣的動物留下的；至今存活在臺灣的黃鼬、梅花鹿、小麂和豹等哺乳類動物，也是在臺灣與福建相連時通過臺灣海峽的陸橋東徙而來的。這些動物化石和實體的存在，又反過來成為臺灣曾與中國大陸以陸地相連接的確證。

　　臺灣與福建的這種密切的地緣關係，為遠古時代閩臺兩地文化親緣的存在與發展，提供了可靠的地理依據。福建與臺灣的文化親緣，便由此揭開序幕。

第二節　考古學和人類學的發現：親緣關係

一　從舊石器到新石器的考石發現

　　一九七〇年，臺南左鎮鄉的一位郭姓農民，在菜寮溪的河谷中拾到一塊灰紅色的人類骨頭化石，引起了學術界的重視。後來在左鎮鄉菜寮溪的臭屈和岡子林兩處小河段，先後採集到九塊人類標本化石，

2　宋文薰：〈由考古學看臺灣〉，載《中國的臺灣》（新北市：中央文物供應社，1980年
　　11月）。

即右頂骨殘片四塊，左頂骨殘片一塊，右上第一或第二大臼齒一塊，右下第一大臼齒一塊，額骨殘片一塊，枕骨殘片一塊。經解剖特徵的比較分析和絕對年代測定結果表明，採自菜寮溪臭屈河段的三件人類頂骨化石和兩件人類牙齒化石，屬於更新世末期的晚期智人，距今約一萬年至三萬年以前；而採自岡子林河段的四件人類頭骨化石，因其顏色淺，石化程度低，年代要比臭屈河段發現的晚了許多。前者被命名為「左鎮人」，是臺灣舊石器時代人類的代表。

與左鎮人發現的同時，在左鎮地區的第四紀地層，包括菜寮溪河段、三重溪河段、牛屎坑、監水坑、關廟五處還出土了一批哺乳類動物化石，主要有明石劍齒象、臺灣猛獁象、早坂犀牛、中國劍齒象、臺灣四不像、步氏羌、羌、新竹鹿、豬、獼猴、豹、水牛等。因這批動物的化石均係雨水沖刷露出地表採集到的，不是正式的田野發掘，其原生定位不清，給定性帶來困難。但通過化石氟、錳含量的測定，認為這批動物化石不是同一時期的地質遺存，其最早可以推到更新世早期，屬於左鎮地區第四紀地層的崎頂層上層，即通霄層的香山相；其較晚的動物化石可能出自臺南的底礫層，是全新世中期海浸期的堆積物。這些哺乳類動物化石的發現，對臺灣舊石器人類的生存環境提供了充分的佐證。

臺灣左鎮人一般被認為是臺灣舊石器時期長濱文化的創造者。

長濱文化指的是在臺灣臺東縣長濱鄉八仙洞發現的舊石器文化遺存。一九六八年，由宋文薰和林朝棨率領的臺灣大學考古人類學系和地質系聯合組成的考古發掘隊，對長濱鄉的八仙洞遺址進行了全面調查和重點試掘。確認座落在臺灣東部海岸山脈東側峭壁之上的八仙洞群，其山體是中新世時海底火山噴發的岩漿外洩所造成，經更新世的地殼變動，陸地上升，海面變化，海浪長期沖打岩壁形成了海拔高低不一、面積大小不同的一批洞穴。在調查和試掘的十二個洞穴中，發現有大量舊石器時期的先陶文化遺存（打製石器和骨角器）和新石器

時期的紅陶與磨製、打製石器共出的文化遺存。僅從乾元洞、海雷洞和潮音洞的舊石器文化遺存中，就採集到三千多件石器和一百多件骨角器。

這是臺灣發現年代最早的一處舊石器文化遺址。經對出土的文化遺物測定，長濱文化的年代從更新世晚期延續到全新世中期，大約在三萬年前到五千年前。這也是臺灣左鎮人生存和活動的時期。種種研究表明，此時臺灣的舊石器人類，尚處於以漁撈和採集為主要經濟行為的發展階段，未出現製陶與農耕等新石器文化的特徵要素；依靠採集和漁撈的游移型的取食形態，決定了他們選擇面對大洋的天然海岸洞穴為居所，聚落規模較小，不同於農耕文化常見的較大規模、較穩定的地面建築；其以單面打擊的礫石石片砍刮工具的打製特徵，與東亞大陸礫石砍器傳統完全一致，尤與中更新世湖北大冶石龍頭和晚更新世廣西百色上宋村發現的石器類型與製作技術相同，都屬於東南亞舊石器時代文化中的「礫石與石片工具傳統」和「砍砸器傳統」。其骨角器的類型與製作技術，也與周口店山頂洞文化特徵相一致。因此，有學者認為，左鎮人作為長濱文化的創造者，是大陸人類文化東傳臺灣時先達臺西地區而留下的化石遺存。對這一說法，一些學者持謹慎態度，認為它「需要有明確的共出關係為據」，才能確證。[3]

與此前後，臺灣發現的舊石器文化遺存還有墾丁鵝鑾鼻的舊石器遺址（與長濱文化晚期的潮音洞類型相似，都是以海洋漁撈和狩獵為主要經濟生活來源，其絕對年代也與潮音洞相近，碳十四測定約在五千年前）、墾丁龍坑遺址（與鵝鑾鼻遺存相近）、臺北士林芝山岩遺址（臺灣學者認為是長濱文化在臺灣西部的發現，年代與長濱文化相仿，其石器表面附有海生動物殼體，說明所在地層曾一度浸在海中）等。從這一系列舊石器時代遺址的地質資料和遺存進行綜合考察，臺

3　參見陳國強：《閩臺考古》（廈門市：廈門大學出版社，1993年8月）。

灣學者認為五千年前是臺灣舊石器時代文化的絕對年代下限和新石器時代文化的開端。[4]但也有一部分學者從日月潭湖底泥心孢粉的鑑定所顯示的一萬二千年前當地的植被變化，即木本植物遞減，禾本植物和次生林增加，認為在更新世晚期的人類，已開始出現伐木的農業活動，說明長濱文化的舊石器時代只代表臺灣史前人類活動的一個方面，在洞外甚至內陸地區的人類文化已經具備了農耕的成分。[5]

大陸學者在綜合考察了臺灣海峽的地質變遷和左鎮人及左鎮動物群化石的發現之後，認為左鎮人及其相伴而出的左鎮動物群，都是在更新世晚期，即最後一次冰期臺灣與大陸連成一體時，由大陸經福建從陸地遷徙進入臺灣的；並且認為從中國西部雲南的元謀到臺灣的臺南，有一條自西向東、從老到新的人類化石、舊石器遺址和大熊貓—劍齒象動物群化石的密集分布帶，顯示出遠古人類及動物群在中國大陸的遷徙蹤跡。[6]

在中國雲南省元謀發現的「元謀猿人」，是生活於一百七十萬至一百八十萬年前的遠古猿人。因此，西南地區的雲南等地，被認為是人類起源的中心之一。人類學家認為，元謀人的後裔可能向四面遷徙輻射，向東發展是其重要的一條遷徙路線，因為在從中國西南部的雲南到中國東南部的臺灣，都處於北迴歸線和北緯二十五度之間的地理範圍之內。目前的考古發掘，已呈露出一條中國南方舊石器遺址的密集分布帶。臺灣左鎮及長濱文化等舊石器遺址的發現，就在這條分布帶的最東入海處。

但是，在人類東徙的蹤跡中，迄止二十世紀八十年代，福建尚無

4　宋文薫：〈「墾丁國家公園」所見的先陶文化及其相關問題〉，《考古人類學刊》第44期。

5　韓起：〈臺灣省原始社會考古概述〉，《考古》1979年第3期。臺灣人類學家張光直在一九六九年以英文發表的論文即持同一觀點。

6　參見陳國強：《閩臺考古》（廈門市：廈門大學出版社，1993年8月）。

重要的舊石器遺址發現。雖然二十世紀五十年代初期，著名的人類學家林惠祥曾在福建龍岩發現一件石器，疑為舊石器時代遺物，但畢竟數量太少。這不能不使我們對這條自西向東的舊石器時代人類文化遺址的研究，存在一種缺憾。

一九九〇年，福建漳州蓮花池山舊石器遺址的發現，極大地彌補了這一不足。

蓮花池山在漳州市北郊。最初是從漳州市北郊附近一百平方公里的更新世臺地上，採集到散存於十七處地點的石器標本，經鑑定為舊石器時代遺存；繼而對臺地的第四紀地層進行觀察，確認其出土石器的兩個層位，一是距今四萬至八萬年的紅土堆積層中的礫石條帶，地質年代屬晚更新世中期；二是距今九千至一萬三千年前覆蓋在紅土層之上的一層紅黃色砂土，屬晚更新世晚期至全新世早期。接著由福建省博物館、漳州市文化局和中國科學院古脊椎動物與古人類研究所聯合組成考古發掘隊，以漳州市北郊為中心，擴展至附近的龍海縣、平和縣、東山縣和詔安縣，進行大規模的發掘，採集到了大量舊石器時代的文化遺物。在蓮花池山遺址剖面的六個地層中，第二層屬晚更新世早期，第三、四層屬晚更新世中期，第五層屬晚更新世晚期、全新世早期。二十三件舊石器中，出土於第三層的距今約四萬至八萬年，出土於第五層的距今也九千至一萬三千年。主要有石核三件、石片十四片、砍斫器一件、刮削器五件。

在漳州蓮花池山文化遺址發掘前後，福建還相繼發現了另外一些舊石器文化遺址，主要有：

一、被命名為「清流人」的清流縣沙蕪鄉狐狸洞文化遺址。從中發現了距今一萬年以前，屬於更新世晚期智人階段的六枚人類牙齒化石（代表四個人類個體）和同一地點出土的十七種哺乳類動物化石，主要有東方劍齒象、華南巨貘、中國犀牛、西藏黑熊、獾、野豬、水鹿、水牛、山羊、獼猴、竹鼠等，屬於晚更新世中國華南地區廣泛分

布的大熊貓—劍齒象動物群。

　　二、「東山人」的肱骨化石和更新世時期哺乳動物化石。這些遺骨的發現大多是東山縣漁民在距城關六千五百公尺的兄弟島周圍海域作業時，從海底打撈上來的，遺骨表面大多都有海生軟體動物的附著痕跡。其中一塊被鑑定為古人類的肱骨化石，年代約在晚更新世晚期到早全新世之間，也即考古學上的舊石器時代向新石器時代過渡階段的一萬年以前，因此被稱為「東山人」。同時蒐集到的更新世時期的哺乳動物化石有熊、劍齒象、中國犀牛、水鹿、斑鹿、山羊等。從地質時間上推斷，從晚更新世到全新世正是地球最後一次冰期的開始到結束，東山海域處於臺灣與大陸相連的海上陸橋西端，可以推測，沉入海底的這些古人類化石和哺乳類動物化石，正是由大陸向臺灣遷徙途中留下來的，由於海浸而沉入海底了。它從另一個側面證明了遠古人類和動物的這一遷移活動。

　　三、「甘棠人」的脛骨化石。出土於漳州北郊甘棠東山的臺地，係男性成年個體，年代約在一萬年以前，屬於現代智人性質，同時出土的還有二件石器。

　　四、清流縣、明溪縣、將樂縣的哺乳類動物化石。清流主要發現在林畬盆地的龍津洞中，採集到更新世動物化石三百一十六件和其他肢體碎骨二百多件。明溪主要發現在縣城東北郊的剪刀乾洞，採集到屬於晚更新世的大熊貓—劍齒象動物群的大量動物化石，其大型哺乳類動物達二十五種，是整個華南地區發現大型動物最多的地點之一。將樂主要發現在離縣城南郊六公里梅花井村的岩子洞中，屬於更新世中期和晚期的遺存。清流、明溪、將樂三縣地域相連，位於福建的中西部，是福建省古人類活動和古動物聚居的中心地點之一。目前的考古發現，動物品種繁多，不下五十種，但其品種多與廣東、廣西相近，而不同於江蘇、浙江，顯示出這些動物的遷移規律是自西向東，而較少自北而南。

　　福建舊石器文化遺址的發現，豐富了臺灣與大陸這一史前文化親緣的證據。目前中國發現的古人類，以元謀人最早，為一百七十萬至一百八十萬年的晚期猿人階段，依次下來還有「藍田人」、「北京人」、「鄖縣人」、「和縣人」、「沂源人」等；早期智人階段則有「丁村人」、「金牛山人」、「馬壩人」、「長陽人」、「許家窯人」、「巢縣人」等；進入晚期智人階段的，分布於全國二十多個省、市、自治區，較有名的如「山頂洞人」、「峙峪人」、「柳江人」、「麒麟山人」等；臺灣一九六八年發現的「左鎮人」亦屬於晚期智人階段的古人類。福建後來發現的「清流人」、「東山人」、「甘棠人」也屬於這一階段。不過，作為臺灣「左鎮人」代表的長濱文化，其一萬五千至三萬年前的舊石器遺存，比只有一萬年左右歷史的「清流人」、「東山人」年代還要古遠一些，這就為我們研究古人類由大陸遷徙臺灣留下一段缺憾。但四萬至五萬年前的漳州蓮花池山舊石器文化遺址的發現，則填充了這段空白。它比臺灣「左鎮人」及「長濱文化」的存在更早。尤其蓮花池山文化正好位於臺灣海峽的西岸，也即幾度冰期中臺灣以陸地和大陸相連的「海上陸橋」的西端。它的存在，以及「東山人」肱骨從海底的發現，不僅證明了這一陸橋的確實存在，而且更豐富了我們關於臺灣「左鎮人」和「長濱文化」是福建的舊石器人類經「海上陸橋」遷移進入臺灣的推測和想像。

　　近期三明市萬壽岩舊石器遺址的發現，更進一步完善了中國古人類由西南向東南遷徙這一文化鏈條中某些缺失的環節。這個被稱為「二十世紀九十年代十大考古發現」之一的萬壽岩舊石器遺址，位於三明市西郊十七公里的岩前村，是介於武夷山脈和戴雲山脈之間閩中大谷地東南邊緣的一處發育良好的岩溶構造，海拔三百五十九公尺，相對高度一百七十公尺。在其三十七公尺和三公尺處，各有一個溶洞，稱靈峰洞（又名觀音洞）和船帆洞（又名雙連洞）。經過考古發掘，在靈峰洞第三層呈「鈣板」狀的淺黃色沙質黏土層中，出土了七

十多件石製品，類型有刮削器、砍砸器、石錘等，從製作水平上看，多用錘擊法，所產石片、石核和石器形制都不甚規整，具有一定的原始性；相伴出土的還有華南大熊貓—劍齒象動物群的常見成員中國犀牛亞科等哺乳動物化石。第三層「鈣板」鈾系測年，為18.5（＋1.3或－1.1）萬年前，屬地質年代的中更新世晚期，考古學年代則為舊石器早期的晚段。在船帆洞屬於史前期的上文化層（第六、七層），也出土了近四百件的石製品，包括石錘、石砧、石核、石片、刮削器、尖狀器、砍砸器、手鎬等各種類型。相伴出土的還有巨貘、中國犀、鬣狗、靈長類、竹鼠、鼠、棕熊、虎、犬、牛、蝙蝠、龜鱉等動物化石。從其中三種已滅絕了的哺乳類動物化石及其與上層文化之間相互疊壓關係分析，其時代約為距今二萬至三萬年前的舊石器晚期。在船帆洞的上層文化（第五層）也出土了八十多件石製品，類型有石錘、石砧、石核、石片、刮削器、砍砸器等，還有骨錐、骨匕、角鏟、角飾各一件。相伴出土的動物化石以鹿、麂數量最多，其他還有熊、牛、竹鼠、豪豬、野豬、犬、獼猴、龜鱉、雉雞等類。從其打製石器與磨製骨角器並存的文化特徵分析，推測其年代約為距今一萬年左右的舊石器時代的末期。[7]

　　萬壽岩舊石器時代遺址的發現，把古人類在福建活動的時間推前了十多萬年，同時也為閩臺史前文化淵源關係提供了新的更有說服力的佐證。

　　新石器時代的文化遺存，在福建和臺灣均已有多處發現，而且在年代和類型上，可以互見；其地理環境、氣候、生態系統和文化習俗等方面，也有許多相同和相似之處，由此可以佐證兩岸的古人類生存方式有著極為密切的親緣關係。例如位於福建東部和臺灣一水之隔的

7　參見福建省博物館、三明市文物管理委員會、三明市博物館聯合報告：〈三明萬壽岩發現舊石器時代遺址〉，《福建文博》2001年第2期。

平潭島，在其西北部發現的殼丘頭新石器文化遺址（同一類型的文化遺存還有金門富國墩遺址、南厝場遺址、溪頭遺址的下層文化遺存等，以其相同的文化特徵被統稱為殼丘頭文化）和臺灣在臺北縣八里鄉發現的大坌坑新石器文化遺址（同一類型的文化遺存還有臺北市圓山遺址的下層、臺南縣歸仁鄉八甲村遺址下層、高雄縣林園鄉鳳鼻頭遺址下層和南投鄉洞角遺址下層等，以其共同的文化特徵被統稱為大坌坑文化），都是屬於距今五千年前的新石器早期文化。其廣泛分布於河口、海岸和島嶼的低臺地上，一般面積都不大，多是貝丘堆積。工具以打製石器和磨製石器共存為特點，陶器多是夾沙質的紅褐陶，多為手製，火候不高；紋飾除繩紋外，還採用各種貝齒紋，反映出已有原始農業出現，但仍處在採集和捕撈占主要地位的經濟發展階段，具有典型的海洋文化特徵。這些共性，使學者把它們作為同一文化類型的兩種地方相，推斷它們具有一定的親緣關係。

又如在福建省閩侯縣發現的曇石山文化遺址（同一類型文化還有閩侯莊邊山遺址、白沙溪頭遺址和福清東張遺址等，統稱為曇石山文化）和臺灣中南部發現的鳳鼻頭文化遺址、圓山文化遺址、芝山岩文化遺址等，都屬於四千年前新石器晚期的彩陶文化階段。它廣泛地分布在臺灣海峽東西兩岸的河口、岸邊。在福建，主要集中在閩江下游的入海口和九龍江流域一帶。在臺灣則分布在西海岸的中部和南部。這一地理分布並非偶然。眾多考古資料表明，在中國東南沿海地區，從浙江南部的瑞安前山到整條福建的東海岸，再向東跨越臺灣海峽經澎湖列島到臺灣，廣泛分布的彩陶文化遺址，暗示著某種文化的播遷和承繼的關係。從曇石山文化和鳳鼻頭文化出土的遺存看，二者有許多相同和相近的地方，作為這一時期文化特徵的彩陶，紋飾多以直線、折線、卵點等簡單的線條為基本的線型。如曇石山下層和溪頭下層出土的紅彩卵點（鹿紋），與圓山文化出土的極為相似，而且都繪在器物腹部的相同位置；在溪頭早期墓葬的泥質赭陶上的紅彩條紋及勾

紋，在鳳鼻頭文化出土的陶罐上也可見到。這一切都讓人感到，四千年之前兩岸之間新石器人類的文化播遷和交流已然存在。除了彩陶，這一時期著名的有段石錛、有肩石斧等，都在曇石山文化遺址和鳳鼻頭等文化遺址的出土中互見。猶如彩陶一樣，起源於長江下游地區的有段石錛和起源於珠江三角洲的有肩石斧，在中國東南地區的廣泛分布中，也有一條由北向南和由西向東的播遷路線，同樣證見了經由福建進入臺灣的歷史淵源。而尤為引人關注的是海峽兩岸文化遺址中都曾發現的凹石工具，是一種獨特的加工貝類食物的專用石器，反映出閩臺沿海先民共同的生產與生活方式，潛隱著兩岸密切交往的信息。

　　大量的考古資料表明，閩臺兩地新石器時代的文化，有許多共同的文化因素，或源於福建，或源於大陸其他沿海地區。因此臺灣著名的人類學家張光直在考量了兩岸新石器時代文化關係時曾說：「鳳鼻頭文化早期陶器中的若干重要特徵可能是大坌坑文化原型進一步發展出來的，但鳳鼻頭文化的許多新穎的文化物質如稻作農業、農具和陶器形制中的鼎和豆，與大坌坑文化扯不上關係，卻與海峽西岸的馬家濱、崧澤、河姆渡，與曇石山文化有顯著的類似，可能是在後者影響之下而產生的」。[8]

二　人類遷徙與融合中的閩臺先民

　　從新石器人類到有文獻記載存在的春秋戰國，其間相隔千餘年。在這漫長的時間裡，誰是閩臺最早的原住民，這一直是一個千古之謎。

　　最早以科學態度研究中國民族史的梁啟超先生在其《中國歷史上之民族研究》中，就曾經發出如許感慨：「吾儕研究中華民族，最難解無過福建人。」對於臺灣，當也如此。

8　張光直：〈新石器時代的臺灣海峽〉，《考古》1989年第6期。

　　不過我們依然可以從文獻的零星記載中找到它的蹤跡。早在春秋時期，就出現有關於越的記載，戰國時有揚越，至漢則有甌越、閩越、南越、駱越的記載。可見，從春秋到秦漢時期，中國南方（福建亦在其中）已有古越族存在。所謂古越族，並非一個單一的民族，而是對廣泛分布於長江南方之民族的概稱。如蒙文通在《越史叢考·百越民族考》中引《漢書·季布傳》所稱的：「北走胡」、「南走越」，認為「胡」是對北方騎馬游牧的民族之統稱，而「越」則是對南方「飯稻羹魚」的民族之泛指。北方民族「騎馬游牧」的草的文化和南方民族在多水地理環境中「飯稻羹魚」的水的文化，形成鮮明對照。因此，南方的古越族，不僅在血緣上，而且在文化傳承上，都有密切關係。他們因活動範圍的不同，形成許多大同小異的「越人集團」，故稱「百越」。但對於「百越」的稱謂，學術界還有廣義和狹義之分。廣義的「越」或「百越」，大致包括長江中下游以南的許多民族。如果以百越文化的影響而言，廣義的百越文化區則不僅包括了整個中國大陸的南部，還更廣泛地越出國境，擴散到東南亞的許多地區和太平洋中的一些島嶼。狹義的「百越」，指的是於越、揚越、甌越、閩越、駱越、南越、滇越等一些大同小異的「越人集團」，其活動的地區大致包括今之江蘇、浙江、安徽、江西南部、福建、廣東、廣西、海南、雲南、越南北部和臺灣等地，在亞洲大陸的東南部，形成了一條弧形的狹長文化帶。百越的活動範圍雖廣，但時間並不太長，主要在春秋戰國、秦漢時期。漢武帝以後，除少數演變成其他民族而存在至今外，大部分已融入漢族之中。因此，林惠祥在《中國民族史》中認為，百越係漢族的四大來源之一。[9]

　　福建是古越族活動的地區之一。文獻記載，古越族之一支（於

9　林惠祥：《中國民族史》（新北市：臺灣商務印書館，1939年11月第1版，1993年7月影印第1版）。

越）最早於春秋時期立國，建都於會稽（今之浙江紹興），越王勾踐滅吳以後，遷都琅琊（今之山東諸城），傳至玄孫翳，國勢頹弱，便南遷於吳（今之江蘇蘇州），周顯王三十五年（西元前334）覆亡於楚，越地從此分裂。越王族四出分散，各居一隅。朱維幹《福建史稿》稱，「越王族中的一部分，大約就在這個時期進入福建。」[10]《史記》亦有關於越亡後至秦漢之際復建甌越、閩越二國的記載。漢許慎《說文解字》云：「閩，東越蛇種也。」所謂「蛇種」，即為百越族中以蛇為圖騰的一支。由此可見，百越族中的一支——閩越，於秦漢之際入居福建，當無可疑。閩越為福建最早原住民，當也可以成為定論。

　　然而在閩越之前，福建還有沒有其他原住民呢？由於秦漢之前，文獻無證，便難確言。或稱在閩越人入閩之前，福建應會有其他原住民存在。林惠祥曾推言：「此種民族非蒙古利亞種（黃種），而係屬尼格羅種（黑種）之一支，即矮黑人尼革利佗（Negrito）。尼格利佗今尚殘存於南洋各地山林之中，古時曾占據更大地方。據中國史書記載中南半島在有史以後尚多有黑色人種，在雲南亦有之。中國三國時在安徽山中尚有矮黑人存在。在史前蒙古利亞種人來到時，華南及南洋一帶應已有此種矮黑人存在。」[11]不過作者對此推論亦持慎重態度，認為「應待於史前遺物之發現」，才能確定。

　　閩越族自秦代末期幫助劉邦滅秦擊楚，從而於漢高帝五年（西元前202）封王立國，至漢武帝元封元年（西元前110）被剪滅，存世九十二年，其間屢與中央王朝發生衝突爭鬥。因此《史記》稱：「於是天子曰東越狹多阻，閩越悍，數反覆。詔軍吏皆將其民徙處江、淮間。東越地遂虛。」越族雖被遷入江淮一帶而最後融入漢族之中，但東越之地是否真的虛空，史家歷來多持懷疑態度。朱維幹認為：「漢

10 朱維幹：《福建史稿》上冊（福州市：福建教育出版社，1985年2月）。

11 林惠祥：〈福建民族之由來〉，《林惠祥人類學論著》（福州市：福建人民出版社，1981年7月）。

遷閩越，並不是把全部越人都遷於江淮之間，主要是把它的貴族、官僚和軍隊帶走。」[12]林惠祥也說：「然閩地多山林及島嶼，易於藏匿，其遷徙由強迫而非如甌越之自願，必有漏網而留居於故地者，非能真虛也。」[13]因此他認為：「今之閩人雖為東晉以後移居漢人之後裔，然亦當混有先住民族越人之血液。」[14]而且，越人居於東南沿海，《淮南子‧說山川》云其：「習水便舟」，是個善於航海的民族。《越絕書》稱：「水行而山處，以船為車，以楫為馬，往若飄風，去則難從，銳兵任死，越之常性也。」漢武帝建元六年（西元前135），閩越王攻南越而招來漢武帝派兵圍剿，閩越王弟余善便與宗族商計，「殺閩越王郢天子以求罷兵，若天子不聽，乃力戰；不勝，即入海」。可見，對於一個善於舟楫的民族，面臨絕路而亡入海，乃是其必然的選擇。閩地未虛，亦由此可見。至於入海之後，亡向何處，則為史家所多方猜測，有認為進入臺灣者，也有認為今之閩江和珠江下游以船為家的疍民，即為古越族的後裔。[15]

　　閩越是福建最早的原住民族，那麼，最早入住臺灣的原住民又是誰呢？一般認為臺灣的原住民即為我們常說的「高山族」。不過，對於這一稱謂近年多為學者質疑。首先，高山族主要指的是居住在臺灣高山地區未經漢化的民族，它並不包括在歷史上同時存在的居住於平原地區，已被漢化了的平埔族；其次，無論高山族還是平埔族，都不是一個民族，而是在不同時期從不同方向進入臺灣的許多民族的統稱。高山族一般認為有九族，即泰雅、賽夏、布農、曹、魯凱、排

12　朱維幹：《福建史稿》上冊（福州市：福建教育出版社，1985年2月）。

13　林惠祥：〈福建民族之由來〉，《林惠祥人類學論著》（福州市：福建人民出版社，1981年7月）。

14　林惠祥：〈福建民族之由來〉，《林惠祥人類學論著》（福州市：福建人民出版社，1981年7月）。

15　林惠祥：《中國民族史》關於「疍民」的來源，引述十二種不同見解，其第十種即為羅香林的古越人說。詳見林惠祥：《中國民族史》上冊，頁139。

灣、卑南、阿美、雅美，或再加上邵族為十族，近年又稱其有十三族。平埔族一般認為有十族，即凱達加蘭、雷郎、噶瑪蘭、道卡斯、巴布拉、貓霧棟、巴則海、洪雅、西拉雅、邵等。[16]除平埔族融入漢族外，高山族則大致還保留著自己的文化。可見早期臺灣的原住民，其來源是極為複雜的。

對於臺灣原住民族的來源，學術界一般有「西來說」（從中國大陸遷入）、「北來說」（從琉球遷入）和「南來說」（從南方海島遷入）三種意見。陳碧笙《臺灣地方史》還提出：「最早進入臺灣的大概是屬於尼格利佗種的矮黑人，曾廣泛分布於各處山地。」[17]不過他也認為矮黑人除一部分和後來進入的蒙古利亞種人融合外，在臺灣已經為後來進入的其他民族滅絕。如賽夏族每兩年舉行的盛大的矮靈祭，即為紀念他們消滅矮黑人所作的祈禳儀式。關於臺灣原住民族源的爭論，主要集中在上述「三說」上。

大陸學者史式（《中華民族史》大陸方面的主編）和臺灣學者黃大受（《中華民族史》臺灣方面的主編）在近年合著的《臺灣先住民史》[18]中認為，「北來說」指的是恆春琅嶠一帶少數移民，疑為琉球遷入，由於其人數很少，且無確證，即使存在，也無足輕重。「南來說」主要從臺灣的原住民族與南島民族在語言、體質和文化上的相似來立論。這一相似的情況確實存在，但為什麼一定是從南島北上，而不會是從臺灣南下而導致與南島民族的相似呢？《臺灣先住民史》從對古越族的研究入手，引述了近年國內外一些人類學家、語言學家、遺傳

---

16 關於臺灣原住民的分族，歷來說法不一。通常所說的高山九族，有的認為只有七族、八族，如今臺灣定義為十三族；而平埔十族有的認為只有八族。一九四九年左右，在對少數民族的識別工作中，採用高山七族的分法，不論平埔族。直到一九八一年十月出版的《臺灣省地圖冊》，才用高山九族的分法。此處對高山九族和平埔十族的稱謂，採自史式、黃大受：《臺灣先住民史》（臺北市：九州圖書出版社，1999年9月）。

17 陳碧笙：《臺灣地方史》（北京市：中國社會科學出版社，1982年8月）。

18 史式、黃大受：《臺灣先住民史》（臺北市：九州圖書出版社，1999年9月）。

學家的研究成果，對「南來說」提出了具有顛覆性質的大膽質疑。其中最引人注意的是紐西蘭維多利亞大學生物學家張伯斯的一項研究報告。張伯斯使用維多利亞大學分子系統分類學研究所蒐集的人類去氧核糖核酸（DNA）的數據進行分析，認為今天紐西蘭的毛利族及太平洋其他地區的玻里尼西亞人的祖先均來自中國，並極有可能以臺灣為起點，逐島遷移，經過菲律賓和印度尼西亞，來到西玻里尼西亞，再繼續登上東玻里尼西亞的島嶼，最後到達紐西蘭。「這些民族的遷移過程留有精確的活生生記錄，被保存在仍住在其遷移路線的現代後裔的 DNA 中。」這些來自華南地區某處的「黃種人」，正是我們善於航海的百越先民。他們在距今六千年至一千年漫長歲月裡，就活躍在太平洋上，從福建出發，經臺灣、南越、菲律賓和印度尼西亞至紐幾內亞，再一直向東，越過一百八十度經線之後，分三路發展，向北到達夏威夷，向東到達復活節島，向南到達紐西蘭。張伯斯所獲得的結論，得到了坎培拉澳洲國立大學史前史學教授安德森、北帕默斯頓梅西大學科學家和奧克蘭大學太平洋研究中心主任 Marjorie Tuainekore Crocombe 等科學家的支持和補充。身為波里尼西亞人的 Marjorie 教授認為：「在那些古老的日子裡，我們文化中的某些原素仍保留了臺灣原住民的特點，且傳繼到今日。例如，在庫克群島語言中，代表手、臉、眼睛、耳朵的字，就和今日某些臺灣原住民的字是一樣的或類似的。」[19]而陳碧笙《臺灣地方史》則認為，十七世紀荷蘭人入侵臺灣時所見的琅嶠人和十九世紀泰勒在《漫步臺灣南部》中所記載的知本人，可能就是從古琉球移入的原住民的後裔。不過他們大多和鄰近的排灣人融合，而把部分文化特徵留在排灣族中。

　　這些主要由生物學遺傳基因研究所獲得的結果，實際上也是人文學者從文化關係的研究中所得的推論。早在一九七〇年，臺灣人類學

---

19 轉引自史式、黃大受：《臺灣先住民史》（臺北市：九州圖書出版社，1999年9月）。

家凌純聲就在《論夷越民族》中，以中國遠古與太平洋、印度洋上的帆筏、戈船、方舟、樓船為例證進行研究，指出從非洲東海岸到南美洲西海岸，在包括印度洋、太平洋在內的一大片海域中的島嶼，許多土著文化都保留著中國古代夷越文化的因素。美國奧勒岡大學人類學系主任楊江從語言學、建築學、遺傳學、社會學、宗教學、文化學的比較研究中，也明確指出：「早在六千年前，馬來—波里尼西亞人的祖先開始從中國的福建省出發，進行了長途的遷移活動。他們向南行進，穿越菲律賓和印度尼西亞後分兩個方向遷移，一路向西，到達馬達加斯加，另一路向東，到達夏威夷和伊斯特島。」並列出了他們所到達島嶼的大致時間，即從距今五千五百年以前（抵婆羅洲、帝汶島）到距今一千一百年前（抵紐西蘭）。[20]上述研究，有力地質疑了「南來說」的說法，證明了臺灣原住民與南島民族在語言、體質和文化因素上的相似，並非是南島民族北上，而是臺灣原住民南下的結果。

　　在質疑了「北來說」和「南來說」之後，「西來說」——即中國大陸的「百越族」便成為臺灣原住民的最重要來源。實際上這一觀點早已為許多先輩學者所指出。著名的歷史學家翦伯贊在二十世紀四十年代就曾說過：「臺灣的番族，是百越之番的族裔，這種番族之占領臺灣，不在宋元之際，而在遙遠的太古時代。」[21]臺灣人類學家凌純聲在上世紀五十年代初期也指出：「臺灣土著族至少可以說多數是在遠古來自中國大陸。」[22]而曾經親自到臺灣進行考古的林惠祥也認為：「臺灣的新石器人類，便是古越人的一支。」[23]所有這些論說的依

---

20 凌純聲和楊江的研究結論，均轉引自史式、黃大受：《臺灣先住民史》（臺北市：九州圖書出版社，1999年9月）。

21 翦伯贊：〈臺灣番族考〉，載葉聖陶編：《開明書店二十週年紀念集》（上海市：開明書店，1947年）。

22 凌純聲：〈古代閩越人與臺灣土著族〉，《學術季刊》1952年第1卷第2期。

23 林惠祥：〈臺灣石器時代遺物的研究〉，《廈門大學學報（社會科學版）》1955年第4期。

據，一方面來自地下考古的出土文物，另一方面則來自對臺灣原住民
文化的研究。前者本節在「從舊石器到新石器的考古發現」中已有所
介紹。它證明當臺灣在數度以陸地和大陸相連接的舊石器時期，就開
始有人類越過海峽進入臺灣。大量的考古發現，使我們在舊石器時代
和新石器時代的古人類及其文化遺存中，找到臺灣與中國大陸的文化
連接點。進入文明史以後，具有豐富航海經驗的百越人，在東南沿海
的頻繁活動中，更有可能在不同時期從不同方向進入臺灣。如今生活
在臺灣山區的泰雅人、賽夏人、布農人、曹人，被認為是最早由大陸
遷入臺灣的原住民，他們也保存著較多的百越文化特徵。徐松石曾將
《臺灣府志》中所記載的臺灣原住民的文化習俗和中國南方與古越族
有密切淵源關係的少數民族，特別是與壯族、侗族進行比較，開列了
他們相同或相似的風俗習慣竟達八十多項。[24]史式和黃大受的《臺灣
先住民史》將其歸納為十六項，即斷髮文身、龍蛇崇拜、缺齒與墨
齒、拔毛去鬚、腰肌紡織與織貝、貫頭衣與筒裙、飯稻羹魚、干欄式
建築、龍舟與水上競技、婚前自由交往、女勞男逸、父子連名、老人
政治、占卜、獵首、懸棺葬與屈肢葬。這種相同或相似，不會是偶然
的，只能證明他們來自同一個族源。結合近年國外學者所進行的
DNA 研究，更有力地證明了臺灣原住民很大一部分確係來自中國大
陸的百越族。

　　除了百越族，臺灣的原住民還可能有其他族源，較常見的有前述
的「矮黑人說」、「琉球人說」、「南島人間接來臺說」（如從菲律賓北
部小島遷入蘭嶼的雅美人）、「馬來人說」和自三國東吳以後歷代漢人
移入臺灣而融入原住民之中。不過，這些其他族源入臺所占的人數都
不多，活動面積也不大，不影響臺灣原住民的主要族源為來自中國大
陸的百越族這一結論。

---

24 徐松石：《東南亞民族的中國血緣》，《遠東民族史研究》第3冊（香港：香港世界書
　　局，1959年）。

　　然而百越族究竟是怎樣來到臺灣的呢，除了漢武帝滅越，部分越人亡海入臺的推測外，史無可考。不過，林惠祥曾經根據東亞古民族的遷移大勢，對古越族做了一種推論。他認為蒙古利亞種人（黃種人）在史前就先後從亞洲北方南下，其最先一支來到中國南方，並經由中南半島、馬來半島而散布於南洋諸島，成為今之馬來族的來源。而其在南下途中留於華南者，便成為百越族和其他南方民族。因此他認為「古越族與古之馬來族可謂是出自同源」，其體型和文化都有許多相同和相似的地方。[25]《臺灣地方史》的作者陳碧笙對林惠祥的推論作了更詳細的描述。他認為來自亞洲北部大陸的蒙古利亞種人南進後，一支沿東部海岸南下，廣泛分布於中國東南部和南部沿海，稱為百越；另一支沿長江上游南下，分布於五嶺以西的西南峽谷地區，即為百濮。大約在新石器時期的中期和晚期，有一支越族自中國東南沿海分數批渡海到了臺灣，一部分留下與先住那裡的矮黑人結合，成為後來泰雅、賽夏、布農、朱歐等族的祖先；而大致在同一時期，也有幾支越人和濮人也分批沿著海岸或溯江南下，經中印半島而至南洋群島，分別與來自印度和高加索的古印度奈西安種人融合，成為原馬來人。大部分原馬來人留下來與原住在那裡的尼格利佗種人相融合，成為後來的真馬來人；沒有同尼格利佗種人融合的部分，後來有一支由菲律賓群島移入臺灣，成為排灣、卑南等族的祖先。他最後的結論說：「從中國大陸出發的兩支南亞蒙古人種，在經過不同路線和長期的迂迴遷移之後，最後仍然在臺灣匯合，這是古代人類大遷移中一個很有趣的現象。」[26]

---

25 林惠祥：〈福建民族之由來〉，《林惠祥人類學論著》（福州市：福建人民出版社，1981年7月）。

26 陳碧笙：《臺灣地方史》（北京市：中國社會科學出版社，1982年8月）。

第三節　歷史文獻的記載：史緣關係

中國的歷史文獻，很早就有關於臺灣的記載。

成書於戰國期間的《尚書》，是中國最早的一部志書。其〈禹貢〉篇云：「淮海維揚州……島夷卉服，厥篚織貝，厥包橘柚，錫貢。」這裡所謂的「卉服」，即麻織的衣服，「織貝」是綴繫於衣服上的貝製珠粒。有學者以這殊異的生活特徵認為此處所說的「島夷」，即古時候的臺灣。這一推測為許多學者所反對，因為在古代交通極為不便的情況下，以「厥包橘柚」而歲歲來貢，實無可能。但〈禹貢〉所說的揚州，是當時中國地理劃分的九州之一，其地域北至淮河，東南至海。福建和東南海域諸島，應都包含其中。所以清《重修臺灣府志》就認為：「臺灣，〈禹貢〉揚州之域。」《山海經·海內南經》云：「海內東南陬以西者，甌居海中，閩在海中，其西北有山。一曰閩中山在海中。」有人以「閩在海中」認為指的當是臺灣，可見在當時中央王朝勢力尚未到達南方，而在地理概念模糊的情況下，將福建與臺灣混稱，或包容在廣袤的東南海域之中，實屬可能。

又《前漢書·地理志》稱：「會稽海外有東鯷人，分為二十餘國，以歲時來獻見。」有學者認為「東鯷」即今之臺灣，如日本的市村贊郎、白鳥庫吉等。此說也遭到大部分學者的質疑。從地理位置上看，會稽之東應是日本；從社會發展上看，如若當時臺灣已「分為二十餘國」，且能「以歲時來獻見」，文化當已相當進步，何至於後代反而如此孤立落後？[27]折中的一種觀點則認為，「東鯷」雖不一定是限指臺灣，但其外延應包括臺灣在內。[28]

比較為學術界所肯認的是三國時代所說的「夷洲」。《三國志·吳

---

27 參見施聯朱：〈略談臺灣歷史地理的幾個問題〉，《臺灣民族歷史與文化》（北京市：中央民族學院出版社，1987年）。

28 參見林仁川：《大陸與臺灣的歷史淵源》（上海市：文匯出版社，1991年3月）。

主傳》載:「黃龍二年(西元230年)春正月……遣將軍衛溫、諸葛直將甲士萬人浮海求夷洲及亶洲。亶洲在海中……所在絕遠,卒不可得至,但得夷洲數千人還。」一般認為夷洲就是臺灣,而亶洲則有日本、琉球或海南島諸說。《三國志》的〈陸遜傳〉和〈全琮傳〉都曾談到孫權欲遣偏師取夷洲和珠崖(海南島)。《臺灣地方史》作者陳碧笙以為亶洲可能是這裡所說的珠崖的異稱。孫策、孫權在江東建立吳國時,僅會稽、吳郡、丹陽、豫章、盧陵五郡,為建立強大政權,便須開疆擴土。五次用兵,南占閩中,是其擴大疆土的步驟之一,並以越人善舟楫,而在臨海的福州和霞浦設典船校尉和溫麻船屯,為其水軍和航海的後方基地。在孫權治吳期間,北攻曹魏治下的遼東,南取尚未開發的海南(珠崖、儋耳),海上活動極其頻繁。東向浮海求夷洲,其目的不在擴土,而是「欲俘其民以益眾」(《三國志·全琮傳》)。其時東吳對夷洲(臺灣)已有相當了解。《三國志》記孫權在出征之前曾徵求陸遜和全琮的意見,二人都以當地「水氣如毒」等情況規諫,孫權未聽,果如所言,「軍行經歲,士卒疾疫死十有八九」。雖「得夷洲數千人還」,實乃勞而無功。但這一行動,確如臺灣學者凌純聲所說,這是「中國政府經略臺灣之始」。[29]

　　可以為這一行動提供進一步佐證的是三國時沈瑩所撰的《臨海水土志》。沈瑩生於西元二四四年,卒於西元二八〇年。該書提及「安陽」這地名,係孫皓於西元二六四年即位後才改的,因此,此書應作於西元二六四至二八〇年之間,正是孫權於西元二三〇年求夷洲後的二、三十年間。時沈瑩任丹陽太守,他所記有關夷洲風土人情部分,可能是根據出征歸來的將士回憶轉述的,但由於所記的真切生動,有學者疑為親身經歷目睹之事。該書現已亡失,僅《太平御覽》、《太平寰宇記》等書有所錄存。其有關臺灣的文字不長,據《太平御覽》所

---

29 凌純聲:〈占代閩越與臺灣土著〉,《學術季刊》第1卷第2期(1952年12月)。

載，全錄如下：

> 夷洲在臨海東南，去郡二千里。土地無雪霜，草木不死。四面是山，眾山夷所居。山頂有越王射的，正白，乃是石也。此夷各號為王，分畫土地人民，各自別異。人皆髡頭穿耳，女人不穿耳。作室居，種荊為蕃鄣。土地饒沃，既生五穀，又多魚肉。舅姑子婦，男女臥息，共一大床，交會之時，各不相避。能作細布，亦作斑紋布，刻畫其內，有文章以為飾好也。其地亦出銅鐵，惟用鹿觡矛以戰鬥耳。磨礪青石，以作矢鏃、刃、斧、環、貫、珠璫。飲食不潔，取生魚肉，雜貯大器中以鹵之，歷日月乃啖食之，以為上肴。呼民人為彌麟，如有所召，取大空材，材十餘丈，以著中庭，又以大杵旁舂之，聞四五里如鼓，民人聞之皆往馳赴會。飲食皆踞相對，鑿木作器如豬槽狀，以魚肉腥臊安中，十十五五共食之。以粟為酒，木槽貯之，用大竹筒長七寸許飲之。歌似犬嗥，以相娛樂。得人頭，斫去腦，駮其面肉留置骨，取犬毛染之，以作鬢眉髮，編貝齒以作口，自臨戰鬥時用之，如假面狀。此是夷王所服。戰得頭，著首還，於中庭建一大材，高十餘丈，以所得頭差次掛之，歷年不下，彰示其功。又甲家有女，乙家有男，仍委父母，往就之居，與作夫妻，同牢而食。女以嫁，皆缺去前上一齒。

　　在這不到五百字的短短記敘中。廣泛地涉及了夷洲的地理位置、物產氣候、社會組織、軍事行動、婚姻制度、生活習俗，以及與古越族的淵源關係等等方面。其位置「在臨海東南，去郡二千里」，且「土地無雪霜，草木不死」。從吳臨海郡治的今寧海縣出發，無論方向、距離與地理環境都與今日臺灣無異。彼時夷洲「各號為王，分畫土地人民」，王即首領，是作者按照古時漢族的習慣用語。可見當時

還處於各自分立的部落時代，且部落之間時常發生戰鬥。以戰鬥中獵取對方頭顱而多者為英雄或首領。在經濟生活方面，從「其地亦出銅鐵，惟用鹿觡矛以戰鬥耳。磨礪青石，以作矢鏃、刃、斧、環、貫、珠璫」，及「既生五穀，又多魚肉」等記敘推測，當時雖已發現銅鐵，但使用不廣，還是以磨製石器和角器為主要工具的早期社會；農業生產水平不高，處於農耕與漁獵並重的原始經濟狀態。在社會發展的階段上，從其鑿木作器，魚肉安中，「十十五五共食之」，以及「甲家有女，乙家有男，仍委父母，往就之居，與作夫妻」和「男女臥息，共一大床」等等記敘可以推想，當時尚處於原始共產社會的階段，雖已脫離群婚制進入偶婚制，但仍還保留某些母權社會的痕跡。其生活習俗，髡髮、穿耳、鑿齒，都保留著古越族的習慣，特別是部落議事，召之以木鼓，是同一根系的東南古越族和西南古濮族屢見不鮮、流傳至今的文化特徵。作者在記敘開頭描述眾山夷所居的「山頂有越王射的，正白，乃是石也」，明確地指明了夷洲土著與大陸古越族的關係。此一記敘與後來的考古發現都可以互證，夷洲之山夷確實有著古越族親緣血統。

　　此一文獻表明，西元三世紀的三國時代，不僅是中國政府經略臺灣的開始，也是對臺灣有了較為全面認識的開始。

　　西元七世紀的隋代，是中原再度進入臺灣而留下重要文獻的一個時期。經過了三百多年分裂，隋朝重獲統一的政治局面，把海上拓展的大業再度提到面前。《隋書‧東夷傳》「流求」條記敘大業元年（西元605）海師何蠻向隋煬帝提供了在春秋天清風靜之時，東望依稀有煙霧之氣的信息，使一向懷有海上遠略的隋煬帝充滿渴望。大業三年（西元607），隋煬帝派羽騎尉朱寬偕同何蠻入海求訪異俗，抵流求後因語言不通，僅掠一人而返。次年（西元608）又遣朱寬再去「撫慰」，「流求不從」，僅取回布甲一件。兩次和平招降未果，於是於大業六年（西元610），派虎賁郎將陳稜、朝請大夫張鎮周率東陽兵萬餘

人，並有精通當地語言的崑崙人（即馬來人）隨行，從義安（今廣東
潮州）泛海出發，費時月餘，先經高華嶼（即今澎湖列島的花嶼），
再至龜鼇嶼（即今澎湖列島的奎壁嶼），最後抵達流求島的中部，即
今之臺灣鹿港一帶。隋軍先由充當通譯的崑崙人，向以為是前來進行
商旅貿易的當地番眾（臺灣平埔族）「慰諭」勸降，遭拒，便動用武
力。經過數場戰鬥，毀其柵寨，焚其宮室，「虜其男女數千人，載軍
實而還」。作於明代的《閩書》有云：「福州之福盧山，當隋之世，曾
掠琉球五千戶至此，尚有其裔」，雖數字與其他文獻記載不一，或許
有誤，但此一事實可以為《隋書‧東夷傳》所記佐證。

　　《隋書》所稱的「流求」，無論從其位置、航程、途經島嶼與當
地的文化特徵，以及證之於稍後的《東番記》、《裨海紀游》、《東西洋
考》等文獻，中外學者普遍都認為即今之臺灣。從《隋書‧東夷傳》
所記敘的資料看，此時距《臨海水土志》所記述的夷洲，已過了約四
百年，臺灣社會仍停留在刀耕火種的原始經濟狀態：「先以火燒而引水
灌之，持一鍤，以石為刃，長尺餘，闊數寸而墾之。」工具仍是石器
為主，金石並用。不過，較之以前農業有了一定發展，已出現了「稻、
粱、床黍、麻、豆、赤豆、胡豆、黑豆等」的記載；並懂得「以木槽
中暴海水為鹽，木汁為酢，釀米麵為酒」，出現了簡單的農產品加工
業。其社會組織仍停留在部落階段，「無君臣上下之節」，「無賦斂，
有事則均稅」。只不過部落首領有了更大的權威。《隋書‧東夷傳》的
作者還注意到不同氏族部落之間的族群風俗各有不同，與當時抵禦隋
軍的中部平埔族比較，「風俗少異」的南境部落要更落後一些。部落
之間為了各自的利益依然爭鬥不斷，且仍以善戰而掠殺對方頭顱多者
為英雄或首領，骷髏崇拜之風益盛。在生活習俗上，服飾方面，「織
鬥縷布並雜色及雜色毛以為衣」，且「綴毛垂螺為飾」，體飾則「男子
拔去髭鬢，身上有毛之處亦皆除去；婦人以墨黥手，為蟲蛇之文」，
依然保存斷髮、文身之俗。尤為值得注意的是，此時之臺灣可能已和

大陸有所往來，並存在著經濟上的貿易關係。所以《隋書‧東夷傳》才說：「流求人初見船艦，以為商旅，往往詣軍中貿易。」

西元七世紀之隋代，對臺灣由訪異、撫慰、招降，而至征討，反映了當時統治者海上經略的雄才與野心。其所留下的文獻，在記載當時臺灣社會狀況和大陸與臺灣的關係等方面尤為珍貴。

唐代憲宗（西元806-820）時期詩人施肩吾，有詩〈夷島行〉一首，據說是描寫澎湖列島的。詩云：「腥臊海邊多鬼市，島夷群處無鄉里。黑皮少年學採珠，手把生犀照鹹水。」明清時期閩臺一些志書多以此為澎湖寫照。連橫《臺灣通史》中將此詩改題為〈題澎湖〉，稱「及唐中葉，施肩吾始率其族，遷居澎湖」，「其〈題澎湖〉一詩，鬼市鹽水，足寫當時之景象」。澎湖列島在臺灣海峽介於大陸和臺灣本島之間，為臺灣最近大陸之離島。隋陳稜率軍抵臺時，曾途經澎湖列島的東華嶼（今之花嶼）和龜鱉嶼（今之奎壁嶼），大陸對臺灣的移民，可能就從這裡開始。最先是福建沿海漁民打魚途中來此避風暫居，後發展成為開發性的定居。特別在唐末五代，北方戰亂，閩王兄弟偏據一方，輕徭薄賦，使福建經濟有所發展，吸引了中原流民紛紛來歸。一時人口大增，乃致人滿為患，便思向海上發展。北宋謝履宗有詩描繪當時情況，云：「泉州人稠山谷瘠，雖欲就耕無地闢。州南有海浩無窮，每歲造舟通異域。」因此福建與澎湖及臺灣本島的交往，可能自唐末就已出現。但這樣說並非可以證明連橫關於唐施肩吾率族移居澎湖之說。因為此說於史無證，甚至連〈島夷行〉雖寫海上景象，是否就指澎湖，也為一些學者懷疑。

宋代是大陸經營澎湖的開始，也是開發臺灣的前奏。此時留下一批重要文獻，如記敘南宋時任泉州知州的〈汪大猷神道碑〉（周必達作）和〈汪大猷行狀〉（樓鑰作），南宋時曾任泉州市舶司的趙氏宗室趙汝适的《諸蕃志》，南宋王象之的《輿地紀勝》和元汪大淵的《島夷志略》等，表明了當時對臺灣（宋稱「流求」，元稱「瑠球」）及澎

湖已有更深的了解和實際的拓殖。

關於澎湖的方位和地理，此時已有了較為準確的描述。〈汪大猷神道碑〉和〈汪大猷行狀〉都把澎湖稱作「平湖」，言其在泉州之外海中，有「沙洲數萬畝」。《諸蕃志》有了更進一步記敘：「自泉晉江出海間，舟行三日抵澎湖嶼，在巨浸中，環島三十六。」至元，《島夷志略》則列有專條，記敘澎湖「島分三十有六，鉅細相間，坡壟相望，乃有七澳居其間，各得其名」，並具體描述了澎湖的自然和社會情況：

> 自泉州，順風二晝夜可至。有草無木，土瘠不宜禾稻。泉人結茅為屋居之。氣候常暖。風俗樸野，人多壽眉。男女穿長布衫，繫以土布。煮海為鹽，釀秫為酒，采魚、蝦、螺、蛤以佐食，蒸牛糞以爨，魚膏為油。地產胡麻、綠豆。山羊之孳生，數萬為群。家以烙毛刻角為記，晝夜不收，各遂其生育，工商興販，以樂其利。地隸泉州晉江縣。

從這段記載可以看出，此時澎湖已是一個漁、農、牧並舉，且興商貿的頗具規模的漢人移民社會了。其移民多來自福建沿海，以泉州為著，並且明確將澎湖隸歸福建晉江縣轄治。至於大陸漢人何時遷入澎湖，史無確載。但從上述文獻中，仍可約略察知。南宋周必達〈汪大猷神道碑〉稱汪大猷於「乾道七年（1171）……四月起知泉州，海中大洲號平湖，邦人就植粟、麥、麻」。樓鑰〈汪大猷行狀〉亦稱：「乾道七年四月起知泉州，至郡……郡實瀕海，中有沙洲數萬畝，號平湖，忽為島夷毗舍耶奄至，盡刈所種。他日又登海岸殺略。擒四百餘人，殲其渠魁，余分配諸郡。」可見，至少到南宋孝宗（1163-1189）之前，已有泉人在澎湖墾殖，且規模一定不會太小，才須毗舍耶以數百之眾前來搶刈殺掠。〈汪大猷行狀〉還記，為抗禦毗舍耶的突

襲，汪大猷還在澎湖建房二百間，並派水軍長期駐紮。至元朝至元年間，由於人口的進一步發展，又在澎湖設立巡檢司，以徵租賦。這是中國政府第一次在臺灣之外島的澎湖駐軍和設立行政機構，澎湖的隸屬關係就更為確定。事實說明，明萬曆間《閩海贈言》載陳學尹〈諭西夷記〉說：「澎湖在宋時，編戶甚繁」，並非虛言。近年，臺灣考古學家在澎湖發現數處宋墟，其中自沙鄉一處完整屋基，長十三米，寬五米，建材多出自福建，年代約在北宋與南宋之間，且遺址處還發現大量陶瓷殘片及北宋熙寧元寶、政和通寶等，均可作為有力證物。

　　澎湖地處海津要衝，宋元時福建海上貿易繁盛，往來船旅，常在這裡中轉。元代方志稱其時經此的商船，「歲無慮數百十艘」。而且在南宋時期，居住在臺灣周近島嶼的毗舍耶，可以駕著竹筏而來，澎湖居民當也可以泊舟抵臺了。因此，可以推想，大陸對臺灣的移民，當於此時就已存在。元代汪大淵在《島夷志略》中記敘自己遊歷臺灣的親身見聞，他說：「余登此山，則觀海潮之消長；夜半則望吻谷之日出，紅光燭天，山頂為之俱明。」有學者認為，在當時的情況下，言語不通，習俗有異，若無漢人的引導陪伴，想要登山觀潮，絕頂望日，幾無可能。由此推論，在此之前應已有漢人在臺灣移居。

　　元代懷有勃勃野心的元世祖忽必烈曾經兩度發兵求取臺灣（瑠球），不過由於不同的意見而改為和平招撫，然均無功而還。倒是這一時期大陸與臺灣的民間往來得到溝通。曾經兩度隨商舶泛海，歷數十國的汪大淵，也來到臺灣，並以「非親見不書」的態度在所著的《島夷志略》中首列「瑠球」條，成為元代有關臺灣社會、經濟的重要文獻。該條雖僅二百多字，卻涉及臺灣社會的方方面面，引錄如下：

　　　　琉球地勢盤穹，林木合抱，山曰翠麓、曰重曼、曰斧頭、曰大崎。其峙山極高峻，自澎湖望之甚近。余登此山，則觀海潮之消長，夜半則望吻谷之日出，紅光燭天，山頂為之俱明。土潤

田沃，宜稼穡。氣候漸暖。俗與澎湖差異。水無舟楫，以筏濟
之。男子婦人拳髮，以花布為衫。煮海水為鹽，釀蔗漿為酒。
知番主酋長之尊，有父子骨肉之義。他國之人，倘有所犯，則
生割其肉以啖之，取其頭懸木竿。地產沙金、黃豆、黍子、硫
磺、黃蠟、鹿、豹、鹿皮。貿易之貨，用土珠、瑪瑙、金、
珠、粗碗，處州瓷器之屬，海外諸國，蓋由此始。

在這段記敘中，引起我們注意的是，臺灣已跨入了父系氏族社
會，所以才有父子骨肉之義；居民仍以狩獵和農耕為主，農業較前有
了較大發展，在文獻中首次出現甘蔗；且已懂得紡織、煮鹽、釀酒等
簡單的加工業；貿易有了顯著發展，以臺灣之土產如沙金、硫磺、獸
皮和農產品換取生活必需品，已不像《諸蕃志》上所說的「專事剽
掠，故商賈不通」。在習俗上依然保留「獵首、食人、重骷髏」的古
風。但通商的存在也意味著人際交流的存在。其「食人」之風已有了
敵人和朋友的區分，這是從蒙昧到文明的一點進步，對於未來與大陸
的交往和漢族移民進入臺灣具有重要的意義。

第四節　神話傳說的佐證：文緣關係

神話是人類童年的想像，正如恩格斯所指出的，是在人們的幻想
中，經過不自覺的藝術方式加工過的自然和社會形式本身。當人類還
處於無法了解自然和掌握自然，從而迷惑於自然巨大神祕力量的蒙昧
時代，便只有借助想像的力量來解釋自然。因此每個民族都會留下自
己童年幻想的印記。大陸各個民族和臺灣各原住民族都有豐富的神話
流傳，它們某些相同或相似的因素和形態，既有可能是人類面對共同
的自然遽變和社會進程，而在幻想中出現的相同或相近的不自覺的藝
術加工，比如全世界各個民族都存在著探問自己從何而來的創世神話

和面臨週期冰川的洪水神話，大陸和臺灣自不例外；也有可能是從舊石器晚期到新石器時期，大陸和臺灣的早期人類交往所留下的印跡。這是以神話方式體現出來的最早一份文化親緣，反過來又成為了兩岸地緣、血緣和史緣的重要佐證。

創世神話是人類對自己和對世界發出的第一聲詢問。以中華民族為代表的東方神話和以希臘為代表的西方神話，有著很大的不同。中國的上古神話，主要是產生於原始社會的一種原生態神話，而今流傳的希臘神話則主要是進入了奴隸社會之後對上古的原生態神話進行再創作的次生態神話。[30]因此，中國神話以自然神話為多，神靈多寓自然屬性；而希臘神話則更多折射出人類進入奴隸制社會以後大量存在的矛盾、鬥爭，神靈多具社會屬性。以創世神話中的人祖神話為例，在西方神話中，人是上帝創造的，而上帝是一個無處不在、無所不能、喜怒無常的具有最高權威的神；在中國神話裡，人的由來大多與自然物結合在一起，有石生、洞生、樹生、竹生、瓜生、蟲生、糞生、卵生、太陽生等等。如流傳很廣的盤古神話，有石生、瓜生等種種變體類型。即使神生，如類似於上帝造人的「女媧摶黃土作人」（天地開闢之後，女媧用黃土捏人，吹氣而生。因感到一個個地捏人太過費事，就用一根繩子伸於黃泥中，舉以為人。人間的貧富貴賤便由此而分），也充滿了人情味。女媧的「媧」字，即蝸牛的「蝸」字一音之轉，與另一個原始母神黃帝的妻子嫘祖同樣也由「螺」字音轉而來，都來自大自然的某種低等動物。

臺灣原住民族的人祖神話，也屬於中華神話的同一類型，強調人的由來不在於一個抽象存在的最高神的創造，而來自於具體的自然界，把人類視為大自然的有機部分，與天地萬物同源。如泰雅族神話認為，泰雅人是在天地開闢之初從巨石「冰斯帕干」迸裂而生的。或

---

30 參閱劉城淮：〈原生態神話與次生態神話〉，《文藝湘軍百家文庫・劉城淮卷》（長沙市：湖南文藝出版社，2000年10月）。

說當時有一對男女隨神共居於一巨石之內，每浴必走出巨石。一次神要人為其拭背，人不肯，神逐復歸石中而將人留在石外，便成為泰雅人的始祖。在這裡神與人有更多的平等。同樣的石生神話還出現在賽夏、魯凱、卑南等族中。恆春阿美族人則以自己的始祖來源於阿拉巴奈的一棵參天大樹，是在一次霹雷閃電之中從樹幹裡躍然而出。南部的排灣族、卑南族和雅美族都以竹生作為自己的始祖來源，是古時候一株蒼翠挺拔的竹子，竹節爆裂而誕生了自己的男女始祖。也有將竹生、石生交錯起來，如雅美族認為自己的兩位男性始祖，一來自於竹子，一來自於石頭。布農族則以為古時候在岷峒賽地方有兩個洞穴，有一種叫哈爾的蟲將一團糞球推入洞中。十五天後一個洞穴生出一個男人，另一個洞穴生出一個女人，兩人結合生了四個兒女，兒女再互相配婚，便形成了布農族龐大的族群。

在臺灣原住民族多樣的人祖神話中，有一種靈蛇孵卵而生人的故事，尤為引人注意。排灣族的神話認為，在遠古時代，太陽生下一顆黃色的卵和一顆綠色的卵，飄落在雲霧繚繞的太武山上，為兩條百步蛇所孵育。黃卵生出男子洛莫茲，綠卵生出女子基寧，為排灣人的始祖。為此排灣人在首領的屋頂、祖靈柱、武器和祭具上，都繪有太陽和百步蛇的雕飾，傳統的「五年祭」也有從太武山上迎祭人祖的習俗。類似的神話還有太陽在考加包根山的絕頂生下紅白二卵，由靈蛇孵化出男神阿保郎、女神查爾姆嘉爾而成部落首領的故事；青竹爆裂出二卵，由靈蛇孵化而成始祖的故事等等。曹族的神話屬此一種類型的變異，以人蛇成婚而為人祖。稱在古時候有一青年進山打獵，不幸跌入山谷，遇一靈蛇口吐白沫，為其療傷，並採來野果供其果腹。數日後傷癒，青年為感恩而與靈蛇結為夫婦，傳下後代。若干年後青年厭倦山居生活，負義潛逃，靈蛇痛心憤恨，食其子女以作報復。中有一對子女離蛇較遠，得以逃脫，即為曹族始祖。這些神話反映出臺灣一部分原住民族以蛇為圖騰的靈蛇信仰習俗，與百越族特別是閩越有

著極為相似的文化特徵。《說文》云：「閩，東南越蛇種。」蛇神崇拜產生於東南濕潤的丘陵山地宜於百蛇繁衍的自然環境，反映出先民生活中的一種圖騰信仰。由此或可佐證，閩越族與臺灣一部分原住民族潛隱著某種親緣關係的可能。稍後廣泛流傳的「蛇郎君」的傳說，進一步證明了這種關係的存在。它可能是漢族移民臺灣之後固有傳說在臺灣的異本。如連橫在《雅堂文集》中曾記述：「某處有蛇，久而成怪，化為美男子，往來村中，村中稱之為蛇郎君。聞某翁有三女，均未字，遣媒議婚，願以千金為聘，否則將滅其家。翁因貪利而又畏暴，命長女，女不從，次女亦不從。小女才十七，見父急，慨然請行。既嫁，蛇郎君愛之。居以巨室，衣以文繡，食以珍饈，金玉奇寶，姿其所好。」這一故事應本之大陸東南地區廣泛流傳的蛇郎傳說，云：古有一農夫，耕種為業，生有數女，惟最小者貌美而賢惠，又甚孝父，故為父母所愛。一日農夫出耕，路遇惡蛇，將其纏繞，謂農夫須擇一女嫁彼，不然即置之死地。幸少女繼至，慨言願嫁蛇救父。蛇聞言遂釋農夫，呼風喚雨挾少女而去。俄頃至一宮闕，蛇搖身變為王子，即與少女成婚。這一故事在閩南另有一異本，言一老翁膝下有三女。一日老翁攜籃出外撿糞，長女囑父歸來時採些鮮花給女兒戴。父出門，見叢林外一華麗樓閣，繁花照眼，遂摘一籃回家。次日出門，女兒照樣吩咐採花。再抵華麗樓閣，正欲伸手，即被蛇郎君抓住。老翁求情，蛇郎君限老翁三天內挑一女兒嫁他，否則將滅翁。老翁回家將此事告知三女，長女、次女均不肯，惟小女憐父願意出嫁。月明之夜，鼓樂聲作，蛇郎君攜花轎載女而去，華屋麗服，享盡人間富貴。臺灣蛇郎君的故事，顯然是閩南蛇郎君故事的又一異本，都源出於最早的蛇郎君傳說。異本的產生，是隨人群遷移和故事流傳經過不同口頭加工的結果，同樣印證了閩臺互相交往的文化親緣關係。

　　更新世時期冰川的周始往復，給地球萬物帶來劫難。廣泛出現的洪水神話，即是人類對這一無法把握也難以理解的氣候遽變的反映。

西方洪水神話最著名的是《聖經》的「諾亞方舟」，它和希臘神話中普羅米修斯對人間的兒子丟卡利翁警告並造船相救一樣，洪水的出現是出於上帝對人類的懲罰，以及神對義民的拯救，神是人世間的主宰。東方的洪水神話則較少有神的參與，而直接呈現為人和自然的關係。臺灣原住民族的洪水神話，是一萬多年前氣溫升高、冰川融化，原以陸地和大陸相連的臺灣重為海水隔開的那段恐怖記憶的折射。洪水毀滅萬物，也使人類生存面臨災厄，因此洪水神話同時又是人類的再傳神話。阿美族的神話記述當洪水來臨時，只有一對兄妹比洛卡拉烏和馬洛基洛克與另一對姐弟基基赫和巴特拉烏，乘著一具木臼和一塊板壁分別逃生倖存下來。後來這兩對兄妹和姐弟各自婚配成為夫妻，便成了阿美族的「木臼傳入」和「板壁傳入」兩大支系。人類再傳問題不是洪水到來之後才出現，事實上在人類誕生之後就面臨著如何延續自己的問題。在無論大陸還是臺灣的神話中，都存在著一個「兄妹婚配」的模式。最典型的如泰雅族的神話，泰雅人的先祖，從石頭迸裂而出的兄妹兩人日久相對，苦於世上無人可以婚配傳延後代。一日，妹妹對哥哥說：「山後的洞中有一女子正等著與你結婚。」哥哥將信將疑找去，果見有一臉上畫著黑色花紋的女子守在洞中，兩人遂結為夫妻。其實這個洞中女子就是妹妹，因不願哥哥認出而故意黥面。泰雅人的黥面之風便由此而來。臺灣許多古老部族的口碑創建史都肯認自己部族的始祖是一對兄妹或姐弟。如七腳川的始祖為阿娥與古摩斯姐弟，里漏的始祖為沙鳥與布雅勒姐弟，奇美的始祖為舒拉與那高兄妹，大巴的始祖為洛西與拉拉干兄妹，等等。這是史前血緣群婚制在神話中的折射。但血緣群婚在遺傳學上造成的種種缺陷，如後代的夭折、殘疾、畸形等，在後來便逐漸為史前的人類所感知而列為禁忌。雅美族的神話講述古時候一個石生和一個竹生的男子以自己膝蓋相碰生出一對兄妹，兄妹互相婚配而繁衍後代。但歷代的子女常出不祥，不是夭折便是殘疾或畸形，以為是神明懲罰，便以石

生的子系和竹生的子系互相交換妻子，以後所出的後代個個俊美健壯。這一類型神話反映了史前人類從蒙昧的血緣婚走向非血緣婚的進步，同時還折射出部族間融合擴大的歷史進程。

在洪水神話中有一則阿美族的傳說尤為值得注意。據說在洪水到來之前，阿美人和漢人一樣都創造了文字，只不過阿美族創造的文字刻在石頭上，而漢族創造的文字刻在木頭上。洪水到來之後，刻著阿美族文字的石頭被沉到了海底，阿美人便失去了文字；而刻著漢族文字的木頭卻隨著洪水漂到陸地，便流傳下來了。這則傳說讓我們想見，在很早以前洪荒過後，甚至在洪荒以前臺灣與大陸相連的史前時期，臺灣的原住民族就和漢族有所交往，不僅知道有漢族的存在，還知道漢族已有刻在木牘上的文字，並設想自己文字的遺失是洪水的災禍造成的。

日月神話是創世神話的一個支脈。在漢族地區流傳最廣的盤古神話，說盤古在混沌初開之時，天地還相連在一起，盤古以頭頂天，以腳墜地，左手執鑿，右手持斧，不斷開鑿，才使天地分開。盤古死後氣化風雲，聲化雷霆，左眼變成太陽，右眼變成月亮，肌肉化為土壤，血淚流成大河……這是巨人死後屍化萬物的神話類型。臺灣原住民族也有相似的傳說，排灣族的創世神話中，說遠古時天如一口倒扣的大鍋，低矮使人不能直立行走。有一名叫嘎拉斯的女子，因懷孕，不能彎腰，只好坐在洞口杵米，但天低，杵木無法高舉。她丈夫迦道讓妻子把天頂高一點，兩人合力舉杵，只聽轟隆一聲，天被撞開一個洞，狂風滾滾，把嘎拉斯和迦道都捲上天空，只見在巨響中天越升越高，光芒閃爍，迦道變成太陽，嘎拉斯變成月亮。後來排灣人就把太陽叫作迦道，月亮叫作嘎拉斯。盤古開天闢地的神話後來成為南方許多民族，如苗、瑤、侗、黎等共同的神話，盤古也成為這些民族共同的創世祖先。排灣族與此相似的日月神話，當也與盤古神話屬於同一類型。

　　日月神話中最常見的是射日神話、覓日神話和日月追逐神話。
「羿射九日」是古代漢族地區流傳最廣的神話之一。相似類型的神話
也在臺灣出現。陳千武在《臺灣原住民的母語傳說》[31]中蒐集了有關
征伐太陽的神話十一種。其大致模式如下：傳說在遠古時候，有兩個
太陽並出天空，炎炎烈日使禾苗枯焦，孩子渴死。有祖孫三代勇士攜
著弓箭、粟穗和橘種，欲到太陽升起的地方征伐。他們沿途以粟粒充
饑，種下橘種作為歸來的記號，到了目的地後，他們合力用弓箭射殺
太陽。中箭的一個太陽失去了昔日的光焰，匆忙逃走，變成了溫和的
月亮。自此天上便有了一日一月輪流照耀人間。另一種類型的傳說則
是尋找失蹤的太陽。傳說住在日月潭裡的兩條蛟龍，把太陽和月亮咬
到水底藏了起來，人間從此失去了光明，萬物也不得生長。有兄妹兩
人為拯救人間苦難，歷盡千辛萬苦找到潭邊，見兩條蛟龍正吞吐著日
月在水中玩耍。妹妹拋兩枚繡球，吸引蛟龍，哥哥張弓射箭，把兩條
蛟龍殺了，兩人合力救出了被偷走的太陽和月亮。但被咬傷的太陽和
月亮升不了天，哥哥和妹妹便找來高高的棕櫚樹，把太陽和月亮頂上
天去，恢復人間光明。為了防止惡龍再來搗亂，他們高舉棕櫚樹化成
了日月潭邊的兩座大山：大尖山和水社山。據說，至今還留存在臺灣
原住民族中的頂球遊戲，就是為了紀念這一對兄妹的覓日壯舉。龍是
漢族創造的圖騰，而非自然界實際存在的動物。蛟龍的形象出現在臺
灣原住民族的神話之中，可能是早期就已存在的與漢族的文化交往，
也可能是後來漢族移民臺灣之後出現的影響和加工。但龍偷日月和漢
族地區流傳的「天狗噬日」傳說，或許也有某種文化親緣關係。

　　日月輪替，晝夜始分，大自然的這一奇妙現象，催生了許多史前
人類的奇幻想像。漢族神話中嫦娥偷了西王母靈藥凌雲奔月，引來后
羿的日夜追逐，是一種類型。臺灣的阿美族也有相似的神話，傳說遠

---

31 陳千武譯、述：《臺灣原住民的母語傳說》（臺北市：臺原出版社，1990年）。

古時候日月是一對夫妻，作為妻子的太陽生性淫蕩，引起丈夫月亮的不滿，便來到人間，與稀葉竹利達結為夫妻。太陽在天上看到他們和美的生活，便追到地上，想和月亮和好，但為月亮拒絕，只好孤獨地再回到天上。稀葉竹利達雖愛丈夫月亮，生性也是淫蕩，月亮只好再回到天上。太陽願意與月亮重修舊好，月亮卻不肯，躲在夜裡不肯和太陽見面。太陽為追求月亮只好日夜追逐，周而復始，終年不停。在這則神話中太陽是女性，是當時母系社會的折射，而對太陽淫蕩的指責，則寓有從母系社會向父系社會轉型的道德評價。

　　從創世神話——人類對自己這第一聲詢問中，我們可以察覺到，實際上已經存在著的上古時代中國大陸與臺灣早期人類的交往，在他們的神話中留下彼此的文化印跡。這是最早的一份文化親緣，既佐證了歷史，也孕育著未來。

第三章

移民與閩臺社會的形成

第一節　移民理論與閩臺社會的移民類型

　　人口流動是人類社會普遍存在並經常發生的一種現象，但人口流動不一定是人口的遷徙。人口的流動可以是往復的，去了又回來；而人口的遷徙則往往是單程的，意味著一種移居，即從甲地搬遷到乙地。同樣，也不是所有人口的遷徙或移居都是移民。因為這種遷徙或移居可以是長距離的，也可能是短距離的，短到在同一座城市裡由這個街區搬到另一個街區。因此，在我們進入本章所討論的移民和閩臺移民社會時，必須對移民這一概念有所定義。

　　各種文獻和辭典因其討論的對象和目的不同，對移民的界定也略有差異。因為，「『移民』一詞具有兩層的含義。一是指一種人或人群，一是指一種行為或社會現象」。[1]一些國家以法律形式頒布的移民法所著重的是前者，即對移民個人身分的認定。而一些有關移民史的學術著作，則強調後者，即把移民作為一種社會行為或社會現象，來考察其歷史過程和對社會發展的影響。因為，個人的移民身分和個別偶然發生的移民情況不一定具有社會意義，只有對社會產生影響的移民行為或移民現象，才納入學者關注的中心。但即使如此，無論是對移民個人身分的確定，還是把移民作為一個社會現象的探討，仍然有著一些共同的要素為二者所確認。

1　參見陳孔立：〈有關移民與移民社會的理論問題〉，此文為作者參加由福建省閩臺交流協會等單位聯合主辦的「海峽兩岸臺灣移民史學術研討會」所提交的論文，見大會彙編：《海峽兩岸臺灣移民史學術研討會論文集》，1999年12月。

一、移民是以移居為目的的人口流動。人口的流動可以有多方面的原因，如旅遊觀光、訪親探友、貿易經商、謀職求學、乃到刑役流放等等。一般說來，這類人口流動，離開出發地後，還要返回。而移民則是單程的，其目的一開始就很明確，就是離開原鄉。確認移民是一種遷徙，這是移民與一般人口流動最根本的區別。

二、移民的遷徙必須有一定的距離。移民是遷徙，但不是一般意義上的從這條街搬到那條街的遷徙，必須有相對長的距離。這裡所說的距離，雖然難以量化，但一般所指的是在一個相對大的地理範圍裡的人口遷徙。如中國歷史上多次記載的中原人口的南下、北移和西遷。從黃河流域遷到長江流域，從華北平原遷到塞上關外，它所跨越的既有自然地理上的實際距離，還有人文地理上的文化差距。在無法對移民所需的遷徙距離作量化的具體規定時，一般可以不同自然地理區域和人文行政轄區，即從此省到彼省，從這一郡府州縣到那一郡府州縣，作為衡量的參考。這個要求，把移民和一般的近距離的人口搬遷區別開來。

三、移民必須在遷入地居留一定時間。移民既是一種特定的人口流動，它移居某一地區之後，還可能再度遷徙。因此，當我們把移民作為一種社會現象來考察其對社會的影響時，居留時間的長短便成為其對社會是否發生影響的一個關鍵。同樣很難對移民居留時間作量化的具體規定，但一般以定居為原則，即移民之後一直定居下來，一代甚至數代。那種居住若干年又遷移，不能算作定居。對移民作居留時間的要求，還由於在中國歷史上存在著一些與移民同時出現卻不以定居為目的的移入者，如數量眾多的由中原到邊疆的兵役者、勞役者，以及外放的官員、流動的商人、求學的讀書人、季節性的工匠農民、短期離鄉的災民、四處漂泊的流民和有期流放的罪犯等。他們中的一部分最終可能在遷入地定居下來成為移民，但大部分會返回原地，就整體而言，他們與移民的性質不完全相同。

　　四、作為社會現象的移民要有一定的數量。如前所述，當移民不僅是一種個人身分，而是一種對社會和歷史進程發生重要影響的社會行為時，移民數量是一個關鍵。沒有一定的數量，構不成影響。當然不能排斥個別傑出的移民，對社會歷史進程的作用，但移民個人的作用，往往是在移民集團基礎上出現的。

　　綜合上述四個因素，可以把移民定義為：以移居為目的的、具有一定距離和一定數量並在移入地定居下來的遷徙人口。

　　關於移民類型的劃分，可以依據不同的指標體系作不同形態的劃分，如以地區分可以劃分為國內移民和海外移民；以意願程度分可以劃分為自願移民和非自願稱民（強制移民、暴力移民）；以性質分可以劃分為政治性移民（含軍事型移民）和經濟性移民；以法律身分分可以劃分為合法移民和非法移民；以人數多少分可以劃分為個別移民和規模移民（含政府有組織的集體移民、宗族型移民和延續性的遷移所形成的大規模移民）。各種類分之間有時是互相重疊的，如政治性移民往往並非自願，且帶有規模性質。西方人口學家皮特生綜合移民遷出的原因和結果，將移民遷徙類型製成以下圖示[2]：

關係	遷移的力量	遷移的類型	遷移分類	
			保守的	創新的
自然和人	區位推力	原始的	採集游牧	逃離原住地
國家和人	遷移政策	強制的	移置	奴隸買賣
		被迫的	逃難	苦力買賣
人和規範	改善生活和願望	自由的	團體	開路先鋒
集體行為	社會動力	大眾的	墾殖	都市化

2　轉引自何金鑄：《人文地理學》（該書未署出版機構，由編者兼發行人，1987年10月），第5章第7節〈人口遷移的類別〉。

在這張圖示中，皮特生把移民的原因分為：一、自然生態的壓力，二、人為的遷移政策，三、人改善生活的願望，四、社會的集體力量。對應地提出四種人口遷移類型：

一、原始遷移。這指迫於自然生態環境的壓力所產生的人口遷移，其保守的形態是遷往與本來相似的環境，以維持固有的生活方式，史前人類的採集和游牧大都屬於此一類型；而創新性的遷移則是離開原來的環境追求新的生活方式，農村人口往城鎮的遷移大致屬於這一類型。

二、被迫的遷移和強制的遷移。二者都來自國家或相當於國家的社會機構所推動的遷移。表現的是人與政府（社會機構）之間的關係。被迫遷移的遷移者還有一定的自主權，而強制遷移則必須是無條件的服從。被迫遷移有時是被誘導而離開原地，其生活方式並未改變，屬保守性遷移；而有些被誘迫或強制到新區的人口遷移，從而獲得新的生活方式，則屬於創新性的強制遷移。

三、自由的遷移。遷移者為改善生活而完全自願地遷移到新的地區。有兩種情況，一是屬於開路先鋒性質的創新性遷移，往往少數人先行而帶動一大批；二是因為不滿原來的生活環境而又不願改變固有的生活方式，而採取團體性的向外遷移，以面對新環境的挑戰，則是一種保守性的遷移。

四、大眾的遷移。當少數開路先鋒闖出的遷移路線為社會所認可，它便自然延續下去，成為一種集體行為，一種為社會所肯認的人口遷移模式。例如中原人口的闖關東、走西口，東南沿海人口的過番（下南洋）等，已成為約定俗成的傳統。移民熱、移民潮便是由此而形成。這種大眾遷移有兩種形式，一是保守型的移民墾殖，一是創新型的都市遷移。

在上述移民理論對移民形態的各種劃分中，就其性質而言，政治性移民和經濟性移民的劃分有其特殊重要的意義。其他的劃分，如自

願與否、合法非法、人數多寡等等，都可能由此派生。

政治性的移民，主要有三種情況。第一，由於政治動盪或朝代興廢，迫使一部分人口舉族、舉城甚至舉國遷移。此類情況，中國歷史上發生甚多。以福建為例，永嘉之亂，中原板蕩，造成衣冠南渡，八姓入閩，即為其中一例。靖康之難後，北宋政權南移，帶動大量人口南遷，也屬這一類型。第二，出於軍事行動的需要而帶動大量人口遷移。也以閩臺社會為例，唐總章二年（西元669），南方畬民起義，唐王朝派陳政率兵入閩征討；繼而於垂拱二年（西元686）設漳州，以其子陳元光任刺史。隨陳政父子南來的軍隊便落籍漳州，成為一次大規模的移民。又唐朝末年，王審知兄弟跟從光州刺史王緒舉固始之眾隨軍入閩，取泉州，攻福州，後受擁戴為王，建立閩國。中原人口大量流寓入閩，也由此一軍事行動開始。再如明清之際，鄭成功驅荷復臺，以臺灣為軍事根據地抗禦清政權。隨鄭氏入臺的數萬閩南子弟兵，便成為福建對臺灣的一次大規模移民行動。第三，政治懲罰性的移民。中國歷代政權，有將政治性的罪犯發配邊地，以示懲罰的慣例，造成一種懲罰性的政治移民。更嚴重的情況是政治性的劃界遷民。如西漢元封元年（西元前110），漢武帝滅閩越國之後，仿秦遷六國貴族於咸陽的策略，把閩越國的貴族、官吏、軍隊以及百姓強制遷往江淮一帶，以絕後患。

《史記・東越列傳》稱：「東越狹多阻，閩越悍，數反覆。詔軍吏皆將其民徙處江、淮間。東越地遂虛」。此類情況，在中國歷史上屢見不鮮。

經濟性的移民大致可以分為：生存型移民和發展型移民兩種類型，《中國移民史》的作者是將生存與發展作為遷人的基本性質來分類的。所謂生存型移民，指的是「為維持自身的生存而不得不移民其他地區定居的人口」；而發展型的移民，則是「為了物質生活或精神

生活狀況的改善而遷入其他地區定居的人口」。[3]類似於這種劃分的，是皮特生更早提出的保守型移民和創新型移民的概念。只不過《中國移民史》的作者在分析生存型移民和發展型移民時，主要從移民的動因出發。生存型移民主要是因為固有的生存環境變得惡劣，如自然災害、社會動亂、人口增加、稅賦過重造成與周邊地區比較經濟水平低下，由此產生了向外移民的推力。移民的目的主要是尋求更好的生存環境。而發展型移民則主要來自遷入地的拉力，由於遷入地有較好的生存條件，如人口、土地、稅賦、經濟水平以及社會條件、人際關係（同宗、同鄉的先行移居）等各方面的原因，有利於新的發展，而拉動了移民潮。而皮特生所提出的保守型移民與創新型移民的分類，雖同樣表現出生存和發展的需要，但更強調從移民之後生活方式是否改變入手。保守型移民是在不根本改變固有生活方式之下的移民，而創新型移民則體現為在移居之後生活方式的改變，從而從移民的走向表現出生產方式的更新和社會的進步，如從鄉村向都市的移民反映的是從農業文明向工業文明發展的生活方式的改變等。

　　當然，生存型移民和發展型移民（或保守型移民和創新型移民）只是相對而言，二者並不能截然分開。這是由於生存和發展的標準，無絕對指標可言；而且，為求生存而進行的必要開發，也是一種發展。有時很難區分某一次移民行動是為了生存還是為了發展，或者二者兼而有之。因此《中國移民史》在論述生存型移民和發展型移民關係時指出了它們的互相涵蓋和轉化，有三種情況：第一，生存型移民取得發展型的結果，第二，生存型移民潮中本來就包含了主動求得發展的移民，第三，以發展為目的的移民帶動生存型移民，這一情況更多屬於中國歷史上移民的特例，如一些將相官員為了開疆擴土、建功立業而成為發展型移民，但隨其前往的部族、兵民、奴僕、俘虜等，則只能是生存型的移民。

3　葛劍雄等：《中國移民史》第1卷（福州市：福建人民出版社，1997年7月），頁42。

　　與此相似，所謂政治性移民和經濟性移民二者也是互動和互補的。政治性移民往往會推動經濟性的開發，從而帶動新一波經濟性移民潮的到來。以福建為例，王緒率光壽二州軍隊入閩，本來是一次政治性質的軍事行動，但隨之而來的王審知兄弟取而代之建立閩國，採取保境息民政策，注重文教，獎勵工商，發展海運，使福建在唐末的大動亂中偏安一隅，獲得經濟發展，從而進一步招徠了避亂中原的大批北方人口流寓入閩。同樣，鄭成功驅荷復臺，大批閩南子弟兵隨鄭氏入臺，本身是一個政治性的軍事行動。但是為了把臺灣建成反清復明的根據地，維持數萬軍隊在臺灣的生存和發展，又必須對原來比較荒蕪的臺灣進行開發。這是軍事行為所必備的經濟基礎。因此，在鄭成功的船隊中，「攜有很多的犁、種子和開墾所要的其他物品，並有很多從事耕種的勞工」[4]，復臺不久，鄭氏政權即發布墾地令諭，分派軍隊汛地屯墾，建立了「官田」、「文武官田」和「營盤田」的土地制度，使這一原本只是軍事行動的政治性移民，兼有了開發型的經濟移民的結果。

　　從上述的分析可以看出，歷史上中原對福建的移民和福建對臺灣的移民，政治性移民和經濟性移民兩種類型兼而有之，且常常互相滲透。福建早期的三次中原移民高潮：永嘉之後的衣冠南渡、陳元光入閩和王審知建立閩國，都是帶有政治性質的移民，同時也夾雜有生存和發展的經濟性移民的動機和結果。第一次是政治動亂造成的舉族南遷，第二、三次均是軍事行動招致的移民。但入主福建之後兵民的落籍，推動了福建經濟文化的發展，帶動了更多中原經濟性移民的到來。福建對臺灣的三次移民高潮，都發生在明清時期。第一次鄭芝龍船載災民入臺，主要是生存型的經濟移民。第二次鄭成功驅荷復臺，是軍事行動帶來的政治移民，但同樣也獲得開發型的經濟結果。第三

4　曹永和：〈鄭氏時代之臺灣墾殖〉，《臺灣早期歷史研究》（新北市：聯經出版事業公司，1979年），頁291。

次自康熙至嘉慶百餘年時有起伏的移民潮，則主要是生存和發展兼有的經濟性移民。

在考察移民和移民類型時，不能不涉及有關移民社會的問題。每一個社會都可能存在移民，因此移民可以是社會人口構成的一個重要部分；但並不等於每一個存在移民的社會，都是移民社會。其中的關鍵是移民在社會人口構成中所占的比重。著名的臺灣史專家陳孔立認為，「移民社會有廣義和狹義之分，廣義是指凡有較多外來移民的社會都稱為移民社會……狹義的是指那些以外來移民為主要成分的社會」。[5]在具體解釋狹義的，也即「比較典型」的移民社會時，陳孔立提出三個條件：第一，以外來的移民為主體；第二，移民自己組成一個社會，與當地原住民有聯繫但不混同；第三，經過若干年代，當移民的後裔取代移民成為社會的主體，移民社會的主要特徵發生變化以後，移民社會就轉變為定居社會，原有的移民社會就不復存在了。在這三點中，前兩點講的是移民社會的形成，後一點講的是移民社會的發展和消失，即由移民社會轉化為定居社會或土著社會。這是移民社會必然出現的一種社會轉型。標誌這種轉化的，可以從兩個方面來衡量：一是社會人口的增長主要由移民遷入的機械性增長，轉變為主要由移民後裔出生率提高的自然性增長；二是移民所攜入的文化出現本土化的特徵，它直接導致了移民和移民後裔在懷戀祖根文化的同時，對本土和本土文化的認同。

依據這一理論來考察閩臺社會，無論福建還是臺灣，都曾經是移民為主入住的社會。福建在秦漢時期的主要住民為閩越族，但自漢武帝元封元年（西元前110）滅越並「將其民徙處江淮間」以後，雖未完全如史書上所稱「東越地遂虛」，但原住人口稀少則是肯定的。此

5　參見陳孔立：〈有關移民與移民社會的理論問題〉，該文為作者參加福建省閩臺交流協會等單位聯合主辦的「海峽兩岸臺灣移民史學術研討會」所提交的論文，見大會彙編：《海峽兩岸臺灣移民史學術研討會論文集》，1999年12月。

後數百年間福建人口大量衰減。其人口成分一是閩越後裔的山越，再是中原人口的零星遷入。朱維幹《福建史稿》稱中原漢族早期入閩，一是亡命者，二是駐閩將士，三是被流放的人，四是避亂入閩者，五是採藥煉丹的道家等。[6]直至永嘉之亂以後，所謂簪纓世冑，舉族入閩，才有較大規模的遷入。其後唐總章年間陳政、陳元光入閩和唐末王審知建閩國，三次移民高潮都來自中原漢族，並構成了福建人口的主體，而先住的閩越族或稍後的山越，則融入漢族之中，成為林惠祥在《中國民族史》中所說的漢族四大來源之一。[7]由此我們可以確認，福建在歷史上也曾經是一個移民社會，只不過由於它由中原漢族人住的移民社會，轉化為移民後裔的定居社會，時間較早，據學者研究，至少到宋甚至更早就已經完成，[8]距今已逾千年。後來的移民實際上是在已成定居社會的先期移民基礎上的疊加，因此移民社會的特徵和種種矛盾並不明顯。加之長期以來，都在統一的國家政權的領導之下，政治的高度統一和民族的完全融合，同時帶來了文化的整合一致。凡此種種，都使人們淡卻了福建曾經作為一個移民社會的色彩。而臺灣則略有不同。首先，漢族移民入臺，自較具規模的明末開始，迄今僅有四百年歷史；其次，在三次移民潮中進入臺灣的漢族移民，都不與原住民族混同居住，而自己組成一個社會，保留了鮮明的移民社會文化的特點；第三，臺灣由移民社會轉向定居社會，依學者的研究，大約在清中葉的嘉慶年間[9]，距今不足二百年，特別在這以後曾經遭受日本的殖民統治半個世紀，面對異質文化的侵擾和壓制，來自原鄉的漢族移民文化在反彈中得到不同程度的延續和發展；第四，一

6　朱維幹：《福建史稿》（福州市：福建教育出版社，1984年），頁60-63。

7　林惠祥：《中國民族史》（臺北市：臺灣商務印書館，1939年11月，1993年7月影印第1版）。

8　參見林國平等：〈閩臺文化的形成及其歷史作用〉，福建師範大學閩臺區域研究中心編：《閩臺區域文化研究》（北京市：中國社會科學出版社，2000年7月）。

9　陳孔立：《清代臺灣移民社會研究》（廈門市：廈門大學出版社，1990年）。

九四九年以後隨同國民黨政權抵臺的二百萬中國大陸各省的軍民（以漢族為主，也含少量其他民族），在很大程度上主導了臺灣近半個世紀的社會政治、經濟、文化發展。其實質是新一波政治性移民。這一切情況都使臺灣保留了較多的移民社會的狀態。雖然二十世紀中葉抵臺的中國大陸漢族移民，與明清以來已經土著化了的先期中國大陸漢族移民，在民族血緣和文化本質上並無根本差異。因此無論從十八、九世紀間或二十世紀中葉以來的現實，其作為一個已經定居化了的漢族移民社會的特徵，與福建不同，仍然突顯在它的社會進程之中。

第二節　中原移民與福建社會的形成

以漢文化為主體的中華文化，發祥於黃河流域中部的黃土谷地，亦即仰韶文化或彩陶遺物分布的核心地區，包括汾河、渭河、涇河、洛河、沁河等黃河支流河谷地帶。而後由於黃河下游流域的自然地理條件更宜於耕作，便逐漸由西向東發展。中國自上古歷秦漢隋唐而至北宋，其經濟、政治、文化中心，大致都環繞著長安（西安）—洛陽—開封這一軸心作東西方向的移動。在這一軸向兩端的關中和山東，是兩個高度的農業開發區。這也就是我們通常所稱的中原地區。西晉末年，中原地區的經濟、文化，都達到很高的水平，比之江南，不可同日而語。《全晉文》卷五十四載袁準勸曹爽宜捐淮漢已南書曾云：「吳楚之民，脆弱寡能；英才大賢，不出其土；比技量力，不足與中國相抗。」語氣之中，直把江南視作化外之地，蠻野之民。此時中國的人口分布，集中於中原地區，當為必然。

不過自西晉末年至南宋初年（西元四世紀至十二世紀），八百年間中國的政治、經濟、文化中心逐漸向東南傾斜，乃至移向南方；而與之互為因果的是南北人口的不同消長。其間影響最巨的是中原三次大的政治動盪，導致了社會人口和經濟、文化的南移。第一次是西晉

末年的永嘉之亂。其時西晉經歷八王之亂，國力大衰。北方匈奴發兵攻打晉都洛陽，滅晉軍十萬，殺王公士民三萬餘，逼使中州士民大舉避難南遷。這是中國歷史上第一次大規模向南遷徙的移民高潮，從而促進了南方的開發。《宋書》卷五十四稱此後的南方，「自晉氏遷流，迄於太元之世，百許年中，無風塵之警，區域之內，晏如也。……地廣野豐，民勤本業，一歲或稔，則數郡忘饑。」[10]經濟重心南移，已初露端倪。第二次是唐開元盛世之後的安史之亂。八年的空前浩劫，繼之藩鎮割據，中原再度陷於戰禍離亂之中，迫使大量流民南下。資料顯示，唐玄宗開元年間（西元713-741），長安所在的京兆府人口達三十六萬戶，至憲宗元和年間（西元806-820），只餘二十四萬戶，減員三分之一；而東京洛陽所在的河南府，則由十二萬戶減至一點八萬戶，少了十之八九。而接納了大量中原流民的江南，在優越的自然條件和相對安定的社會環境下，經濟發展迅速。中唐以後，即成為國家經濟的支柱。韓愈說：「賦出天下而江南居什九」；杜牧更認為「今天下以江南為國命」。中國經濟重心由北方的黃河中下游轉移到南方的長江流域，已成定勢。第三次是北宋末年的靖康之難。北方崛起的女真族，數度恃強南侵，使一向重文輕武的北宋王朝，毫無抵禦之力，竟至將中原土地拱手相讓。以趙氏皇族為首，舉國避難江南，偏安一隅。政治、經濟、文化中心，便也隨之由中原移向江南。當中原地區為其後的蒙古游牧民族再度蹂躪，農業生產遭受嚴重破壞時，江南卻在長江天塹的暫時保護下，相對安定的社會環境、優越的自然條件和海上發達的商貿活動，使經濟走向進一步的繁榮。

　　中國歷史上這三次大的政治動盪，導致北方人口的南遷和國家經濟重心的南移。以北宋末年的靖康之難為轉捩點：在此前，北方人口多於南方，而此後，南方人口則多於北方。根據史書上的戶籍記載，

10　〈沈曇慶傳〉，《宋書》（北京市：中華書局1987年第3版），卷54。

西漢元始二年（西元2年），江南人口僅占全國十五分之一，到北宋末年，已達一半以上，至宋神宗元豐八年（1085），江南（含四川）為九百八十五萬二千零一十六戶，占了全國人口的三分之二。

這是中國自秦漢歷隋唐至北宋末年政治、經濟、文化中心轉移和人口遷徙的大趨勢，也是中原人口入閩和福建社會形成的大背景。

福建的原住民為百越族的一支——閩越，這是為史書所記載的。因此福建早期的社會形態，是閩越的部族社會。自漢武帝元封元年（西元前110）滅閩越國之後，福建的人口和社會發展如何，史無詳述。《史記》稱漢武帝以「東越狹多阻，閩越悍，數反覆」，而「詔軍吏皆將其民徙處江、淮間」，使「東越地遂虛」。但是否果真如此，卻為歷來史家所存疑。因為這種仿秦遷六國貴族於咸陽的強制性政治移民，主要是針對閩越國的貴族、官僚和軍隊，不可能將全部閩越人悉數帶走。福建多山面海，史家以為，必有一部分逃遁於山林之中或亡命於大海之上。朱維幹《福建史稿》認為，漢遷閩越於江淮間後二十五年，有冶縣設立，疑為閩越後人所建。《宋書·州郡志》云：「漢武帝世，閩越反，滅之。徙其民於江淮間，虛其地。後有逃遁山谷者頗多，立為閩縣，屬會稽南部都尉。」可見，漢遷閩越於江淮間之後，閩地並未全虛，數十年後避難山林的閩越後人復出，福建乃為閩越人天下，當為事實。

自漢武帝滅閩越至三國，歷經了三百餘年，閩越後人應有所發展。文獻曾多次提及與吳國作對的「山越」，如《三國志》稱：「山越好叛亂，難安易動，是以孫權不遑外侮，卑詞魏氏。」這裡所說的「山越」何來？林惠祥《中國民族史》認為：「山越蓋即古越族之遺民。……以其山居，故又稱為山越或山民。其活動範圍，即西漢時甌越、閩越、南越之舊地。」[11]因其散居於各處山地，人口不易計數。

---

11 林惠祥：《中國民族史》上冊（新北市：臺灣商務印書館，1993年影印第1版），頁125。

不過徐曉望從《三國志・賀齊傳》中所記載的東漢末建安年間（西元196-219），山越反，「賊洪明、洪進、苑御、吳免、華當等五人，率各萬戶連屯漢興，吳五六千戶，別屯大潭，鄒臨六千戶，別屯蓋竹」的記載，推算當時僅閩北聚集的山越人即達六萬二千戶，加上閩中其他一些地方，估計當賀齊領南部都尉受命南下平剿山越時，福建山越人口可能接近十萬戶。[12]

　　不過到晉武帝太康年間（西元280-289），福建人口又有較大的遞減。《晉書・地理志》統計此時閩地建安郡和晉安郡九縣的人口，僅餘八千六百戶，較之七、八十年前漢末建安時十萬戶的估計，已十失其九了。究其原因，主要是吳國討剿山越的策略，是以擄掠其人口補充軍隊，並將其集中於江淮一帶屯墾，而造成閩地人口銳減。據《三國志》張昭傳、陸遜傳、全琮傳、諸葛恪傳、賀齊傳所載，這些吳國名將，都以招降山越起家。這是繼漢武帝向北徙閩越人之後的又一次對福建人口的政治性遷徙。

　　相對於閩越人口的北遷，這一時期也有少量中原人口入閩。朱維幹《福建史稿》分列早期中原漢族入閩的五種類型為：一、亡命者。如七國之變中吳太子駒國亡之後入走閩越。二、駐閩將士。如《惠安縣志》載：孫權時吳將黃興與妻曹氏入住閩邑。三、流放罪人及其家屬。閩地開發遲緩，向被歷代君王視為蠻荒之地，亡君罪官，或為公私苛亂者，悉投於此，例不勝舉。四、避亂入閩者。如東漢末會稽令惠安錦田黃氏始祖，於建安歲避亂入閩。此類移民，開了晉末衣冠南渡的先風。五、採藥煉丹的道家。南北朝時，北方名山南朝人士不能前往，而閩山巍巍便為方士所鍾。史載吳晉時期，入晉安郡霍童山（今寧德境內）採藥的道士甚多，著名者如左慈、葛玄、鄭思遠等。其入山者，既為採藥，亦為避世，對道家醫藥研究當有所貢獻。不過

---

12 徐曉望：〈論吳隋二代臺灣移民進入大陸南部〉，福建閩臺交流協會等主編：《海峽兩岸臺灣移民史學術研討會論文集》，1999年內部出版，頁138。

此一時期的中原漢族入閩者，數量不多，地位較低，雖有能者，卻為避世而來，對福建社會的發展，整體說來影響有限。因此，這一時期以閩越族為福建人口主體的社會形態，便也延續早期閩越社會的特徵，與中原漢族社會的建構有所不同。

比較集中且粗具規模的中原漢族移民入閩，是在西晉末年的永嘉之亂以後。閩中文獻多有此類記述。據朱維幹考述，正史記載中原避亂入閩者，以《陳書》卷三〈世祖〉為最古，云：「侯景以來遭亂移在建安、晉安、義安（今潮州）郡者，並許還本土，其被略為奴婢者，釋為良民。」[13]其後記述者漸多。唐林蘊為《林氏兩湘支譜》所作的序言稱：「漢武帝以閩數反，命遷其民於江淮，久空其地。今諸姓入閩，自永嘉始也。」唐末林謂《閩中記》云：「永嘉之亂，中原士族林、黃、陳、鄭四姓入閩。」《全五代詩》卷八十七收詹恄詩一首，序云：「永嘉亂，衣冠南渡，流落南泉，作〈憶昔吟〉。」全詩如下：「憶昔永嘉際，中原板蕩年，衣冠墜塗炭，輿絡染腥羶。國勢多危厄，宗人苦播遷，南平頻灑淚，渴驥每思泉。」此後閩中各種史著，多競相引述。如乾隆《福州府志》引宋人路振《九國志》云：「永嘉三年，中州板蕩，衣冠入閩者八族，林、黃、陳、鄭、詹、邱、何、胡是也。」《八閩通志》引宋《福州圖經》云：「晉永嘉衣冠趨閩，自是畏亂無復仕。」《八閩通志》引宋《太平寰宇記》述泉州：「東晉南渡，衣冠士族多萃其地以安堵。」民國《建甌縣志》云：「晉永嘉末，中原喪亂，士大夫多攜家避難入閩。建為閩上游，大率流寓者居多。」

永嘉之亂是中原漢族南下的第一次移民高潮，但究竟有多少人入閩，向為史家所存疑。王仲犖《魏晉南北朝史》認為，自永嘉元年至劉宋泰始二年（西元307-466），百餘年間北方流民南下分為七期，大

---

13 朱維幹：《福建史稿》上冊（福州市：福建教育出版社，1984年），頁67。

抵集中在荊、揚、梁、益諸州，而未提及閩。[14]據譚其驤〈晉永嘉喪亂後之民族遷徙〉的統計，南渡移民僑寓之地，首推今之江蘇，其次依序則為山東、安徽、四川及陝南之漢中、湖北、河南、江西、湖南。自永嘉至泰始二四○年中，均未有避亂入閩的記載。不過，朱維幹《福建史稿》認為：「在南北對峙時期，中州人民南移，或可分為前後兩個時期。前期是永嘉之亂，吳會（今浙江）靠近南朝政治中心（建康），北朝的士族地主，到了這裡，也就定居下來。後期侯景之亂，三吳淪為戰場，才會有一批難民（其前代或有由中原過江的），離開吳會入閩。永嘉六年詔，就道出這種情況。」[15]他還引地方縣志和墓葬發現的資料認為：中原移民入閩，在永嘉之前即已存在，指為八姓，亦有誤漏；其入閩者，並非全為簪纓世胄，而是寒門居多；所謂「宦跡無聞」，並非全為「畏難懷居，無復北向」，而是與其家世寒微，缺乏政治背景，難有進身機會有關。

　　考之福建的人口變遷，自晉代至隋代，約三百年間，福建人口增長不多。《晉書‧地理志》合計當時建安郡和晉安郡九縣人口僅八千六百戶，至隋代對閩中人口的統計，也只一萬二千四百二十戶，只增加百分之四十四點四。可見，此一時期中原雖有漢族移民入閩，但數量不會很多，不可能是大規模的移民浪潮。

　　福建人口的增長，主要在唐代。據唐建中（西元780-783）的戶籍資料統計，此時福建人口已增至九萬三千五百三十五戶，五十三萬七千四百七十二人，比隋代的人口統計增加了七倍。[16]可見自唐以後，福建便成為中原漢族人口的主要移入地之一。

　　唐時較具規模的中原漢族入閩有兩次。第一次是唐總章二年（西

14 朱維幹：《福建史稿》上冊（福州市：福建教育出版社，1984年），頁69。

15 王仲犖：《魏晉南北朝史》（上海市：上海人民出版社，1979年）。

16 隋代人口統計見《隋書‧地理志》，唐建中人口統計見杜佑：《何典》，均轉引朱維幹：《福建史稿》上冊（福州市：福建教育出版社，1984年），頁123。

元669）陳政、陳元光父子率府兵五千六百人入閩。時閩粵之交，「獠
蠻嘯聚」。[17]陳政以嶺南道行軍總管銜入閩，駐軍綏安（今漳浦縣西五
十公里），守閩南九年，於儀鳳二年（西元677）病故，尤其二十九歲
的兒子陳元光代父為將。在平定諸蠻以後，於永淳二年（西元683）
請置漳州。武后垂拱二年（西元686）置漳州府，並以陳元光為刺
史。至景龍二年（西元708）戰死。繼尤其子珦、孫酆相繼任刺史。
陳氏一家，四代守漳，達百年之久。在平定「獠蠻」之亂的同時，闢
蒿萊之地為稻田蔗圃，治軍施政，均獲漳屬人民擁戴。陳元光死後，
被民間尊奉為「開漳聖王」，其部屬將佐，亦落籍漳州，號稱五十八
姓，為閩南最具規模的一次中原漢族移民。

關於陳元光是否來自中原，因唐史無傳，故眾說紛紜。較具代表
性的有「嶺南土著」說和「中原固始人」說。二說皆有前人著作為
據。前者見於明嘉靖黃佐修纂的《廣東通志》，朱維幹《福建史稿》
引《廣東通志》說，陳政「先世家潁川，父洪為義安（潮州）郡丞，
遂為揭陽人」。後者出於晚明的《漳州府志》及明末清初的《閩書》，
稱陳元光祖先於漢時被封為固始侯，歸葬固始陳集浮光山，子茫因而
定居此地。此說的最早來源應為陳氏後裔的家譜。但前人對家世族譜
的附會，早有詬言，謂其不可足信。徐曉望在考辨閩臺漢族移民是否
籍出固始時，對陳元光的籍貫另有所說。首先他認為討論陳元光的籍
貫，不能盡信後出的明代史料，因為「明人學風不謹，好誇飾，為清
代學術界所詬病」，而主張注重宋以前的材料。其次，他認為「如果
只限於用宋以前的材料，陳元光的籍貫根本不是問題」。他引唐代國

---

17 關於「獠蠻」，係何民族，據朱維幹《福建史稿》考據，其本為瑤，即武陵五溪蠻
　 後。以山林中結竹木障覆居為輋，故瑤也稱輋，輋亦作畬，以槃、藍、雷、鍾、苟
　 為姓。陳政入閩，以李伯瑤為先鋒，殺藍、雷二酋，平三十六寨；儀鳳二年，陳謙
　 結「諸蠻」苗自成、雷萬興攻潮陽，後為陳元光所平；景龍二年，陳元光為藍奉高
　 所害；開元三年，陳元光子珦，襲畬洞，殺藍奉高。此處所提及的藍、雷，均為畬
　 姓。凡此種種，朱維幹認為「與陳元光父子連年作戰者，非畬族而誰呢？」

子監博士林寶編著的《元和姓纂》，其中明確指出「右鷹揚將軍陳元光，……河東人」，宋代王象之《輿地紀勝》卷九十一收朱翌的《威惠廟記》，其中也清楚指明：「陳元光，河東人」。因此他認為陳元光既不是嶺南土著，也非河南固始人氏，而是山西河東人，這是唐宋人早已得出的結論。他還以《唐會要輯稿》中記載陳政娶妻「吐萬氏」的說法作旁證，稱「吐萬氏」是北魏鮮卑的大姓，生活於今內蒙－山西一帶，與河東相近。如果陳政為嶺南土著，怎能與遙在北方的鮮卑族聯姻呢？[18]若徐曉望此說可信，則陳政、陳元光父子應源出山西。其所率府兵入閩數量究竟多少，史無明載。有稱五千六百人，以彼時漳州一帶人口分析，可能有所誇大。但其為來自中原（姑不論是籍自河東還是固始）的一次較具規模的漢族移民，是可以確定的。

　　唐代第二次大規模的中原漢族移民入閩在唐末至五代時黃巢起義，中原戰亂不已。《資治通鑑》載，屠者出身的光州刺史王緒，無法應付軍閥秦宗權的驕奢勒索，於光啟元年（西元885）「悉舉光、壽兵五千，驅吏民渡江」。同行者有時為王緒軍正的光州固始縣人王潮及其弟王審邦、王審知。王緒軍渡江後由南康經贛州，再從粵北轉潮陽迂迴進入福建。由於王緒狹隘暴橫、濫殺部眾，激成兵變，眾共推王潮為主帥。入閩後取泉州，攻福州，統享閩中五州之地。在職四年，先後被任命為泉州刺史、福建觀察史、威武軍節度使等。王潮死後，由王審知繼任。後梁初封審知為閩王，至其子延翰建閩國，更四主而亡。王審知在職二十九年，承襲王潮的保境息民政策，勸農桑，斂賦稅，交好鄰道，獎勵工商，特別是發展海運事業，北達遼東，南航東南亞；在文教上，禮賢下士，興學搜書。這一切都使福建社會、經濟、文化有了很大的發展。

　　唐朝兩度中原移民入閩，對福建漢族社會的形成，起了關鍵作

---

18 徐曉望：〈閩臺漢族籍貫固始問題研究〉，《臺灣研究》1979年第2期。

用。福建的人口變化，隋時福建人口一萬兩千四百二十戶，到唐末元和年間（806）增至七萬四千四百七十六戶，長了七倍；經過五代之後，到宋初，不過一百多年，《太平寰宇記》的數字已達四十六萬七千八百五十一戶，比之唐末，又淨增了五倍。人口的迅疾增長，不可能是自然繁殖的增加，而只能依靠移民的機械增值。如果說隋時的福建人口主體，還是閩越後裔，到唐末已為中原的漢族移民所主導了。中原漢族南來，最初皆因動亂，屬戰亂帶來的政治性移民，但入閩獲得安定之後，便轉化為開發性質的經濟性移民。不僅促進了福建經濟的發展，還帶來中原的政治制度與文教體制，使福建社會納入在以中原文化為核心的漢族社會之中。

關於福建中原移民的移出地，歷來有所爭論。以對福建社會發展影響較大的唐末王潮、王審知及其所率領的家鄉子弟兵而言，其來自光、壽二州，向無異議：史學界所存疑的是：唐末光、壽二州共轄十縣，固始僅為其十縣之一。王潮兄弟為固始人，無疑。其能為光、壽軍擁為新首領，可見光、壽軍中固始籍者應為數不少；且王審知主閩時，以桑梓故，獨優固始；中原固始流民，入閩者猶多，這些都是事實。但不能依此就論定光、壽軍皆來自固始。閩中譜牒，常云祖自固始。不僅唐末隨王審知入閩者如是，連晉末南渡和唐初陳元光，都如是。此類攀附之風，早為前人所詬。南宋方大琮在〈跋方詩境敘長官遷莆事始〉中指出：「大琮曩見鄉人，凡諸姓墓誌，皆曰自光州固始來……誠竊疑之。王氏初建國，武夫悍卒，氣焰逼入。閩人顫慄自危，謾稱鄉人，冀其憐憫，或猶冀其拔用。後世承襲其說，世祀邈綿，遂與其初而忘之耳，此閩人譜牒所以多稱固始也。」明史學家鄭樵在〈滎陽鄭氏家譜序〉中，也指出：「王審知因其眾以定閩中。以桑梓故，獨優固始。故閩人至今言氏譜者，皆云固始。其實謬濫云。」

唐末避亂入閩者，不止光、壽二州，還有其他一些地區。朱維幹《福建史稿》引南宋楊時所撰的多種墓誌銘，如翁行簡、李修撰、陸

少卿、周憲之等墓誌，皆世族大家，避唐亂入閩，云其故籍，分別來自京兆、江南、吳郡、遂昌等地。子孫散居福建各地，對福建後來社會的發展都產生了不少影響。因此，方大琮說：「閩之有長材秀民舊矣。借曰衣冠避地南來，豈必來自一地？」《八閩通志》引《建安志》也稱：處五代離亂，江北士大夫、豪商、巨賈，多避亂於此，故建州備五方之俗。

　　這裡還有一個有趣的現象值得提出：在唐末，光州、壽州都隸轄於淮南道，而非河南。其轄地，今也分屬於河南和安徽兩省。因此，有論者認為，唐末入閩的光、壽二州流民，「準確的說法應是淮南民眾」。[19]而溯之歷史，自秦漢至三國，南方越族，包括甌越、閩越、南越等，都曾自請或被迫地數度移入江淮之間。越族之融入漢族，成為漢族的四大族源之一，當自這一時期開始。因此可以推見，唐末南來入閩的光、壽二州漢族移民（淮南民眾），相當部分應含有越族血統。他們入閩之後，由於男多女少，不少與當地土著女子通婚，落籍福建。陳政部屬丁儒有詩云：「辭國來諸屬，於茲締六親。追隨情語好，問饋歲時頻。相訪朝和夕，渾忘越與秦。……」（〈歸閑詩二十韻〉）唐初南下的漢族如此，唐末應也相類，加速了南方漢族與越族的融合。至明清兩朝，閩粵沿海含有越族血統的漢族，即所謂福佬人和客家人，大量遷入古越族曾經進入的臺灣，成為今日臺灣人口的主體。因此今日閩臺兩地的漢族人口應都有越族血統。長期從事人類血液研究的臺北馬偕醫院林媽利醫師，近日在國際醫學期刊《組織抗原》上發表她對臺灣一百二十三個宗族、一百三十六名閩南人和一百九十九名客家人的血液研究結果，在題為《從組織抗原推論閩南人及客家人的來源》的論文中認為：A33-B58-DRBI*303是閩南人、客家人，乃至新加坡華人和泰國華人最常見的白血球抗原，此種抗原是中

---

19 徐曉望：〈閩臺漢族籍貫固始問題研究〉，《臺灣研究》1997年第2期。

國古代越族的基因。因此，她以「族群系統發生樹」和族群相關分析
的方法，推認臺灣的閩南人、客家人和新加坡、泰國的華人，都屬於
南亞洲人種的「越族」。[20]人類基因的這一研究，以現代科技的先進手
段，進一步證明了原本就含有越族血統的漢族，在由中原向閩臺的移
徙過程中，又不斷發生與越族融合的這一有趣現象。

　　北宋末年的靖康之難，是中原漢族移民第三次大規模進入福建的
重要時期。北方新興的游牧民族女真的南侵，使奢靡柔弱的北宋王朝
幾乎完全喪失了抵抗能力，而避難江南，移都臨安（杭州）。較之西
晉末年和唐末之亂，這已不是「舉族南遷」，而是「舉國南移」了。
漢文化中心的南北換位也由此成為定局。由於南宋定都臨安，與福建
緊鄰，唐宋以來有了很大發展的福建，如詩人張守所說：「憶昔甌越
險遠之地，今為東南全盛之邦」，不僅成為南宋政權的政治後方，而
且成為南宋經濟的強大支柱。原來分居中州各地的宋朝宗室，南渡後
於福州和泉州分設西外宗正司和南外宗正司，大批皇親貴冑進入福建
定居。同時南來的還有大量北方人口。仍以南宋福建人口的變遷為
例，據《宋史・地理志》載，北宋崇寧元年（1102）的人口統計為一
百零六萬一千七百五十九戶，至南宋紹興三十二年（1162）《宋會要
稿》所載的人口統計，為一百三十九萬零五百六十六戶。短短六十年
間，增加了約三十三萬戶，比原來人口增加了三分之一。此時福建人
口的密度，平均每平方公里二十五點四人，已高出了當時全國人口平
均密度。

　　從西晉末年到宋室南渡，其間八百餘年，福建經歷了數次中原漢
族移民的大規模南遷，對福建社會的最後形成產生了根本的影響。首
先，北方中原移民及其後代，構成了福建社會的人口主體。福建的原
住民閩越族，由於在漢末和東吳時期兩度被強制北遷，遺散後福建的

---

20 許峻彬：《聯合報》，2001年4月29日。

人口稀少，增長速度緩慢。福建人口的每次激增，都出現在中原移民的高潮之後，而越族也在融入漢族之後逐漸消失了。從這個意義上可以說，福建也是一個中原漢族的移民社會。其次，中原移民南入福建之後，逐漸由政治性的戰爭移民，轉型為開發型的經濟移民，不僅為福建帶來了充裕的勞動力，也帶來了中原先進的生產技術，促進了福建經濟的開發。特別是王審知主閩時期，疏水利、勸農桑、發展海運、獎勵工商，經濟有了很大發展，至宋已成為「東南全盛之邦」。凡此種種，皆與中原移民南來相關。第三，在政治體制上，帶來了中原建立在宗法制度之上的封建社會建構。由於北來的中原移民，自晉末開始，多是舉族移入，其在中原的宗族制度，便也延伸引入福建。閩越在歷史上常存自外於中央王朝的邊緣性和叛逆性，但由於中原移民南來後進入福建的政治核心，從而增強了服膺於中央王朝的法統觀念，並依中央王朝的慣制，請增郡縣，形成了福建地方政權完整的政治結構。福建本七閩之地，秦設閩中郡，所轄包括浙東的溫、臺、處三府屬，郡地之大，使之無法實施實際的政治管治，使福建在很長時期乃成為游離於中原政治核心之外的閩越天下。三國時孫吳始析出轄地，立建安郡；晉添晉安郡；至唐，析為福、建、泉、汀、漳五州，立二十四縣；五代王氏又立鐔州（後改為南劍州），縣治增至三十一；宋初析泉州置興化軍，析建州置邵武軍；南渡後升建州為建寧府，再增十縣，合一府、五州、二軍，共四十一個縣，為福建路。至此，「八閩」的地域概念始成，政治建制也由此走向完善。第四，隨著移民南來，中原文化南播，福建文教事業發展迅疾。對此下一章將有專門論述，此處不贅。從人口到政治、經濟和文化，唐宋以來，福建已由早期的閩越社會轉化為與中原一體的漢族社會了。

　　福建是否為漢族的移民社會，以及福建如何由漢族移民進入的社會，轉化為移民定居的社會，史學界對此少有討論。或許因為年代久遠，福建又一直納入在中央王朝的統一政治建構之中，對其社會曾經

存在的移民性質，無太大關係，也不重要，故很少提及。林國平、方
寶川執筆的《閩臺文化的形成及其歷史作用》對此做了一些分析。在
肯認了福建曾是移民社會之後，認為宋代是福建由移民社會變為移民
定居社會的重要轉折時期。[21]此說應可成立。一般認為，由移民社會
轉為移民定居社會，應從人口、社會、經濟、文化等多方面進行考
察。其中人口指標是十分重要的。即是社會人口的增長由主要是移民
遷入的機械增長，轉變為由移民定居後人口繁衍的自然增長。史書上
對福建這一人口分析缺乏詳細記錄，但從人口統計中可以看出，唐宋
以來，福建人口短時期內的急遽增長，顯然不是正常的自然增長，而
是大量移民的結果。宋室南渡後，福建人口的密度，已超出全國人口
的平均密度，此時已出現主張移出人口的議論；[22]且自南宋以後，南
北人口雖互有流動，但未再見有大規模中原移民入閩的記載。可見自
南宋以後福建人口的增長，已經主要依靠移民定居後的自然繁殖了。
隨著南來人口的增長，福建經濟有了迅疾的發展，經濟結構也發生了
相應變化；而伴隨移民進入的中原文化，植根福建，也開始出現本土
化的文化特徵，並以移入文化的本土形態回饋母體。福建在宋以後的
文化發展，已具備這種特質。就常俗文化而言，福建一方面保存了後
來陸續消亡或削弱了的某些中原文化傳統，如中原古俗等；另一方面
又在中原文化的基礎上形成了自己特殊的地域文化，以民間信仰中的
地方神最為明顯。這些地方神往往由邊緣進入中心，成為中華文化的
一個組成部分。產生於宋代的媽祖信仰即是典型的一例。而就文化的
菁英層面考察，南宋以朱熹為代表的閩學的形成和發展，確證了這一
時期福建文化在整個中華文化中的地位。人口因素、經濟因素和文化

---

21 參見林國平等：〈閩臺文化的形成及其歷史作用〉，福建師範大學閩臺區域研究中心
　　編：《閩臺區域文化研究》（北京市：中國社會科學出版社，2000年7月）。
22 〔南宋〕政論家葉適曾建議：「分閩浙以實荊楚，去狹而廣。」即認為將閩浙眾多
　　的人口移住兩湖，則可益田墾，增稅賦。見《文獻通考》，卷11，〈戶口考〉。

因素都說明，南宋以後福建已成為中原漢族移民的定居社會。

　　自晉至宋，中原漢族移民對福建的人口發展、經濟開發和文教促成，意義重大，最終使福建的社會建構，由原住民的古越文化，轉而奠基在中原漢族文化的基礎之上，成為中華文明社會在東南的重要一域，並以此而深遠地影響了臺灣社會的建構和文化的發展。

第三節　閩粵移民與臺灣社會的形成

　　臺灣社會的發展，經歷了從原住民的社會到以漢族移民為主體的社會的變遷。臺灣學者尹章義把「從原住民（番人）社會過渡成為漢人定居社會」的過程，劃分為五個階段，[23]即：

　　一、番人漁獵粗耕社會規定形態期；二、番人優勢漢人劣勢期；三、番漢均勢期；四、漢人優先期；五、漢人農業社會穩定狀態期。

　　這五個階段，實際上可以簡略地分為前後兩個發展期，即以原住民為主體的社會發展期和以漢族移民為主體的社會發展期。中間存在一個過渡期，即尹章義所稱的「番漢均勢期」。不過，在臺灣，由於漢族移民和原住民基本上並不混同居住，其各自的社會形態往往獨立而並存，即使到了後期，漢族移民構成了臺灣社會的主體以後，原住民固有的社會形態和文化特質，依然散點式地在他們的聚居地保存下來並獨立發展著，只程度不同地接受漢族文化和社會進步的影響。因此，臺灣社會的變遷，不是從一種原有的社會形態隨同時代的腳步「進化」而來，而是由移民攜帶而來的另一種文化和社會形態的介入，並逐漸成為主導，才造成社會形態的變化。所謂「從番人優先」到「漢人優先」的過渡，只就人口主體的變化而言，對於社會形態的發展，則不明顯。

---

23 尹章義：〈臺灣開發史芻論〉，《海峽兩岸首次臺灣史學術交流論文集》（廈門市：廈門大學出版社，1990年7月），頁210。

　　在這一進程中，漢族移民的進入，是導致臺灣社會形態發生變化和發展的根本原因。

　　大陸移民入臺，歷史上早已存在。且不說遠古人類隨著冰期到來陸地上升的進入和古閩越國在覆亡之後泛海而來；三國時期的東吳和隋朝、元朝均已有過遣軍入臺的記載。不過，除了遠古人類和古閩越族外，滯居下來的並不多。最早具有移民性質而為後人記載下來的是連橫《臺灣通史》「開闢紀」中所稱的：「及唐中葉，施肩吾率其族遷居澎湖。肩吾汾水人，元和中舉進士，隱居不仕，有詩行世。其〈題澎湖〉一詩，鬼市鹽水，足寫當時之景象。」[24]由於連橫所述，未引出處，且無其他史料佐證，學者對此多持懷疑態度。陳孔立主編的《臺灣歷史綱要》僅說：「關於漢人在臺灣的活動，在唐朝有施肩吾〈島夷行〉（即連橫所說的〈題澎湖〉——引者）一詩述及，但因沒有其他史料可證，許多人懷疑其真實性。」[25]這裡並未肯定連橫所說的「施肩吾率其族遷居澎湖」，只言其〈島夷行〉一詩對漢人在臺活動有所「述及」。而學界對此詩也有爭議。或言其詩是施氏隱居江西洪州（今南昌）時，對鄱陽湖景況的描寫；或稱其為專寫「鬼市鹽水」的海邊景象，但未必就是澎湖，可能只是施氏的「聞而興詠」，不一定是其遷居澎湖後的親歷之作。不過，近年有學者進一步以其詩所寫的自然與社會狀況，既不同於江西的鄱陽湖，也未聞施氏到過廣西合浦，而完全相同於當時的澎湖，並以作者其他詩作為施氏到澎湖後親身經歷的佐證。[26]

　　文獻比較確鑿記載漢族入臺的，在兩宋。北宋詩人謝履宗有詩云：「泉州人稠山谷瘠，雖欲就耕無地闢；州南有海浩無窮，每歲造舟通異域。」這一情況，自唐末五代即已開始。彼時北方戰亂，閩王

24 連橫：《臺灣通史》修訂第2版（新北市：臺灣商務印書館，1983年10月），頁5。

25 陳孔立：《臺灣歷史綱要》（臺北市：九州圖書出版社，1996年4月），頁24。

26 參閱熊俊：〈關於唐詩〈島夷行〉的探討〉，《臺灣研究》2001年第2期。

兄弟，偏據福建，薄徭輕賦，吸引了大量中原人民來歸，使福建人口一時大增，便向近海島嶼開發。澎湖為入臺門戶，距泉州僅二日水程，隋陳稜率軍征臺時，曾經路過，後即成為瀕海漁民避風取淡水之地，逐漸出現定居式的墾殖開發。周必達〈汪大猷神道碑〉記載乾道七年（1171）四月汪大猷知泉州時，對澎湖情況已相當熟悉，並稱在此「海中大洲」，已有「邦人就植粟、麥、麻」，進行定居農業墾殖。此處所謂「邦人」，對於當時知泉州的汪大猷而言，當指泉州府人。可見最早進入臺灣的，即為閩籍移民。樓鑰〈汪大猷行狀〉進一步記述當時的墾殖情況，稱其擁有沙洲數萬畝，「忽為島夷毗舍耶奄至，盡刈所種。他日又登岸殺略。擒四百餘人，殲其渠魁，餘分配諸郡」。可見彼時泉州人在澎湖的墾殖，規模已經不小，才須島夷毗舍耶動用數百之眾前來刈掠。為抗禦毗舍耶的殺掠，〈汪大猷神道碑〉還載，汪氏在澎湖建屋二百間，派水軍長期駐紮，開始實施對澎湖的行政管轄。宋趙汝适《諸蕃志》云：「泉有海島曰澎湖，隸晉江縣」，把澎湖納入福建版圖。至元代至元年間，更進一步在澎湖設立巡檢司。因此，明《閩海贈言》載陳學尹〈喻西夷記〉云：「澎湖在宋時，編戶甚繁。」連橫《臺灣通史》也稱：至元大德（1297-1306）年間，「澎湖居民日多，已有一千六百餘人，貿易至者歲常數十艘，為泉外府。」[27]可見此時澎湖不僅作為重要漁場，也出現定居農業，並且成為「番漢交易」的海上貿易場所。至明，朱元璋雖行海禁，廢巡檢司，遷徙澎湖居民於內地，但此一禁令難以實行，澎湖的漢族居民，反卻生聚日繁。萬曆三十二年（1604），荷蘭殖民者窺視臺灣，先據澎湖，奪澎湖漁船六百艘，役使漢人一千五百人，為其築城。可見此時澎湖人口已達數千。

　　澎湖與臺灣西部的北港，僅隔一條三十海浬的水道，煙火相望。

---

27 連橫：《臺灣通史》修訂第2版（新北市：臺灣商務印書館，1983年10月），頁7。

往來採捕、貿易的漁船、商船，便也活躍於澎湖、北港之間。宋元時有無漢族移民進入臺灣本島，史無確載。但據汪大淵《島夷志略》所述，言其遊歷臺灣，登山入海，歷遍全境。在彼時情況下，語言不通，風俗有異，若無漢人陪伴導引，當無可能。因此有學者據此推論，此時應已有漢族移民入臺居住。對於此說，可以從若干雜著譜牒中得到印證。臺灣《諸羅縣志》〈雜記志〉引沈文開雜記云：「土番種類各異，有土產者，有自海船飄來，及宋時零丁洋之敗，遁之至此者，聚眾同居，男女婚配，故番之處處不同。」鄧傳安《蠡測彙鈔》也記卑南覓七十二社，「其女土官寶珠盛飾，如中華貴家，治事有法，或奉官長文書，遵行惟謹。聞其先本逃難漢人，踞地為長，能以漢法變番俗，子孫並凜祖訓，不殺人，不抗官。」[28]故林衡道主編的《臺灣史》認為，零丁洋之役，餘生泛海，漂泊或晦居閩南及金門一帶者，頗有其人。臺灣與閩南相近，當時逃生者或因風至臺，亦極有可能。[29]從族譜資料查考，也屢有先人於宋元時分裔臺灣的記載。如《德化使星坊南市蘇姓族譜》，尤其七世祖蘇欽於南宋紹興三十年（1160）所作序曾云，蘇氏一族「分於仙遊南門、興化涵頭、泉州、晉江、同安、南安塔口、永春、龍溪、臺灣，散居各地。」蘇欽是北宋末年南宋初年時人，為北宋宣和甲辰進士，官至利州路轉道判官，其筆下所記的族裔遷入臺灣，時間當在北宋或者更早。這是族譜資料記載的最初移居臺灣的一條明證。又如《永春岵山陳氏族譜》、《南安豐州陳氏族譜》，均有元代分裔臺灣的記載。[30]入明以後，這類記載是更多見，林嘉書在《南靖與臺灣》一書根據譜牒資料的統計，僅南靖一縣，於明天啟年間遷入臺灣的，就達一百二十五人之多，此時閩臺之間的海上通路，實際上已經打開，遷臺之人已不鮮見，只是數量不

---

28 《蠡測彙鈔・問俗錄》標點本（北京市：書目文獻出版社，1983年6月），頁2。

29 林衡道：《臺灣史》（臺北市：臺灣眾文圖書有限公司，1979年），頁34。

30 族譜資料，可參閱莊為璣：《閩臺關係族譜資料選編》（福州市：福建人民出版社，1985年），頁2。

會太多。其原因可能即如《中國移民史》的作者所說的：「澎湖的漢人渡過臺灣海峽登上臺灣本島應當是輕而易舉的事。只是臺灣本島的土著居民剽悍排外，移民臺灣所遭遇的不是地理的而是種族的障礙。」[31]

因此，宋元時期來自福建的漢族移民，由於其活動範圍主要在以澎湖為中心的臺灣外島，且為零星、分散狀態，對臺灣社會形態變化的影響，並不明顯。

對臺灣社會發展影響深鉅的大規模漢族移民，出現在明清兩代。

明代漢族移民臺灣，可分為三個階段：

第一階段在萬曆中期至天啟初年，即十六世紀末至十七世紀初荷蘭占據臺灣之前。由於臺灣西岸海域漁產豐富，吸引中國大陸沿海漁民前往採捕，如黃承玄《條議海防事宜疏》所稱：「其采捕於澎湖、北港之間者，無慮數十百艘。」為了避風取水或修理漁具，漁民由登岸逗留而逐漸在臺灣定居下來，形成十數戶或數十戶的漁村，並以臺灣優越的自然條件，逐漸兼行農業墾殖。這一過程猶如泉州漁民最初對澎湖的開發。發生於臺灣海域的漁業採捕和入住墾殖，都必然出現與臺灣原住民的接觸，並發生互通有無和互惠互利的交易活動。對於大陸來臺的漁民，有的是大陸先進工農業生產條件下的出產品，如米、鹽、粗布、瓷器和鐵器，而對於臺灣原住民，則是他們的狩獵品：鹿脯及其皮、角。在番漢交易中獲得厚利的中國大陸漁民，進一步發展了以貿易為主要目的的海上行商和長期留在臺灣專事收購的坐商，使番漢交易日趨興盛。此時日本進入群雄割據的戰國時代，對於用作武士鎧甲的鹿皮，所需甚殷，國內生產不敷其用，便廣向海外求索，於是鹿皮成為一種國際貿易商品。原本番漢交易中中國大陸漁、商從臺灣原住民換得的狩獵品，鹿皮便轉輸日本，鹿脯才運回中國大

---

31 葛劍雄等：《中國移民史》第6卷（福州市：福建人民出版社，1997年7月），頁318。

陸。這進一步刺激了海上貿易的發展。《巴達維亞城日記》一六二五
年四月九日條曾記:「在大員灣中,約有一百條戎克船,是從中國來
的。」這些船上裝滿了從臺灣收購的鹿皮、鹿肉,「據傳聞,每年可
獲鹿皮二十萬張」。為了牟取厚利,在明朝政府權力難以充分達到的
東海之上,爭鬥掠殺便時而發生。十六、七世紀,被朝廷視為「海
盜」的海上武裝貿易集團,便是在這一背景下出現的。他們往往擁有
數以百計的船艦、成百上千甚至逾萬的兵力和精良武器,以臺澎為基
地,此消彼長,橫行海上。他們不僅壟斷收購,直接參與貿易,從最
初的截劫過往商船,發展到置關設卡,抽捐索稅,扮演了既是商業資
本本身,又是打擊商業資本力量的多重角色。其影響較大者,有嘉靖
三十五年(1556)為福建總兵所敗而遁入北港的林道乾、許朝光、吳
平、曾一本、諸良保一夥;萬曆二年(1574)在攻掠福建沿海時被總
兵胡守仁所敗而逃入澎湖的林鳳一夥;還有在萬曆中(1590年前後)
就從福建往返北港與日人「互市」,而又在海上「殺掠洋船」的林錦
吾一夥;以及萬曆末年至天啟初年(1611-1621)從福建用武裝大船
販運臺灣、日本,「嘯聚萬計,屯據東番之地」,在海上「擄掠商船,
招亡納叛」的袁進、李忠、阮我榮、黃育一、林辛老等諸股勢力。其
中影響最為深廣的當屬顏思齊—鄭芝龍集團。鄭芝龍原隨海商李旦往
販臺灣、日本,進行武裝走私,後為顏思齊所劫,遂歸附之。[32]顏思
齊在臺灣,於北港結寨自保,屯田墾殖,《臺灣通史》稱其「闢田
土,建部落,以鎮撫土番」,漳泉一帶人口都來投奔,附者「凡三千
餘人」。顏死後,由鄭芝龍繼承,更仿明制設立佐謀、督造、主餉、
監守、先鋒等官職,勢力大增,不僅在臺灣擁有一定的土地開發權和

---

32 陳碧笙《臺灣地方史》引日人岩生成一的《日本僑寓華人甲必丹李旦考》認為,李
　旦和顏思齊應屬一人,無論其出生地、活動區域、活動方式、死亡時間及死後由鄭
　芝龍繼承,均完全相同。此說僅供參考。詳見《臺灣地方史》(北京市:中國社會
　科學出版社,1982年8月),頁42。

移民管轄權，還在海上成為最大的武裝勢力，幾乎壟斷了與日本、荷蘭的海上貿易。

此時進入臺灣的漢族移民，估計已經逾萬。施琅《恭陳臺灣去留疏》稱此時「中國之民潛至，生聚於其間者，已不下萬人」。傳統的瀕海之民除了以海為田，從事漁業採捕之外，還進行定居式的農業種植，為聚集島上的武裝集團，提供生活保障；而最大量的是進行海上武裝走私貿易。因此就其性質而言，乃屬開發型的經濟性移民為主，其移出地，主要是福建。

第二階段為荷蘭占據臺灣時期。荷蘭殖民者於一六二二年進入澎湖；一六二四年在明朝官軍的圍攻下，接受李旦的斡旋，放棄澎湖，入踞臺灣本島，至一六六二年為鄭成功驅逐，共占領臺灣三十八年。在這段時間，仍有不少中國大陸沿海居民，移入臺灣。一部分是隨鄭芝龍入臺。鄭芝龍與荷蘭殖民者的關係極為複雜。一方面，鄭芝龍龐大的海上武裝，是荷蘭殖民者進行海上貿易的最大障礙，因此荷蘭殖民者屢次聯合明朝政府和其他海上武裝力量，企圖消滅之；另一方面，鄭芝龍又是荷蘭的貿易夥伴，在無法撲滅鄭氏武裝勢力的情況下，荷蘭殖民者只好同意與其簽訂貿易協議，每年從鄭芝龍手中購買一千四百擔蠶絲以及糖和其他紡織品等，而賣給鄭氏二千擔胡椒，與鄭芝龍約定「共同」占有臺灣「平地」，允許鄭氏繼續擁有他原在臺灣的土地開發權和移民管轄權。一六二八年鄭芝龍受朝廷招撫，時值福建大旱，應福建巡撫熊文燦之請，「乃召饑民數萬人，人給銀三兩，三人給牛一頭，用海船載之臺灣，令其芟舍，開墾荒土為田。厥田惟上，秋成所獲，倍於中土，其人以食之餘，納租鄭氏。」黃宗羲《賜姓始末》的這段記述，曾為後人所疑，數萬居民加上牛逾萬頭，在當時條件下要悉數由福建運抵臺灣，實屬不易。儘管此一數字可能有所擴大，但考之鄭芝龍此時在臺灣仍與荷蘭有「共同」占有「平地」之約，吸收移民到臺墾殖救荒是完全可能的。儘管荒年過後，大

部分移民返回家鄉，但滯留定居下來的仍會不少。另一部分是由荷蘭聘請「墾首」招募華工入臺墾殖。一六三六年，原住印尼的華人甲必丹、曾鳴崗移住臺灣，向荷蘭申請了一大片土地準備發展農業生產。《巴達維亞城日記》說：「他為種植稻穀從中國招來了許多中國人，還要長期居住幫助開發大員。」這是典型的一例。其他前往臺灣貿易的中國大陸商人，也有些在臺灣投資農業生產，利用商船往返之便，運載大陸移民渡臺墾殖的；再一部分是零星、分散，然而持續不斷的移民活動。雖為零散，但長期累積，數量仍是不少。當時由福建往返臺灣的商船、漁船，相當頻繁，每船都載有數量不等的乘客。據楊彥杰《荷據時代臺灣史》的列表統計，以每船搭載乘客六十人以上的船隻為例，自一六三七年六月至一六三八年十二月的一年半中，由廈門、安海（晉江）兩個口岸發往臺灣的船隻共五十艘，載客人數五千二百一十六人；而返回的船隻三十五艘只載回三千一百五十九人。楊彥杰據此推論：「以上統計十八個月，到臺灣的移民數為五千二百一十六人，而實際在臺居住的是二千零五十七人，占移民總數的百分之三十九。也就是說，有百分之六十左右的人是到臺灣作短暫逗留後又返回的。這樣，臺灣移民人口的增長數大約是每年一千三百人。」[33] 移民的數量在一六四四年清兵入關，特別是一六四六年清兵入閩之後，由於戰亂，造成難民流離失所，使渡臺移民有了急驟的增加。

　　荷蘭據臺時期，臺灣的漢族移民人口究竟有多少呢？史無確載，只能進行大致推測。臺灣學者曹永和引荷蘭東印度總督於一六三八年十二月給本國的報告稱，當時「臺灣的漢人人口有一萬至一萬一千人」。又云：一六四八年以後「由於大陸戰亂和饑饉，臺灣的漢人，增至二萬人（包括婦女五千人，孩孺一千人的流入），但饑饉過後，

---

33 楊彥杰：《荷據時代臺灣史》（南昌市：江西人民出版社，1992年9月），頁161。

約有八千人返回大陸，一六五〇年漢人人口有一萬五千人」。[34]楊彥杰
《荷據時代臺灣史》根據荷蘭殖民者自一六四〇年開始徵收的人頭稅
統計資料，列表分析臺灣移民人口逐年增長的情況，認為：「大致在
一六四〇年代初期，臺灣的漢族移民未上萬人。一六四六年清兵入閩
以後就迅速發展了：一六四七年約為一萬三千餘人，五十年代初期將
近二萬人，中期二萬餘人，六十年代已達到三萬五千人。也就是說，
在清兵入閩以後短短十幾年間，臺灣漢族人口比以前翻了兩番。」[35]

　　第三階段是鄭成功驅荷復臺時期。一六六一年（明永曆十五年，
清順治十八年）四月二十一日，鄭成功從金門料羅灣出發，率軍經澎
湖直指臺灣，五月占領赤嵌地區，形成對熱蘭遮城的包圍，並於翌年
二月，迫使荷蘭殖民者簽訂城下之盟，結束荷蘭在臺灣三十八年的統
治。鄭成功驅荷復臺有著多方面的動因。首先，是出於抗清鬥爭的需
要。曹永和指出：「鄭成功盛時所控制的區域是從廣東潮州至浙江臺
州一帶的沿海區域，其地盤本已極為狹長地帶，隨時可為清軍切
斷。」「尤其自金陵戰敗以後，元氣大損，根據地只留有金廈二地，
在籌糧及保持眷屬安全皆益見困難。」[36]從軍事觀點上看，鄭成功急
需有一安全的後方根據地，以生聚教訓，完成大業。其次，從維護自
己作為海商集團的利益出發，鄭成功也必須與荷蘭殖民者進行鬥爭。
鄭氏集團自鄭芝龍開始是從海上貿易發展起來的。轉入抗清復明的政
治鬥爭後，維持其龐大的軍事開支的財源，仍然主要來自東西洋的貿
易及對過往船隻的「牌餉」徵收。而自鄭芝龍時代起，荷蘭的海上殖
民勢力就是其商業利益的最大威脅，數十年來糾葛在既聯合又爭鬥的

34　曹永和：〈中華民族的擴展與臺灣的開發〉，《臺灣早期歷史研究》（臺北市：聯經出
　　版事業公司，1979年）。

35　楊彥杰：《荷據時代臺灣史》（南昌市：江西人民出版社，1992年9月），頁165。

36　曹永和：〈中華民族的擴展與臺灣的開發〉，《臺灣早期歷史研究》（臺北市：聯經出
　　版事業公司，1979年）。

複雜矛盾之中，徹底擊敗荷蘭人是實現其商業利益的需要。第三，鄭
成功一直把臺灣當作是他父親的領地，一向是屬於中國的，只是暫時
借給荷蘭人居住。而現在中國需要這塊土地，就有權從荷蘭人手中收
回。這一信念，屢次見諸鄭成功與荷蘭人談判時的講話。[37]由此可
見，鄭成功收復臺灣的行動，不是一般的短期軍事占領，而是意在收
復國土，把臺灣作為一個能夠支持他完成抗清復明宏願的「萬世不拔
基地」來進行建設。因此鄭氏軍隊一抵臺灣，便立即採取措施，一方
面安撫居民，承認先來漢人對土地的既得權益，使其安心耕作，支持
鄭氏政權；另一方面立即安頓軍隊及眷屬，分派各鎮，迅速屯墾，使
長年流動不居的軍事力量轉化為墾殖開發的建設力量，不僅解決糧食
的一時之需，而且使這部分人獲得安土重遷的歸屬之感。以此而言，
鄭氏這次進軍臺灣，實質上是一次規模浩大的軍事移民。

　　此一時期隨同鄭成功進入臺灣的軍隊有多少呢？據陳孔立主編的
《臺灣歷史綱要》介紹，鄭氏進軍臺灣，隊伍分為兩程。首程隊伍共
有士兵一萬一千七百名，加上隨從和其他人員，約為二萬五千人。二
程隊伍共有士兵四千四百名，連同其他人員和婦女，在五千人以上。
兩程隊伍合計約三萬餘人。此說與施琅在《靖海紀事》中的估計相
近。施琅概括此次進軍，稱：「至順治十八年，鄭成功親帶去水陸偽
官兵并眷口共計三萬有奇，為伍操戈者不滿二萬。」這是最初一批軍
事移民。又，康熙三年（1664），鄭氏在大陸沿海的島嶼盡失，鄭經
率部分將士和眷口退到臺灣，人數約六、七千，為伍操戈者四千。
再，一六七四年，鄭經為響應「三蕃之亂」，率二千人西渡大陸，先
後數次將俘獲的清軍官兵、降清士紳鄉勇及其眷屬，移送臺灣流放、
屯墾。至一六八○年從福建撤回臺灣，幾年間移入臺灣的人口也達數

37　參見C.E.S：〈被忽略的福摩薩〉，福建師範大學歷史系鄭成功史料編輯組編：《鄭成
　　功史料選編》（福州市：福建教育出版社，1982年5月）。

千。三次合計，隨鄭氏入臺的將士及其他人等，當在四萬以上。不過由於戰爭減員和其他原因病亡，實際人數有所減少。施琅《靖海紀事》稱，「為伍賊兵，計算不滿二萬之眾。」陳碧笙《臺灣地方史》稱鄭成功「帶去的軍隊約二萬五千人，再加上一部分眷屬，約三萬人左右」。

　　此一時期，移民臺灣者還有為數不少的沿海難民。一六六一年（明永曆十五年，順治十八年）清朝政府接受蘇納海建議，下令遷海，將魯、江、浙、閩、粵瀕海十五公里的人民盡遷內地以禁絕對鄭氏政權的支持。此舉造成「四省數千里生聚，一旦流離，古未有也」，給沿海人民帶來極大災難。鄭成功乘機馳令各處，「收拾沿海之殘民，移我東土，開闢蒿萊，以相助耕種」。於是，一時無家可歸、無業可營的難民和流民，不憚禁令，紛紛越界潛出，歸附鄭氏。此一移民潮，自鄭成功復臺始，至鄭經時期，仍未終止。其數量若何，史無確載。但沈雲《臺灣鄭氏始末》曾稱，鄭氏復臺以後，「招沿海居民之不願內徙者數十萬東渡，以實臺地」。連橫《臺灣通史》也稱鄭氏經營臺灣期間，「其時航海而至者十數萬人。」不過學界對此記載，都持慎重態度。一般認為，鄭氏經營臺灣時期，綜合軍事移民和其他零散移民，及前此已移民臺灣的中國大陸漢人，《臺灣歷史綱要》估計此時漢族移民人口已在十萬以上，該書引《臺灣省通志》〈人口篇〉的估計，認為「當時臺灣漢族人口大約為十二萬，是比較合理的」。葛劍雄主編的《中國移民史》則估計為「可能達到十五萬人左右。」但無論十萬以上，十二萬，還是十五萬，此時臺灣的漢族移民人口，都已超過了對當時原住民人口十萬左右的估計。臺灣已進入漢族移民人口占優勢的時期。

　　鄭氏三代在臺灣的經營，雖只二十多年，但採取了許多重要措施，使沿襲自中國大陸的漢族社會形態，在臺灣開始確立，並成為臺灣社會發展的主導。這是鄭氏不可磨滅的偉大功績。自抵臺之日起，

鄭氏集團便十分重視對臺灣政權的建設。首先，鄭成功循其父鄭芝龍
先例，廢止荷蘭人建立的西方管理體制，把中國大陸的行政管理制度
移入臺灣，進一步完善臺灣的軍事體制和行政建制。根據中國大陸的
郡縣制度，劃分行政區域，以赤嵌為東都明京，下設一府二縣，即承
天府和天興縣、萬年縣。至鄭經時期，改東都為東寧，在中央設六
官，即吏、戶、禮、兵、刑、工；六官之下並置都事、行人、給事中
等。同時升二縣為州，增設南路、北路和澎湖三個安撫司。同時在府
下置坊，縣下設里，通過規劃基層社區組織，便利對漢族移民集中地
區的行政管理。其次，查報田園冊籍，徵納稅銀，以供財政。此時臺
灣的土地所有制，主要有「官田」、「文武官田」和「營盤田」三種形
式。「官田」即從荷蘭東印度公司接收的「王田」，由鄭氏集團直接掌
握，實行的是與中國大陸相同的經營方式，即「牛具埤圳，官給官
築」，而「佃丁輸稅於官」。其賦率約占收成的三分之一。「文武官
田」則為「私田」別稱，由文武各官，圈地申報，而後雇工開墾，便
永為世業。其經方式也為招丁雇佃，給以牛、種，而後繳租納稅，租
率一般與「官田」同。「營盤田」是各鎮士兵汛地屯墾的土地，基本
為自耕自給，屬於集體所有。但鄭成功的墾地令中，有汛地屯墾的土
地，可以「永世為業」的約定，營盤田「不僅可以繼承，還可外
佃」，使其後期出現私人化傾向。三種土地所有制形態，構成明鄭時
期臺灣的土地制度，滿足了鄭氏集團戰爭的糧餉需求。第三，安撫土
著，採取和睦的民族政策。鄭成功登陸臺灣之初，即親抵原住民各社
探視，設宴贈物，爭取原住民對逐荷復臺大業的支持；既而頒令不許
侵擾、混圈原住民耕地、物業，並熱情地向原住民傳播農業技術，幫
助他們發展生產，表現出了鄭氏經營臺灣的長遠目標和眼光。第四，
傳播中華文化，推行大陸文教制度。鄭成功本人是儒生出身，其集團
中吸收了不少不清室的儒生文士和前明皇裔貴族，他們隨軍渡臺以後
把中華文化的薪火播入臺灣，提高了臺灣社會的文化風氣，使臺灣出

現了最早一批以傳統詩文形式為典範的文學作品。而在教育體制上，在鄭經時代，開始建聖廟，設學校，推行開科考試制度。如江日昇在《臺灣外記》中所述：「三年兩試，照科、歲例開試儒童。州試有名送府，府試有名送院，院試取中，准充入太學，仍按月月課。三年取中試者，補六官內都事，擢用升轉。」這一來自中國大陸的培育與選用人才制度的推行，對中華文化的進一步傳播和臺灣走向與中國大陸趨同的社會發展具有重要意義。

所有這一切，都對漢族社會制度在臺灣的確立與發展，奠定基礎。

不過，鄭氏對臺灣社會的建設，畢竟主要還是立足於把它建成為反清復明的根據地。因此，如《臺灣歷史綱要》所指出的：「鄭氏政權的權力結構雖然有軍、政兩個不同的系統，但其核心和主要的部分是按照軍事體制建立起來的。」[38]在這樣的體制下，以「招討大將軍」為號召的鄭氏宗族，居於權力的頂峰；而銜命效力並分享權益的文武官員，以及前明皇室和為鄭氏集團提供財政保障的地主鄉紳與海商，則居於社會的上層。這是一個龐大的群體。而處於底層並成為社會基礎的，是廣大的士兵、農民、漁民、手工業者、小販、土著民眾等。這樣的社會體系既源自中國大陸，屬於封建時代的社會結構，又略異於中國大陸，有著臺灣特殊的歷史背景。由於戰爭環境，鄭氏實行的是戰時的武官政治，而非中國大陸普遍的文官政治。武官主宰政權命脈，享有比文官更高的地位和權益。同樣，由於軍隊占臺灣移民人口的大多數，鄭氏又實行「寓兵於農」的政策，士兵是臺灣主要的墾殖力量。「兵即是農，農也是兵」，平時務農，戰時急用，便從屯墾中抽調兵員，使臺灣的墾殖勞力，時有波動起伏。在領導層，文武官員，尤其武官，也是臺灣最大的地主，許多還是著名的海商，擁有經

---

38 陳孔立：《臺灣歷史綱要》（臺北市：九州圖書出版社，1996年4月），頁90。

濟實力，甚至可以在鄭氏發生財政困難的危急之時，給予捐助。[39]
官、紳、商三位一體，是這一權力結構的特殊形態。

　　有清一代，是臺灣人口增長最為急驟的時期，也是臺灣社會發展
最重要的一個階段，就移民而言，其間也經歷了幾度低谷和高潮。

　　康熙二十二年（1683），清朝派福建水師提督施琅攻取臺灣，實
現了中國統一。平臺之後，清政府即採取嚴厲的措施，將鄭氏文武官
員、兵丁及各省流民，一律強制遷回原籍，致使明鄭時期達到鼎盛的
臺灣漢族人口，驟然減去一半。《臺灣歷史綱要》稱此時臺灣，「人口
只剩下六七萬」。於是「人去業荒」，「宿莽藏穢，千原俱蕪」，鄭氏經
營臺灣的成果，遭到很大破壞。

　　其實此時，清政府對臺灣，處於極端矛盾之中。一方面，臺灣自
萬曆以來，一直是海上盜賊的淵藪，最後成為反清復明力量最大的根
據地；且平臺以後實行「遷籍」政策，田荒業蕪，不僅於清政府無多
大經濟利益，每年還必須花費大量人力物力於其地。但另一方面，如
閩浙總督姚啟聖和統一臺灣的大功臣施琅所奏，臺灣為沿海四省前
衛，棄而不守，必為荷蘭再據，或「仍做賊窩」，於清朝統治十分不
利。經過激烈的去留之爭，才決定留守臺灣，並於康熙二十三年
（1684）在臺灣設置府縣。

　　臺灣設治之後，便重開海禁，招徠沿海人民前往開發。於是一時
「流民歸者如市」，「內地入籍者眾」。不過，移民臺灣，一直是清政
府的心病，生怕臺灣「汪洋阻隔，設有藏機叵測，生心突犯。雖有鎮
營官兵汛守，間或阻截往來，聲息難通，為患抑又不可言矣」。（施琅
〈海疆底定疏〉）因此從設治開海起，又連續頒布了多種上諭和法
令，把禁止私渡臺灣，作為一項長期政策，對入臺移民設置種種限
制。其最重要的是：一、嚴禁私渡。即所有渡臺者，須先發原籍地主

39　如洪旭臨死前，曾遺命其子洪磊捐助鄭氏餉銀十萬兩；劉國軒在鄭氏政權財政危機
　　時，曾自請辭去俸祿，並捐助轄兵三個月餉銀。

照單，以分巡臺廈兵備道稽查，由臺灣海防同知審驗。凡有私渡及充當客頭者，嚴律懲處。此令在康熙五十一年、五十七年和雍正七年經過三次嚴申，在雍正十一年以後屢經反覆，弛而復禁，禁而復弛，至光緒元年，才正式廢止。二、不許跨省渡臺。其時臺灣隸屬福建，只許閩人入臺，江浙及廣東移民，則在嚴禁之列。三、禁止攜眷入臺，已渡臺者，亦不得接引家眷。此舉為防患移民長期留居，日久生變，致使臺灣漢族移民男女性別嚴重失調。四、限定大陸渡臺路線。最初只規定廈門─安平一條航線，並限制所載食物，不得超過六十石。後因臺灣經濟發展，兩岸交往日頻，才於乾隆四十九年（1784）開放泉州蚶江與臺灣鹿港對渡。乾隆五十三年（1788）開放福州五虎門與臺灣八里坌（淡水河口）對渡。其他還有諸如「不准臺人入伍當兵」、「不准臺灣建築城垣」、「限制生鐵及鐵器入臺」等等。然而即使如此，迫於閩粵兩地的人口壓力，「田少山多，人稠地狹」；而臺灣初治，荒地極多，經過鄭氏二十多年的經營，惡劣的自然條件已多改善，土肥水足，「一歲所獲，數倍中土」。此時漢人社會初成，地主階級尚在形成之中，與農民矛盾尚不尖銳，每歲租賦反比內地為輕。這一切對於中國大陸無地無業的難民和遊民，都極具吸引力。雖然嚴刑峻法稽查緝捕，但禁者自禁，渡者自渡。「自福寧一帶以迄漳州，私口如鱗，無處不可偷渡。」有清一代，自康熙，經雍正、乾隆，至嘉慶中期，出現了一個歷百餘年而不衰的移民高潮。

　　清初自大陸沿海移民臺灣的人數，究竟有多少呢？各種文獻記載，略有差異，不過一般以嘉慶十六年（1811）編查戶口的統計為依據。據道光《福建通志》卷四十八〈戶口〉的記載，此時臺灣漢族人口為二十三點二萬戶，一百九十點二萬人，[40]不包括原住民人口約十

---

40 《嘉慶一統志》的人口記載為二十四點五萬戶，一百七十八點七萬人，兩個數字相差十二萬人。

萬人左右。如果從明鄭時期（1663-1682）漢族移民人口的高峰期約
十五萬人估算，到清統一臺灣後人口驟減過半，只餘七萬人左右，是
為一個低谷期。而清初以來明渡和私渡的移民不斷，至乾隆四十七年
（1782），據福建巡撫雅德奏報，「臺灣府屬實在土著、流寓民戶男女
大小共九十一萬二千九百二十名口」。百年間人口增長約八十四萬多
人，平均每年增長人口八千多人。而自乾隆四十七年（1782）至嘉慶
十六年（1811），三十年間，人口又增加了近百萬，平均每年增長人
口三萬多人，增長率為百分之二點五。由於此時政府禁止攜眷，臺灣
女型移民一直很少，人口的自然增長率極低，人口的增加主要來自移
民的機械增長。由此可見，自清初以來開始出現移民的浪潮，逐年增
加，直到乾嘉年間，達到高峰。而後到日本據臺前夕的光緒十九年
（1893），據《臺灣省通志》〈人民志・人口篇〉的統計，此時全臺人
口為二百五十四萬人，較之嘉慶十六年的人口統計，八十二年間只增
人口六十三點八萬人，平均年增長率只百分之零點三五，接近了正常
的自然增值數。可見自嘉慶十六年以後，帶動臺灣人口驟增的移民高
潮，已大大回落。

　　在臺灣起落有致的移民浪潮中，引起我們關注的還有移民的遷出
地。《中國移民史》轉引陳亦榮《清代漢人在臺灣地區遷徙之研究》
的資料，開列日據時期臺灣各地漢人的祖籍統計，此時臺灣漢族人口
已達三百七十五點一六四萬人，其中原籍福建者達三百一十一點六四
萬人，占百分之八十三，原籍廣東者五十八點六萬，占百分之十五點
六，而其他各地四點八九萬人，只占百分之一點三。而福建的移民
中，以泉州和漳州兩地最多，分別占閩籍移民的百分之五十三點九和
四十五點三。《中國移民史》解釋此種現象認為：各類移民人口的多
少實與各地距離臺灣的遠近有關，與臺灣隔海相望的廈門是大陸渡臺
的主要港口，與廈門相鄰的泉州、漳州地區遷入的人口最多。雍正年
間臺灣知府沈起元在〈條陳臺灣事宜狀〉中說：「漳、泉兩地無籍之

民，無田可耕，無工可傭，無食可覓。一到臺地，上之可以致富，下之可以溫飽，一切農工商賈，以及百藝之末，計工受值，比內地率皆倍蓰。」而自施琅平臺以後，以不許跨省為由，「嚴令粵中惠、潮之民，不許渡臺」，「廣東人口遷臺所受限制要比福建人口大得多」，[41]故粵籍移民遠比閩籍移民為少。

　　清統一臺灣以後，是臺灣漢族社會發展和完成的關鍵時期。明鄭經營臺灣，雖然為臺灣的漢族社會確立了重要基礎，但由於時間僅二十多年，且一直處於戰爭環境之中，對於當時正在一統中華的清朝政府持對立態度；因此漢族社會雖已初成，尚難深入進行各方面的建樹。清朝統一臺灣以後，把臺灣納入國家統一的版圖和管轄之中，臺灣社會的發展，便進入了中華社會發展的共同軌道。正如著名的臺灣史研究者曹永和所說：清治臺灣，其重要意義「至是臺灣始歸屬於與大陸同一個行政單位。」[42]在臺灣漢族社會的發展與完成進程中，首先是清朝政府平臺之後，加強了對臺灣政治機構的設置和行政管轄。在臺灣去留之爭塵埃落定之後，清政府便於康熙二十三年（1684）設置一府三縣，即臺灣府，下轄臺灣、鳳山、諸羅三縣，隸屬於福建省；至雍正元年（1723），析諸羅縣增設彰化縣和淡水廳；雍正五年（1727）將分巡臺廈道一分為二，興泉永道駐廈門，臺灣道專治臺灣、澎湖，並新設澎湖廳；乾隆五十二年（1787），改諸羅縣為嘉義縣；嘉慶十七年（1812）增設噶瑪蘭廳。自此，臺灣以一府四縣三廳的設置，實施對全島的行政管轄。隨後，由於入臺移民日增，社會矛盾也隨之尖銳，發生多起農民起義，特別是發生在乾隆五十一年（1786）臺灣歷史上規模最大的林爽文起義，引起清朝政府的警戒，決定採取措施加強對臺灣的管治。派出得力官員，實行閩督分巡制

---

41 葛劍雄等：《中國移民史》（福州市：福建人民出版社，1997年）卷6，頁332。

42 曹永和：〈中華民族的擴展與臺灣的開發〉，《臺灣早期歷史研究》（臺北市：聯經出版事業公司，1979年）。

度，一方面增開對渡港口進行正面疏導，另一方面重申嚴禁私渡，以
利對入臺移民的掌控；同時修築郡縣城垣，增加防衛兵力，使臺灣不
穩的局勢得到控制。然而到了十九世紀後半葉，臺灣的重要地位復為
東西方的海外殖民勢力所窺視，相繼發生了日本和法國的侵臺事件，
使清政府重新改變治臺策略，由防內為主轉向禦外為主。乾隆末年提
出的閩督分巡制改為閩撫分駐制，規定「閩撫冬春駐臺，夏秋駐
省」，以兼顧省臺兩地。同時提出「簡派重臣」處理臺灣事務。到光
緒十一年（1885）下詔臺灣建省。臺灣與福建分治建省，對臺灣政治
機構的建設、海防的加固、經濟的發展，使之納入中華民族共同發展
軌道，促進臺灣社會日趨完善，都有重要意義。

漢族移民成為臺灣社會經濟發展的主要推動力量，不僅帶來大量
的勞動力，還帶來較之臺灣先進的生產技術，使臺灣土地得到全面開
發，經濟有了很大提升。漢族移民來到臺灣，主要從事農業墾殖，因
此清代臺灣經濟的發展也以土地開發為前提。荷、鄭時期，主要集中
在府城（今臺南）一帶，隨著軍隊汛地屯墾，南北各有一些點狀的開
發。至清，移民激增，則以臺南為中心向南北兩路拓殖，由平原逐漸
進入盆地和丘陵。臺灣學者曹永和描述此一時期臺灣開發的情況云：
「大致至康熙四五十年間，臺灣縣境開發殆盡，分別向南向北開拓。
到雍正年間，南已至琅嶠下淡水一帶，嗣後即全由南向北，西部平原
北至雞籠淡水，肥沃易耕之地，大多經人開拓。開拓開始時，作點狀
的分布，點逐漸擴展，至與其他各點相連接，再經擴展變為面，面逐
漸伸展，至乾隆末年西部肥沃平原地帶開盡，以後漸及較瘦地區或山
麓，再進去交通不便之隔離地區。嘉慶年間即進展去開拓宜蘭平原。
自嘉慶末年至道光年間，開始進入埔里地方，咸豐年間已成為漢人部
落。此時也漸入東部卑南開墾……光緒元年，遂弛渡臺與進入番地之
禁，至是西部開發殆盡，並進而東部，在臺灣的漢人社會，終於生長

成熟。」[43]

　　在臺灣的土地開發中，基本上存在三種形式：一為依據地主出錢、移民出力的原則組成的開拓集團；二是移民根據自願互助的原則組成的開墾集團；三是由政府直接召民領墾。[44]第一種形式，能向政府申領墾照或獲得番社首肯而擁有大片土地所有權的豪強地主，稱為「業戶」或「墾戶」；由「業戶」承租給使用土地的移民，稱「佃戶」；而由「佃戶」再租給實際耕作的農民則稱「現耕佃人」。「現耕佃人」必須交給「業戶」和「佃戶」兩份租子，俗稱「大小租」。這樣在臺灣被稱為「大小租」制的「業戶」—「佃戶」—「耕佃人」三級結構的土地制度就出現了。第二種形式是互助性的自願聯合。聯合中雖也出現「結首」這類人物，但「結首」不因錢勢自封，而由民眾公推，雖因所付出的力量較多而獲得較多的土地，但並無收租的權利。它所產生的只是自耕農或小地主。第三種方式是鑒於豪強業戶的包攬墾照卻屢屢隱匿逃欠賦稅，而由政府出面直接向農民召墾，並規定只許自耕，不許包占。它除向政府交稅外，還須向土地原主的番社交租，稱「番大租」，依然存在雙重負擔。上述三種形式，形成了臺灣社會與中國大陸基本相一致的「地主／農民」的階級結構。

　　土地的充分開發，使臺灣經濟有了局部的迅疾發展。水稻、甘蔗的大量種植和手工業發展的不足，迫使臺灣改變傳統的自給自足的自然經濟模式，一開始就顯現出活躍的商品經濟趨向。它向中國大陸輸出米糖等農產品，而由中國大陸提供生活必須的手工業製品，形成一種互補的經濟關係。商貿的活躍，使原本移民對渡的港口進一步成為商業性的貿易港口。專事中國大陸貿易的郊商也大部分集中在這些港

---

43 曹永和：〈中華民族的擴展與臺灣的開發〉，《臺灣早期歷史研究》（臺北市：聯經出版事業公司，1979年）。

44 參見陳碧笙：《臺灣地方史》（北京市：中國社會科學出版社，1982年），第9章第4節〈土地的大量開發〉。

口。至十九世紀後半葉，隨著臺灣開港和外國資本的進入，臺灣傳統
的生產結構和市場結構發生改變。在國際市場需求的帶動下，以內銷
為主的糧食生產逐漸轉向以外銷為主的茶葉、樟腦的生產，郊商的力
量開始削弱，而外商則在激烈競爭中不僅占盡優勢，且基本上控制了
與中國大陸交通的航線。這一變化同時推動了臺灣的經濟重心逐漸北
移，集中於茶葉、樟腦主要產區的北部。而商業的發達帶動港口城市
的發展，也改變了島上人口的流向。最初為尋找土地而來的移民，在
港口登岸以後便向人口稀少與土地荒蕪的山區和鄉村移動；而現在則
是一部分原先在土地上耕作的農民，離開土地向人口密集的通商口岸
和城鎮移動，成為從事各種工業、手工業、商業和服務業的市鎮人
口，臺灣社會由比較單一的農業社會向近代多元化的社會邁出了最初
的一步。

　　中華文化的薪火傳承，成為臺灣社會建構與發展的基礎。人創造
了文化，又為文化所創造，因此人不僅是文化的創造者，同時還是文
化的承載者和傳播者。漢族移民進入臺灣，並且主導著臺灣社會的發
展，它也意味著由移民所攜的漢民族文化，也延播進入臺灣，並在薪
火的傳承中，成為臺灣社會的基礎並主導社會的發展方向。一方面是
移民自身所攜帶的常俗文化，包括形成社會基本細胞和底層組織的家
庭－宗族－宗族的觀念和結構，整合社會人際關係的民間習俗和調諧
人神關係的宗教信仰。它構成了社會底層的精神基礎。另一方面則是
由上層權力機構所推行的制度文化和精雅文化。以儒教治國的中國封
建統治者，其分派各省進行治理的官員，大都為儒生出身，即使武將
也大多經過儒學的濡染。其自身的文化取向便使他們以推行中華文化
為己任，其治下的各級儒生也普遍得到重視與重用。相沿成習，文化
為先，成為風氣；再輔之以一套完整的學院與科考制度，便使以儒學
為核心的中華文化，在即使如臺灣這樣的新闢之地，經過積年累歲的
倡揚鼓勵，也獲得積極的延播與發展。有清一代，臺灣很快由蠻荒走

向與中國大陸相似的文治社會，便得益於中華文化的傳播。關於這方面的情況，我們下面將有專章論述，這裡不詳介紹。

在臺灣漢族社會的形成中，經歷了由移民社會向移民定居社會發展的兩個階段。陳孔立在《清代臺灣移民社會的研究》中，分析了臺灣學者的相關研究，提出了移民社會和定居社會這兩個互相區別的概念，[45]並認為它們的區別，「需要從經濟、政治、社會、文化各個方面進行綜合的考察，諸如人口結構、階級結構、職業結構、政治權力結構、社會關係、宗教關係、經濟生活、文化教育、宗教信仰、價值觀念、風俗習慣等等，特別要考察移民社會的特點發生了哪些變化。」[46]這一廣泛的諸方面考察，在其主編《臺灣歷史綱要》時，簡約成為主要是對社會結構變化的考察。其最具決定意義的首先是人口結構的變化。根據臺灣移民人口增長態勢分析，以嘉慶十六年（1811）編查戶口的統計為分界，之前臺灣人口的增長，主要是移入人口的機械增長。由於禁止攜眷，移民人口中的性別比例和年齡比例嚴重失衡；移民也呈現「候鳥式」的「春去冬歸」的流動狀態。之後的人口增長，由於攜眷漸多，人口的增長已逐漸轉向以自然增長為主，性別比例和年齡比例也趨於正常。原先的移民也由流動狀態走向相對穩固的定居狀態。在世代沿襲中，移民對新土地產生了一種認同感。過去習慣說的「我是泉州人」、「我是漳州人」變成了「我是鹿港人」、「我是宜蘭人」……其與祖籍地的關係也由早期的以在臺灣墾殖所獲回原籍奉親養家的實際經濟關係，轉變為回原籍祭祖認宗的血緣上的精神聯繫。

---

45 對於這兩個概念，臺灣學者陳其南的表述是，「移民社會」和「土著社會」即所謂「土著化」，見其《臺灣的傳統中國社會》一書；李國祁的表述則為「從移民社會」轉變成與「中國本部各省相同的社會」，即所謂「內地化」，見其〈清代臺灣社會的轉型〉一文，具體指的是「由粗放的移墾形態走向文治，由畛域互異的地域觀念走向民性融和，以士紳階級為領導階層的統一社會」。

46 陳孔立：《清代臺灣移民社會研究》（廈門市：廈門大學出版社，1990年10月），頁24。

其次經濟結構的變化。早期來到臺灣的漢族移民，主要是進行農業墾
殖，職業結構比較單一；隨著臺灣經濟的發展，工業、手工業、商
業、服務業的興起，吸引了大批農業勞力走向城鎮。據陳孔立根據記
述清末臺灣現況的《安平縣雜記》中所載的臺灣各種職業，竟達一百
零一種之多。[47]職業結構的由單一走向複雜，其背後是經濟結構的變
化，它同時也帶來了階級關係的多元化，由早期主要是「地主／農
民」的單一階級關係，出現具有近代社會特徵的「資本／雇佃」的新
的階級關係。第三是社會聚落結構的變化。早期的移民，由於禁止攜
眷，極少出現舉族、舉家的搬遷，社會的聚落形態，主要是由於同
鄉、同籍的互相牽引而形成的地緣性聚落。到了後期，隨著攜眷定居
和自然增殖的人口發展，才出現血緣性聚族而居的村落。反映在族群
關係上，有清一代屢屢出現的分類械鬥，也由早期的以不同祖籍地為
分類的械鬥，轉向以血緣宗族為分類的械鬥。第四是文化結構的變
化。漢民族文化在臺灣的延播，早期以移民自身所涵寓的常俗文化為
主，從生產方式、生活習俗、方言土語到為寄託精神的地方保護神的
信仰，後期隨著中國大陸文教制度的移入，中華文化的延播便逐步轉
向以精雅文化為主導，官府有府學、縣學，民間有書院，學校以講授
儒家學說為中心，其所有教授，皆來自中國大陸。在臺灣社會逐漸文
治化的過程中，來自母土的中原文化，也在新土臺灣呈現出某些本土
特徵，而成為母根文化的一個次元文化形態。由移民社會進入移民定
居社會，是一個緩慢的歷史進程。臺灣自明朝後期開始出現規模性的
移民以來，歷經三百多年。學界一般以嘉慶十六年（1811）人口編查
提供的統計資料為依據，認為此後臺灣進入移民的定居社會。其相關
的其他方面的特徵，也明顯呈現出了定居社會的形態。

---

47 陳孔立：《清代臺灣移民社會研究》（廈門市：廈門大學出版社，1990年10月），頁
51。

第四節　閩臺移民社會的同異比較
——兼論臺灣移民社會與西方移民國家的不同

　　移民社會有許多共同特徵，但由於每個移民社會的移民來源、文化背景、遷移過程、與原住民的關係以及社會發展的情況等，各有不同，因此，每個具體的移民社會也各有自己的特殊性。閩臺作為具有相同移民來源和文化背景的移民社會，具有某些共同的特徵而與其他的移民社會區別開來；然而在閩臺之間，雖都為移民社會，又由於它們移民先後、歷程以及社會的異續發展等方面不甚相同，福建和臺灣的移民社會也呈現出若干相異的特殊性格。對移民社會共同特徵及其特殊性格的認識，有助於我們深入認識和把握社會的性質和特點。因為移民作為社會構成的主體和基礎，潛在地影響著社會的後續發展及社會普遍的文化心理。我們往往可以從今天社會存在的諸多現象中，追索到社會最初構成的某些胎記和痕跡。

　　比較閩臺移民社會的同異，以下幾個方面的特點特別引起我們的關註：

　　第一，閩臺具有相同的移民來源，都是炎黃子孫的後裔。它們之間的差異不是移民族源的不同，而只是時間的先後，即移民和再度移民的差別。歷經千年的中原漢族移民入閩，構成了福建社會人口的主體，把原來人口數量不多、且文化開發較為遲緩的土著民族——閩越族融入在漢族之中，使福建在漫長的歷史發展中，形成了與中原相同的漢族社會。而臺灣的移民主要來自福建，少部分來自廣東，但無論是被稱為「福佬人」或「河洛人」的福建移民，還是少數來自閩粵交界的客家，都是中原漢族南遷的後裔，在族源上與福建是相同的，只不過中原漢族移民經由在福建的落籍和發展後再度遷入臺灣，時隔數百年，帶有了閩人或南方客家的某些本土化的特徵。

　　第二，閩臺移民就其類型而言都是「國內移民」，即是在同一個

國家內部，由經濟開發較早而人口稠密的地區向經濟開發遲緩而人口稀少的地區的移民。漢民族及其文明的發祥之地在黃河流域。自秦漢以降，從陝西關中到黃河入海口的山東，很早就有了高度發展的農耕文明。而此時的閩粵，雖已列入版圖，卻仍處於蠻荒之中而被視為化外之地。因此，當北方地區屢有大的政治動盪發生時，畏亂避難的漢族人口，無論舉族搬遷的貴冑之家，還是零散飄離的流民，往往向南遷徙，因為江北江南同在一個國度之中，沒有太大的政治阻隔和文化障礙。北方漢族移民以先進的農耕文明入主自然條件更為優越的江南，不僅便於生存，也利於南方疆土的開發。中原移民入閩的情況如此，閩粵移民入臺的情況也相仿。略有不同的是臺灣的開發較福建更晚，南宋以後福建已經發展為相當成熟的封建社會，無論經濟的開發，還是人口的聚集，都達到相當水平。而此時臺灣，尚處於原住民的部族社會之中。對於背山面海而富有航海經驗的福建人，越海向附近島嶼開發，則為必然的選擇。儘管臺灣在歷史上曾經先後淪入荷蘭和日本的殖民統治之中，使情況變得更為複雜。但無論荷蘭還是日本，都是外來殖民者對於中國領土的侵占，都改變不了福建移民入臺的「國內移民」性質。更何況在明末的第一次閩人入臺的移民高潮，正是為了驅逐荷夷的戰爭型移民；而隨後出現的持續百餘年的移民浪潮，並且在臺灣建立了漢人為主的移民社會，都是在清統一臺灣之後、日本殖民者據臺之前發生的。因此，就其類型而言，閩臺之間的人口遷徙是在一個國家之內的人口流動，屬於「國內移民」。

第三，閩臺移民的性質，往往是由政治性移民開始，而逐漸轉化成為經濟性移民。從西晉到南宋，中原地區的三次大的政治動盪（永嘉之亂、安史之亂、靖康之難），是導致中原移民入閩的根本原因；而唐中葉陳政、陳元光父子和唐末王審知兄弟率兵入閩的兩度軍事行動，又是中原移民入閩的直接行為。政治性的移民，無論永嘉之亂中的舉族遷移，還是戰爭時期中的軍隊調遣，所導致的移民往往是規模

性的。而規模性的移民要生存下來，尤其到了經濟落後的新闢地區，必須同時進行經濟開發。因此，政治性移民最後往往轉化為開發型的經濟移民，其結果是推動了移入地區的經濟發展。福建和臺灣兩個移民社會的完成，都是典型的例子。略有不同的是，臺灣的情況較為複雜。明末荷蘭據臺時期向內地召募勞工而引發最早一輪閩人入臺，是經濟開發型的移民；而鄭氏驅荷並以抗清復明為目的的經營臺灣，則具有由政治性移民轉化為經濟性移民的功能；但清統一臺灣之後實行遷界禁海政策，又極大地破壞了鄭氏開發臺灣所奠立的經濟基礎；此後從康熙到嘉慶持續百餘年的移民潮，則以經濟性的移民為主。政治性移民和經濟性移民的互相轉換和推動，是閩臺兩地移民的共同特徵。

第四，閩臺社會都是以中華文化作為社會建構的基礎。中華文化是一個以漢族文化為主體的，包容了諸多兄弟民族文化的多元的結合體。閩臺移民──無論是從中原到福建，還是從福建到臺灣，絕大多數都是漢族人口。因此，隨同漢族移民攜帶而來的，也是作為中華文化主體的漢民族文化，從宗族制度、政治制度到語言、民俗、信仰，乃至作為文化核心的傳統思想、觀念、價值系統等，都在閩臺社會的形成和建構中，發揮著奠基和主導作用。它使閩臺社會融入以漢族為主體的中華社會大家庭之中。略有區別的是，漢民族文化由中原進入福建，在歷時千載的發展中，出現了某些本土化的色彩，使閩文化成為中華文化的一個區域性的次元文化；而帶有福建本土色彩的漢民族文化，隨同移民進入臺灣，經過長期的歷史發展，又帶有了某些臺灣的本土特徵。它使建構閩臺社會共同的漢民族文化，各自呈現出某些本土化的特徵，不是另一種性質不同的文化，而是中華文化在福建和臺灣的一種地方性的本土體現。

第五，在與原住民的關係上，閩臺移民社會存在著較大的差異。在漢族移民進入之前，閩臺兩地都有其他民族先期在這裡居住。在福建是閩越族，在臺灣是後來被泛稱為高山族和平埔族的諸多族源各不

相同的兄弟民族。閩越族的消失是在中原漢族移民進入福建之前。由
於戰爭和強制遷移，閩越族徙處江淮之間，陸續融入漢民族之中。西
晉以後，中原漢族入閩，閩越族已大為削弱。今天的福建社會，除了
與古越族在血緣和文化上有某些相近或相似之處的畬族存在外，閩越
族作為一個獨立的民族，已經完全消失。而在臺灣，漢族移民進入以
後，只融合了居住在平原地區的平埔族，而對居於高山或海島的其他
兄弟民族，雖屢有衝突出現，則多採取隔離和保護政策，不斷調整與
原住民族的關係，使今天臺灣的高山族仍然有著自己的領地、血統和
文化。

　　第六，在與移出地的關係上，閩臺之間的移民也存在較大差異。
中原移民進入福建以後，雖然保留著原鄉的某些記憶，但由於歲月久
遠，迄今大多只從族譜上尋根或在郡望堂號中懷鄉，實際的聯繫已不
存在。而臺灣的移民，如上面所分析，無論是出於政權更迭或其他政
治原因，而往海上避難或積蓄力量尋機待發的政治性移民，如鄭氏逐
荷入臺的軍隊，還是迫於生計或為尋求財富的目的，而來臺灣從事墾
殖開發或貿易活動的經濟性移民，其最終歸旨都在中國大陸。不僅恢
復政權必須返回中國大陸，其墾殖和經商所獲，也是為了養活留在中
國大陸的家口，這都決定了臺灣移民與原鄉的密切關係。加之其在臺
灣的聚居方式多以原鄉為單位，且時常發生以祖居地為分類的械鬥，
這一切都加強了臺灣移民的「原鄉意識」和「祖籍觀念」。雖然由於
歲月遷延和兩岸阻隔，早期移民與祖籍原鄉的緊密聯繫已漸疏緩，但
迄今仍保留鮮明的記憶，時有回鄉認宗祭祖的活動。

　　從以上的簡略分析中可以看出，閩臺兩地，在移民的族源、類
型、性質、文化背景等方面，有著根本上的許多共同點，這是閩臺移
民社會的共同本質。而它們之間的差異，只是由於地理環境、移民進
入之前社會所存在的文化要素，以及不完全一致的歷史發展所造成
的，帶有著鮮明的區域性特徵。這些差異的存在，並不能改變閩臺移

民社會共同的本質。

　　臺灣移民社會的這些特徵，也使我們注意了它與西方移民國家——例如美國，本質上的區別。這些帶有根本性的區別，主要表現在以下四個方面：

　　第一，如上所述，臺灣的移民是一種「國內移民」，即由本國經濟發達、人口稠密的地區，向經濟開發遲緩、人口稀少地區的移民。在性質上不同於美洲新大陸的移民是由殖民宗主國或其他國家向殖民附屬國或另一個國家的移民，這是一種「他國移民」，或被民眾通俗稱呼的「海外移民」。這是一個具有本質意義的區別。

　　第二，臺灣的移民不僅屬於同一個母國、同一個民族，甚至是來自同一個地區，具有同樣的國籍歸屬和同一個文化母體，在這一基礎上形成了臺灣相同於自己母體的社會結構方式和發展方向。而美洲新大陸的移民，則來源於不同的國家、民族和地區，有著不同的語言和文化母體，他們分別忠誠於各自的母國和各自的文化母體，並以之來建構自己的社區，使美國社會成為一個文化多元的、塊狀結構的社會。

　　第三，臺灣的移民不論出於政治的或經濟的遷徙原因，都以自己的故國家園為歸旨。而美洲新大陸的移民，其遷徙動機要更複雜得多，除了尋求財富，還有由於宗教的或政治迫害的原因。他們來到新大陸的目的，許多是為了擺脫自己母國的政治管轄和法律約束。因此，他們往往會在自己的新居地重新制訂更適合自己生存與發展的法律，並作為擺脫母國法律的一種標誌，具有很強的政治獨立性。

　　第四，在和原住民的關係上，由於中華民族本來就是一個多民族的統一體，漢族移民和臺灣的原住民族都是這個多民族大家庭的成員。雖然移民與原住民的矛盾難免發生，但歷代的中央政權為了消弭矛盾的過激發展，往往對原住民族採取某些保護性的隔離政策，使得原住民族從領地、文化到血緣，獲得較好的保存；也使難以避免的民族矛盾和衝突，得以緩和而不致發展成為對抗性的矛盾。而在美洲新

大陸，由於移民對土地和財富的瘋狂性掠奪，又不可能有統一的政權機構來協調他們之間的矛盾，造成移民與原住民族矛盾和衝突的對抗性激化，以致釀成移民對原住民的血腥屠殺和原住民的激烈報復。長期持續的種族圍剿，使美洲大陸的原住民印地安人和印地安文化幾乎被消滅殆盡。

　　臺灣移民社會與美洲新大陸移民社會的這些性質上的根本區別，決定了社會的不同發展，美洲新大陸最終建立自己多元化移民國家，而臺灣則成為一個文化結構相對比較單一的、以漢族為主體、包容了其他原住民族的移民社會。

第四章

移民與中華文化的閩臺延播

第一節　移入與再生：移民社會的文化延播

文化區的形成，是文化傳播的結果。這是深刻影響二十世紀文化研究的「文化傳播學派」和「歷史學派」共同發展的一個重要的論斷。這一理論認為，每一個文化要素，最初總是產生於某一基點，而後經過傳播，擴展到新的地區，才逐漸形成一個共同的文化區。在這個意義上可以說：傳播是文化的實現，沒有傳播就沒有文化，也就沒有文化區的存在。因此也可以說：文化區是一個或幾個文化要素，在歷史發展過程中空間擴散的現實體現。

「文化傳播」（或稱「擴散」）這一概念，是英國「人類學之父」泰勒在一八七一年出版的《原始文化》一書中最早提出和使用的，以之來概括文化遷徙和分布的現象。它影響到後來德國的「文化圈學派」和英國的「傳播學派」的形成。「傳播學派」把文化看成是一種動態的、不斷遷移和發展的現象。因此，文化既是空間的，即從一個地區擴散到另一個地區，也是時間的，即從上一代傳遞到下一代。它既受到地理和人文環境的影響，也受到歷史變遷的左右。這樣，文化傳播這一概念，便包含了擴散、交流、傳承和發展的多重涵義，是指文化在空間和時間上的延續過程。

文化的空間傳播，有兩種基本類型，即擴展擴散和遷移擴散。擴展擴散指的是通過社會網絡中人與人的直接接觸或間接的信息傳播，使具有某一特徵的文化，如滾雪球般地在地球表面占有越來越大的空

間。擴展擴散還因其接觸方式的不同，又可分為傳染擴散、等級擴散和刺激擴散三種。傳染擴散是通過人的直接接觸而實現的文化傳播；等級擴散是通過公共信息中心，向次一級中心和更次一級中心等級式的擴散而實現的文化傳播；而刺激擴散則是在接受文化信息時，由於自身條件的不足，無法按照原樣學習搬用，而只受其文化影響的刺激而產生的傳播。在文化傳播中，擴展擴散是最基本和普遍的一種傳播方式。而另一類型的文化傳播，即遷移擴散，則是一種比較特殊的方式。它指的是隨同人群的流動和遷徙，而把文化從一個地區帶到另一個地區。它較之擴展擴散的漸進方式，具有爆發性和跳躍性特點，其傳播速度更快，範圍也更大，可以越過高山和大海的阻隔，造成擁有同一文化特徵的老區和新區，在空間上不一定相連。顧名思義，遷移擴散是移民社會最常見的一種主要的文化傳播方式。

中華文化由中原向南延伸進入福建，再由福建越海東移進入臺灣，主要依靠的就是這種遷移擴散的傳播方式。

移民社會的文化傳播，包含著進入和再生兩個層次。首先是進入，它指的是伴隨移民的遷徙而帶來的文化在空間上的遷移擴散。人和文化，有著多重的關係。一方面，人是文化的創造者。所謂文化，一言以蔽之，就是人所創造的一切物質價值和精神價值的總和；也就是說，文化是人所創造的一種生活方式。在這裡，人是創造的主體。但另一方面，人又是文化的創造物。人創造了文化（生活方式），便同時以自己所創造的文化（生活方式），來塑造和規範自己，使自己成為文化的一種體現，從衣食住行、生活習俗到價值準則、思想觀念和行為方式。這樣，第三方面，人便同時又成為文化的最大承載者。人所創造的文化，既塑造了人，便在很大程度上也凝聚在人自己身上。因此，人走到哪裡，實際上便也把文化帶到那裡。因此，人同時又是文化最重要的傳播者。對移民社會而言，人們從一個地區遷徙到了另一個地區，便也意味著，這個地區的文化，隨同人的攜帶，也同

時擴散到另一個地區。這種遷移性的文化擴散，最初可能主要是其常俗文化部分，諸如生活習俗、聚落方式、語言和信仰等等；但隨著遷徙人群的增加和遷徙者文化水平的提高，文化的精雅部分便也逐漸進入這個新區，使得伴隨移民而來的文化擴散，獲得了更充分和全面的實現。

　　然而，某種文化由一個地區擴散到另一個地區，便同時會遇到新區不同的自然環境和人文環境的問題。前者是文化生態學所關注的人與自然的關係（人地關係）；後者則是文化地理學上有關文化綜合作用所討論的主題。因為文化是人對自然的適應、利用和改造，它只能存在於實實在在的自然環境之中，而不存在於真空世界。某種已經適應了原有自然環境的文化，進入一個新的地區，便必然會遇到新區不同的自然環境，從而發生新的互相適應、利用和改造的過程。這個過程是雙向互動的，既是文化作用於新的自然環境，而實現適應、利用和改造，也是新的自然環境作用於文化，而使其發生某種變化。這使移民文化進入新區後存在著一個本土化適應的過程。同時，隨同移民而來的文化擴散，還會遇到新區原有的其他文化要素的影響，從而發生極其錯綜複雜的作用。既可能是影響或改變了新區原有的文化要素，也可能吸納新區原有文化要素的某些成分，而使移入的文化發生某些改變，還可能與其他文化要素共存於同一個地理空間之中，成為一種多元的文化共存。這一切也同樣會導致文化的本土化進程。這是移民文化進入之後必然發生的一種再生。導致這種文化再生的還有時間的發展，新區與母區不同的歷史際遇給予文化的不同影響，從而使二者之間存在差異。如果說文化的遷移擴散，是空間意義上的文化傳播，那麼，文化的本土化和隨同社會發展的再生，則是時間意義上的文化延續。移民社會的發展，必然經歷由流動性的移民到定居性的移民兩個階段，只有進入定居性的移民社會，才是成熟的社會。而文化的本土化發展和對文化的本土認同，是進入移民定居社會的重要條件之一。

　　當然，這裡所說的文化的本土化或再生，都是在原有文化固有邏輯基礎上的發展，而不是離開固有文化的性質和形態的另一種文化的出現，這是必須區分清楚的。移民社會在其初始階段時，對原鄉文化有著強烈的懷祖觀念，他們時時記住自己是從哪裡來的，自己文化的根植在何處。這種強烈的祖根文化意識，是移民社會重要的文化特徵。但隨著移民社會向定居社會發展，對本土的認同，同時也體現為對本土文化——即原鄉文化的本土形態的認同。強烈的祖根文化觀念和本土文化認同，構成了移民社會文化特徵的兩面。

　　移民社會的主要文化傳播方式是遷移擴散，但並非說只有遷移擴散才是移民社會唯一的文化傳播方式。事實上移民活動有高潮和低潮，帶有一定的時段性。遷移擴散只是在移民高潮時帶有爆發性的一種文化傳播。文化地理學在討論遷移擴散和擴展擴散這兩種基本的文化傳播方式時，注意到二者並不是截然分開或互相對立，而是互相滲透和互為補充的。對於一個移民社會來說，文化的遷移擴散，主要是建立一種隨同移民而來的文化模式。在移民成為社會主體並逐漸走向定居的移民社會之後，這一文化便也成為社會奠立的基礎和未來發展的指向。在漫長的歷史進程中，文化傳播這一帶有某種階段性和突發性的遷移擴散，還需要依靠大量滲透於日常生活和社會進程中的更基本的擴展擴散，來持續、豐富和補充。這是我們在對移民文化傳播方式進行研究時，不能忽略的一個重要方面。

第二節　從中原到福建：中原文化的南漸

　　從西元四世紀初西晉末年的永嘉之亂，到西元十二世紀初北宋滅亡的靖康之難（中間還經歷了西元八世紀初唐代由盛至衰的安史之亂），八百多年間北方頻仍的戰亂，導致了中原人口南下避難的三次移民高潮，同時也把發祥於黃河流域一帶，一千多年來一直在西安——

洛陽—開封作東西軸向移動的中國政治和文化中心，由北方傾向江南。正是在中原人口南遷和文化中心南移的歷史背景下，中原漢族人口，及其所攜帶的漢民族文化，也南播福建，融合了福建原住民的閩越族及其文化，成為福建社會的人口主體和福建社會構成及發展的文化基礎。

　　這是中華民族文化發展史上令人難忘的一章。

　　其實，晉室南遷以前，甚至可以遠溯到西元前三世紀的戰國時期，來自中原的漢族文化，就開始對閩越族文化產生影響。

　　猶如漢民族是在歷史漫長的過程中，以華夏系為核心，融合了周邊的東夷系、西狄系和南方的百越系，而形成的一個族源多元的民族一樣，漢民族文化也存在著同樣複雜的融合過程。王會昌在《中國文化地理》中，把漢民族文化的形成，概括為「雙源並出」而又「合而為一」的過程。一方面是誕生在黃河流域 ── 即中原地區的華夏文化，在與周邊的夷、狄文化的衝突和融合中，發展壯大成為中國本土文化的核心和精髓；另一方面，在長江流域以稻作文化為基礎發展起來的荊楚文化，融合了起初與之並駕齊驅的越族文化，在穩定地占據南方之後，以其極富浪漫精神的文化創造，影響了中原地區古樸剛健的華夏文化。正是這兩股文化源流的匯合，形成了深沉醇厚而又絢麗多姿的中國本土文化。[1]

　　這兩大文化融合的過程，化為具體的歷史事件是：曾經是黃河下游地區東夷部落集團伯益部族之一支的秦人，在夏王朝建立前後，先被華夏族融合而成為以農耕為主要經濟形態的漢族；隨後帶著華夏文

1　王會昌把「中國本土文化」和「中華民族文化」兩個概念作了嚴格的區分。前者指的是以中原為核心的地區所形成的農業文化，後者指的是中國境內漢民族和其他少數民族在數千年間所共同創造的文化。兩者在地理區域、文化內涵及文化發展的歷史階段上均有所不同。後者是以前者為核心凝聚、形成而發展起來的。詳見王會昌：《中國文化地理》（上海市：華中師範大學出版社，1992年1月），頁72。

化西遷到隴西地區，在與戎狄部族的長期相處中，又吸收了戎狄文化，成為兼具雙重文化特徵，既有華夏農耕文化沉穩厚重品性，又有戎狄游牧文化強悍梟勇氣概的漢民族特殊的一支，崛起在黃河西部。到戰國時期，含括了華夏族與西部戎狄雙重文化優勢而實力雄厚的秦國，先是橫掃西戎，開地千里；繼而逐鹿中原，覆亡六國，完成了驚天動地的統一大業。正是在秦滅六國的統一過程中，以戰爭暴力打破了黃河流域與長江流域各部族之間的隔閡，消除了華夏族與荊楚族長期形成的歷史界限，使南北兩大文化系統的融合，成為漢族這個新的民族共同體的文化基礎，並為漢民族文化和以漢文化為主體的中華民族文化塑造了基型。

　　在中國歷史這一文化的南北大融合中，越族文化作為以荊楚文化為代表的南方文化的一支，也融入以中原華夏文化為核心的漢民族文化之中。就福建而言，史學界一般將福建文化的發展，劃分為四個時期：一、戰國中期以前，是閩文化的形成期，主要以考古發現的新石器時期文化為標誌。二、戰國中期至漢武帝滅閩越國，是閩越族文化時期。[2]此時因閩越族與中原的秦漢有著廣泛的政治經濟交往，時而降從，時而反叛，中原文化已開始為閩越文化所吸收。三、西漢後期至唐五代，是中原漢族文化融攝閩越文化，逐漸成為福建社會的文化基礎和主導的發展期。四、宋元以後，以漢文化為主體的閩文化走向全盛的成熟期，以朱熹理學為代表，對中華文化的發展作出了重要貢

2　關於福建早期的閩越族，學術界存在兩種不同意見。一是認為閩、越不同族。他們各有不同的活動地域和文化傳統。閩族為福建土著民族，以蛇為圖騰；越族發祥於江浙一帶，以鳥為圖騰。他們的融合發生在戰國時期，楚滅越國以後，一部分越人遷入浙南和閩北，與閩族相融合而成為閩越族。二是認為閩越是一族，閩為地稱，越是族稱，是活動於南方的百越族之一支。西漢以前的福建古代民族就是閩越族。兩種意見分別參見陳存洗：〈閩族文化的考古學觀察〉、陳國強、周立方：〈閩越族歷史發展及其文化特徵〉，皆載《閩文化源流與福建近代文化變遷》（福州市：海峽文藝出版社，1999年4月）。

獻。在這一歷史進程中，漢越文化的融合，表現為互相滲透的兩個進程：一、前期是閩越文化對中原漢族文化由吸收到逐步漢化，二、後期是漢民族文化統攝閩越文化，成為福建社會發展的文化主體。

前一個進程主要發生在秦漢時期。從秦廢無諸為君長，歷經合楚滅秦和助漢滅楚，至漢武帝滅閩越國，在閩越族與中央王朝時合時離、時降時叛的頻繁戰爭與交往中，不斷地受到中原漢族文化的影響，使閩越文化的發展，具有了濃厚的中原文化色彩。主要表現在以下諸方面：

第一，在閩越國的政治建構上，仿效秦漢王朝的政治制度。從《史記》、《漢書》的本傳記載中可以看到，無諸為閩越王，國中設有相、侯、將軍，如「越衍侯」、「建成侯」、「絢北將軍」、「吞吳將軍」等，與中原漢制相同。近年在閩越國故城武夷山城村遺址的考古中，出土了不少帶有戳印文字的陶片及泥封，如「官黃」、「官長」、「官徑」等，內容和形式與陝西咸陽、臨潼始皇陵發現的印章戳記相類。由此可見，閩越國的職官設置，大部分都可在中原王朝中找到原型。

第二，在城邑建設上，深受中原城邑文化的影響。以閩越國典型的城邑建築武夷山城村故城遺址為例，從城邑位置、地勢的選擇和平面布局、結構的安排所體現出來的禮制觀念，到建築工藝與材料的應用與製作，無不留有秦漢宮殿建築的深刻烙印；在其他禮祀建築如宗廟、祭壇等，其內部結構和外在形式，也都符合秦漢禮制和中原文化傳統。

第三，在生產技術上，特別是鐵製工具，吸收了中原的先進技術。閩越國出土的銅器，雖數量不多，但大部分具有中原風格，如銅鏡上的蟠螭紋、鎏金銅蓋弓帽、傘柄箍、包金銅飾等。有些甚至是直接從中原輸入的，如城村遺址出土的青銅兵器弩機，鑒有「河內工官」（漢朝設於河內郡懷縣——今河南武陟——的製造機構）的銘文。在閩越國大量出土的鐵器中，不僅有兵器，還有各種用以農耕的鐵製

工具，如錛、鋤、钁、五齒耙、犁等，說明此時閩越國已從中原吸收了先進的製鐵工藝和農耕技術，進入了一個高度發達的鐵器時代。

第四，在文字上，已通行秦漢文字。不僅在文獻記載中，上自國王，下至屬官的名字和封號，都用漢名；在閩越國遺址的出土文物中，無論瓦文、陶器印文、銅器鐵器銘文，還是封泥文字，都用漢字，其字型結構介於篆隸之間，與西漢初年的中原篆隸並行的情況一致。可見早在戰國時期，中原文字已為越族使用，至西漢初年的閩越國，更為官署和民間熟練駕馭。中原文化對閩越的影響，由此可見一斑。[3]明代學者瞿莊曾高度評價無諸時代對中原文化的吸收，稱：「自時厥後，漸靡風教，用夏變夷。馴至唐宋之世，篤生秀民。或立言垂訓，或為世宰輔。蟬蛻荒服之習，澡沐鄒魯之化者，王實開之。」[4]

漢武帝滅閩越國以後，閩越族大部分被遷入江淮一帶，融入漢族之中。避入山林的閩越後裔，二十多年後復出，建冶縣，史稱山越，此時已陸續有中原漢族人口入閩。受兩漢強大的政治和文化的影響，閩越族對中原文化的吸收，也在強化。從近年在福州、閩侯、光澤等地發掘的漢墓考察，其墓葬方式雖為閩越舊制（土坑葬），但隨葬品又多用漢物。如反映莊園經濟特點的陶製倉、灶模型，鐵製炊器釜，銅製酒器醮壺，以及五銖錢、貨泉等流通貨幣等。所以東漢王充在《論衡‧恢國篇》中說：「唐虞國界，吳為荒服，越在九夷，罽衣關頭。今皆夏服、褒衣、履舄。」

漢越文化融合的另一重要進程，是中原文化對閩越文化的統攝，將閩越文化消融其內，使中原文化成為福建社會文化的主導與主體。這一文化的融合以政治的統合為前提。秦滅六國以後，為改變長期分裂割據的局面，建立統一的中央集權的封建王朝，便廢除世襲制，推

3　參閱楊琮：《閩越國文化》（福州市：福建人民出版社，1998年）。

4　道光《福建通志》，卷20。

行郡縣制。以閩中郡把閩越故地納入在秦王朝的統一版圖之中。雖然秦末曾派出官員對閩中郡進行實際管治，只廢閩越王為君長，在其尊奉秦始皇為最高統治者，不再自號為王，也不奉祀自己祖先的先決條件下，允其自行管理，實際上實行的是自治郡制，這也是中國歷史上第一個少數民族的自治建制。[5]但轄入版圖並尊奉中央為最高統治這一政治前提，卻是中華民族文化南播福建，並融合閩越文化的政治基礎。此後歷代封建王朝都在這一基礎之上，沿著漢越文化融合的方向，把以中原漢族文化為核心的中華民族文化南播，視為體現自己統治尊嚴與意志，王化天下的象徵。

中原文化的南播，首先表現在制度文化方面。所謂制度文化，指的是人類在處理個人與他人、個體與群體關係的文化規範。它包括政治制度、經濟制度、婚姻制度與宗族制度等方面。秦設閩中郡，即意味著把反映中原漢族農業社會的建構方式和封建政治制度，推及閩越故地。此後歷代封建統治者，都竭盡全力推行中原政治制度。一方面是在郡縣制度的細化和普及上。福建本七閩之地，[6]秦設閩中郡；至漢，避入山林的閩越後裔復出，自立冶縣，管轄閩越故地；到了東吳，又析出轄地，另立建安郡，轄建安、南平、將樂、建平（今建陽）、東平（今松溪）、昭武（晉初避司馬昭諱改名邵武）、吳興（今浦城）七縣，為福建最初的縣治；晉添晉安郡，再轄侯官、原豐（典船校尉舊地，唐改閩縣）、溫麻（今霞浦）、晉安、同安、新羅（今上杭）、宛平（無考）、羅江（或說為今之羅源）八縣；隋代對上述郡縣進行若干裁併；至唐，則析為福、建、泉、汀、漳五州，轄縣二十四；五代閩國，又立鐔州（後改南劍州），縣治增至三十一；宋初析

5　參閱彭文宇：〈秦漢王朝對東越的民族政策〉，《第三屆全國民族史研討會論文集》（北京市：改革出版社，1991年）。

6　《周禮》有「四夷、八蠻、七閩、九貉、五戎、六狄」之說。七，疑為周朝所服國數，即閩越的七支部族，見〔清〕李光坡：《周禮述注》，卷19。

泉州置興化軍，分建州置邵武軍；宋室南渡後，升建州為建寧府，再增十縣，合一府、五州、二軍，共四十一縣。至此，「八閩」的概念始成，中央王朝對福建的郡縣建置，也已普及全境。另一方面，在各級職官的設置上，都循漢例，並由中央政府直接選派任命，以保證中央政府的管轄及政令施行。福建在閩越時代政治上相對的獨立性，隨著閩越國的覆亡和閩越族的融入漢族，已完全消失。政治制度的中原化，是中原文化人主福建在政治上的集中體現。有學者認為：「福建漢越文化交流融合的過程，也是中原漢族封建制對閩越的政治同化的過程。」[7]

　　宗族制度是中原制度文化南播的另一個重要方面。秦漢之前的閩越族，《史記》稱只有騶氏一姓，以此推論，當時應還屬於族人同出於一個女性祖先的母系社會的血緣特徵。所以秦平百越以後，秦始皇南巡會稽，才針對越族的婚姻狀態，刻石明令「禁止淫佚」。有漢以來受到中原文化的影響，閩越族從貴族到平民，出現了除騶以外的多種姓氏，如吳、林、黃、胡、馬、莫、賴、盧、鄧等，表明此時的閩越族已進入了以男性祖先為中心而組合起來的「父家長制宗族」社會。循此發展，本可能逐步建立起宗法式的宗族制度，但漢武帝滅閩越國，中斷了這一社會進程，致使東漢以後的閩越族後裔，還長期停留在父家長制的宗族形態之中。以宗族為獨立單位的集團組織，成為山越社會構成的基礎。其首領稱「宗主」或「渠帥」，分散各地，沒有形成強大的集團，這也使山越在與孫吳的政治鬥爭中，處於無力的不利地位。

　　而此時北方的中原漢族，由春秋戰國而至秦漢，隨著奴隸制度的崩潰，宗法式的宗族制度也迅速瓦解。自東漢至兩晉，一些擁有世襲權勢地位和雄厚莊園經濟的豪族世家，也日益顯赫。他們旗下不僅擁

7　林忠幹：〈閩越文化與漢文化的交流融合〉，載《閩文化源流與近代福建文化變遷》（福州市：海峽文藝出版社，1999年4月）。

有本族人口，還依附著大批賓客、佃客和部曲——世家大族耕戰結合的私人武裝。他們的興衰榮敗，常常影響著世局的更迭變遷。永嘉之亂以後，北方豪強受到沉重打擊，紛紛避難南來。所謂「衣冠南渡，八姓入閩」，指的便是這些世家望族。為避免途中遭襲，也為南來後爭奪生存之地，這些北方豪強在舉族南遷時，依然保持聚族而居的生存方式，以人多勢眾成為福建的顯赫大族。只不過由於福建地僻東南，其影響遠遜於中原。近年在閩北、閩中、閩南等地發掘的魏晉南北朝時期墓葬，其墓室構造和規模，墓磚上雕刻的青龍、白虎、朱雀、玄武等花紋圖飾，皆與中原世家墓葬相同。一九七三年在南安豐州東晉墓葬中出土的一枚「部曲將印」，也證明魏晉時期確有北方望族率眾南下聚居閩南。這一切都說明，自晉末開始，隨著中原漢族移民入閩，也把中原漢族的宗族制度帶入福建。

　　不過此時進入福建的宗族主要是望族，並不就是兩宋和明清發展的宗族制度。世家望族的經濟基礎是大型的莊園主經濟，族內不僅有血緣宗親關係，還有大批異姓賓客、佃客和部曲，在龐大的世襲權勢的陰影下，同姓或異姓成員的人身自由都受到一定限制，成員身分地位也有很大差別。其龐大族眾實際上是大莊園主用來稱霸一方的工具。因此隨著權力的鬥爭和社會的變遷，一些豪強大族便衰敗下去乃至銷聲匿跡。史稱「八姓入閩」，曰林、黃、陳、鄭、詹、邱、何、胡是也。至梁陳，據《陳書・陳寶應傳》所云，只餘林、黃、陳、鄭四姓。

　　隋唐以後，實行科舉錄士，廢除世族壟斷的官宦特權。「均田制」實行以後，進一步瓦解了大莊園主經濟，世家望族在社會上的地位已逐漸削弱。至唐末五代，在避亂南來的中原移民中，再也罕見豪強世家的舉族遷移，多為單門獨戶三五成群的輾轉流徙。即使如中原名士楊承休、鄭璘、韓偓、崔道融、李洵等避難來投閩國，也只是攜帶家小艱難地搬遷，大不同於晉末的舉族南移。

　　無休止的戰亂和遷徙，使以血緣為紐帶的宗親關係日漸鬆弛。中國的封建社會，本來就建立在以宗族為基礎的封建宗法統治之中。以忠君和孝悌為本義的儒家思想，是封建社會上以事君、下以齊家這一金字塔式結構的黏合劑。宗親關係的鬆懈，同時也意味著儒家思想的失範，這一切無疑對封建秩序的穩固都極為不利。北宋一統了五代的混亂局面後，社會稍稍穩定，封建統治者便以弘揚儒家孝悌之義為號召，倡導「敬宗睦族」，重建和完善宗族制度。宋代理學家為此做出了極大的貢獻。特別南宋以後，社會政治、經濟、文化中心南移，宗族制度也成為江南社會普遍的一種組織形式。集理學之大成的朱熹為完善宗族制度，提出一套可以操作的規範和模式，以祠堂為中心，置族田，訂族規，立族長，把所有人都納入在宗族之中，使宗族成為能夠在思想上控制、行為上規約所有成員的一個社會基層管理單位。朱熹制定的這一套宗族規約，在得到統治者讚許後，已為各地仿效。不過在南宋時期的福建，除少數大宗族外，尚難以普及。進入明清以後，則蔚然成風，並對朱熹提出的規約進一步修訂完善，形成一個世代相承，傳延萬世的宗族中心，敬祀的祖先不僅朱熹提出的四代，祠堂的建築也已脫離民居自成格局，並普遍編修、續修族譜，既追索歷史，光耀祖庭，亦啟迪後代，傳延家世，達到「敬宗睦族」的目的。中原宗族制度的南延，自晉末開始，至兩宋在福建形成制度，明清更趨光大，成為福建社會結構的一個基礎單位。

　　中原漢族的南來，也帶來了中原地區先進的生產技術和生產關係。先秦時期的福建，還處於奴隸制社會。其文化特徵是在福建青銅時代遺址發現，青銅器與印紋陶、釉陶和石器並存。而以印紋陶為特徵的文化，正是中國奴隸制時代商周文化的一個標誌。福建青銅時代的印紋陶，亦應屬於奴隸制時代的文化。西漢以後，閩越族在與中原漢族的頻繁交往中，不僅政治上接受漢代中央政府的分封，經濟上也廣受中原地區的影響，最典型的是鐵器的使用。以崇安漢城遺址的出

土為例，在一個建築遺址中就出土了犁、鋤、斧、鋸、刀、矛、鏃、釘、齒輪和鏈條等代表當時較為先進的生產工具一百五十六件，說明福建（主要是開發較早的閩北）到西漢中晚期，已從「火耕而水耨」進入了犁耕和牛耕的時代，其生產力發展水平已向鄰近的漢族地區靠攏。鐵器的使用，在中國由奴隸制進入封建制歷史進程中起了重要作用。福建由奴隸制向封建制轉化，亦發生在鐵器進入的西漢時期。所以漢代是福建歷史發展的一個重要轉折，是在中原漢族的政治經濟的影響和推動下完成的。

　　中原漢族人口的入閩，在帶來中原地區的先進生產技術和工具同時，還帶來封建的生產關係。魏晉南北朝時期是中原漢族人口的第一個入閩高潮。其移入的特徵是世家望族攜帶大批宗族成員、佃客和部曲南徙福建並聚族而居。這樣的移民方式和聚居方式，不僅使其進入新區後擁有較強的生存能力和生產能力，同時也帶來了北方固有的封建生產關係。一方面是他們墾墾的土地為私人所有，促進了福建土地私有制的發展；另一方面是形成了福建以地主／農民兩大階級為主體的社會基本結構。其擁有大量土地和生產工具的地主階級，主要是北方南來的豪強世族，如梁、陳之際盤踞福建的所謂「閩中四姓」，皆為西晉末年「衣冠南渡」的遺裔。另一部分則是中央政府派任福建的各級官吏以及其他土著大族。而農民階級則有南來的零散移民墾荒成田擁有少量土地的自耕農，地主的佃客以及為主人平時務農、戰時打仗的部曲。這樣一種階級結構的社會形態，到隋唐以後仍無太大改變。隋唐雖稱推行「均田制」，但大多有名無實。唐代的土地占有形式，分官田和私田兩大部分。官田所占數量不多，絕大部分仍為私田。在激烈的土地兼併中，如陸宣公所言：「富者兼地數萬畝，貧者無容足之居。」階級矛盾日趨尖銳。至宋，作為封建社會階級基礎的封建土地制度更加成熟。除了作為國有或集體所有土地的官莊田、職田、屯田和學田之外，土地仍大部分集中在地主和享有特權的寺院僧

侶手中。南宋以降，為應付財政急需，只好借助大量出賣官田，於是
更加促進了土地的集中。地主與佃戶，大多數採用租田制，即對租出
土地採用分等收租的辦法。如朱熹〈勸農文〉中所反映的：「佃戶既
賴田主給佃生租以養家活口，田主亦藉佃客耕田納租以借贍家計。二
者相須方能生存。」只是二者關係並非像朱熹輕描淡寫得那麼諧和，
而是存在著殘酷的壓迫和剝削。土地制度作為中原封建時代制度文化
的一部分，自晉末南延進入閩中，延續一千餘年，成為福建與中原一
體的社會發展的基礎。

　　儒家文化的南傳最能說明中原文化對福建社會文明進程的影響。
儒學在福建延播，早在永嘉南渡之後即已開始。晉末光州人危京避亂
入閩，官建州十六年，即闢序講學，傳播文化。民國《建甌縣志》
稱：「建人知尚文字，有京洛遺風，實自京始。」[8]此後南陳的顧野
王，隱居武夷，在崇安著書講學；南朝齊梁間的范縝，在其晉安太守
任上宣傳無神論；劉宋時的著名詩人江淹，在其吳興（今浦城）縣令
任上，賦詩著文；梁時著名廉吏劉溉，在其任建安內史時，著有文集
二十卷。這些都以中原文化對福建的文明開發，起了重要作用。祝穆
《方輿勝覽》稱這些南來的文化傳播者，「使薄者厚，而野者文」，
「民之秀者押於文，家有詩書，戶有法律。」至唐，其對南方的文化
政策重點，一是打擊、限制和改造巫覡文化，二以儒者治閩，傳播中
原文化。唐高祖曾詔令諸州縣置學，為歷代相沿不替的制度。初時福
建，狀況不佳。大曆年間，唐宗室李椅任福建觀察使時，福州州學
「堂室湫狹」，教學基本荒廢，便予以重建，使任中三年，儒學面貌
大變。德宗建中初年，常袞罷相貶為福建觀察使，再度倡導儒學，並
親加講導，使閩中「風移教行」，士子「竟勸於學」。不過此時福建，
無論經濟還是文化，與中原差距還較大。《三山志》稱唐初的福建，

8　民國《建甌縣志》，卷19。

「戶籍衰少，耘鋤所至，甫邇城邑，窮村巨澗，茂木深翳，少離人跡，皆虎豹猿猱之墟」。對福建開發的重點首在經濟方面，文化尚還其次。且南來名士，多為貶官離人，本土文人的成長，尚待時日。所以歐陽修《新唐書·常袞傳》稱袞來之前，「閩人未知學」。隋唐制立科舉，至唐神龍元年（西元705），福建才出現第一個進士長溪（今福安）薛令之。此後沉寂八十年，至李椅、常袞先後任福建觀察使大興儒學之後，才有學生晉江歐陽詹與韓愈同榜。福建在整個唐代舉進士者，據《閩大記》載，僅五十七人，較之其他省區，數量為少，較之宋代以後，更不能比。儒學在福建傳入雖可溯至南朝，但至宋以前，尚無傑出儒者名世。盛唐薛令之雖貴為太子侍講，可惜其《明月先生集》早已失佚，無從窺察其儒學修養。最有名的儒者要數歐陽詹，其思想多受韓愈影響，甚至直接來自韓愈，也與韓愈一樣，充滿了深刻的矛盾。至於唐末的林慎，雖有《續孟子》四卷、《伸蒙子》三卷傳世，但其生於動亂之中，著作多在南宋末年才尤其後代刊刻行世，在南宋理學的燦爛成果中，未能引起充分注意。

　　儒學在閩中的倡興主要在宋，其先經歷了五代閩國的準備。王審知治閩期間，以尊儒重教興國。其在福州、泉州設立招賢院，廣納北方離亂南來的賢才文士，較著名者如翁承贊、韓偓、黃滔、王琰、李洵、徐寅等。王審知依靠他們，一方面廣搜佚書，鼓勵著述，並刊刻行世；另一方面，創「四門學」，培養閩中士子。儒學之風，遂為熾盛，為兩宋閩中理學的倡興，打下了基礎。

　　兩宋的閩中理學，以楊時、羅從彥、李桐、朱熹所謂「延平四賢」為傑出代表。明人何喬遠曾認為，孔孟既歿，「士之為學，其卑者溺於訓詁，而不知性命道德之微；其高者淫於佛老，而惑其元虛空寂之說，豈復知有所謂道學哉。」[9]入宋以後，儒者便以恢復孔孟之

9　何喬遠：〈道南祠記〉，民國《南平縣志》，《藝文志》，卷13。

本來面貌為目的而倡興理學。其儒學中心主要在北方，以程顥、程頤
建立的「洛學」初成體系，前往訪學受業者如過江之鯽，福建也不乏
其人。楊時、游醇、游酢、陳淵、陳瓘、王藏等，都曾專赴河南追隨
二程；尤以楊時、游酢名聲最高，位列程門「四大弟子」之中。楊時
南歸時，程子曾以「吾道南矣」贈別，寄以厚望。歸來後，楊時傾畢
生精力著述授業，有弟子千餘，被譽為「程門正宗」。羅從彥即為楊
時門下，並得楊時心傳，平生以楊時為榜樣，篤志修學授業，門中弟
子以李侗最為得意。而李侗則將從楊、羅所得二程「洛學」四傳給朱
熹。朱熹吸取諸家之說，「對宋以前的儒學傳統也給以整理和總結，
最終集諸儒之大成，把天理論、性論、道理論、格物致知論、持敬說
等，都熔鑄到傳統儒學思想之中，使北宋以來的儒家學說臻於完整和
系統化，建立起一個廣大精微的理學思想體系，並使之更富有思辨
性，更具有理論色彩，成為統治中國後期封建社會的正統思想。」[10]
這就是與江西廬山濂溪周敦頤的「濂學」，河南洛陽程顥、程頤的
「洛學」，陝西關中張載的「關學」並稱的福建建陽考亭朱熹的「閩
學」。

　　「閩學」的形成是儒家思想和學說在福建從延播走向成熟的標
誌，對福建自身文化的發展起了重大影響。「延平四賢」都是學識淵
博、著述豐富的文化大師，畢生都重視興學授徒，廣納四方門生。北
宋時福建書院曾經一度興盛，後因政府將重點放在發展官學上，到南
宋初年時，書院已走向衰落。朱熹以後，竭力鼎革官學弊端，並重興
私學，直接經建的「草堂」、「精舍」、「書院」等，據明戴銑《朱子紀
實》和明萬曆《紫陽朱氏建安譜》載，多達二十八所。其傳世弟子亦
都重視辦學，培育新人，傳延文化。南宋閩中讀書之風為之大盛。祝

---

10 程利田：〈宋代楊、羅、李、朱理學與閩文化發展〉，載《閩文化源流與近代福建文
　化變遷》（福州市：海峽文藝出版社，1999年4月）。

穆《方輿勝覽》記彼時福州有書院五十四所，有詩云：「路逢十客九青衿，半是同窗半弟兄；最憶市橋燈火處，蒼南蒼北讀書聲。」教育的發達，使福建在兩宋以後，人才輩出，文化水平躍居全國前列，並一度成為全國的文化中心，程朱理學的根據地。據統計，唐及五代福建僅七十四人中進士，宋代則有七百六十人（其中狀元二十二人），占宋代進士總數的五分之一，為全國第一；元代福建有進士七十六名，明代有二千四百一十名，清代有一千三百三十七名，皆名列全國前茅。從最能體現儒學地位的主祀孔廟的人物看，宋朝到清末，全國從祀孔廟的孔門弟子四十四人，福建占了十三人，約三分之一，亦為全國之最。在黃宗羲編纂的《宋元學案》中，全國立案九十二個，福建籍學者占了十七個。這一切都說明，以儒學為代表的漢民族文化，自秦、漢開始播入福建，至宋代已臻高峰，形成了福建自身的特色，以朱熹為代表，並且因閩學的發展，一度成為全國的文化中心。

　　其實，早於儒學入閩，中原文化的南播，最先是隨同移民與身俱來的語言以及常俗文化，諸如民間習俗和信仰等。不過這些與民眾生活交織在一起的語言及習俗，很容易隨著環境的變化和時代的發展而發生新的變異。這也是移民文化進入新土後，出現的本土化進程。不過，不管其本土化程度如何，仍然可以辨析出其源於中原的文化特徵。

　　以語言為例，閩方言的複雜性在國內各個漢語方言區之中，是最為突出的。其複雜的原因與移民來源、徙移路線及移入地的自然文化環境密切相關。根據周振鶴、游汝傑的研究，方言分化的原因有三：一是移民越走越遠，與中心區的來往也越來越少，方言的區隔便越來越明顯；二、移民所帶來的語言與移入地的土著方言發生融合而產生變異；三、方言在形成過程中受鄰近區域的影響而出現「雜化」和歧異。[11]就福建方言來說，由於閩方言的次方言區十分複雜，其形成的

---

11 參閱周振鶴等：《方言與中國文化》（上海市：上海人民出版社，1986年）。

時間和所受地理、歷史和文化因素的影響，也不盡一樣。大致說來，
閩北方言的形成與西晉末年永嘉之亂的中原移民，及南朝梁侯景之亂
時南渡的中原移民再沿太湖流域進入浙南和閩北有關。閩北地區作為
中原移民最早進入的居住之地，其方言的形成時間可能最早，與中原
古代漢語的關係也可能最為密切。閩南方言的形成除了西晉末年中原
移民逐步南徙進入閩南外，還與唐初陳政、陳元光父子為平定閩粵交
界的「獠蠻嘯聚」，自中原率兵南來，在嘯亂平伏之後開發漳泉、落
籍閩南有密切關係。而閩東方言的形成，則更多與唐末五代王潮、王
審知兄弟入閩，據福州而控全境，建閩國以穩定東南有關。至於閩中
方言的形成，則與宋以後閩北地區的歷史變遷有關。閩北方言區原包
括閩江上游各支流（建溪、富屯溪、金溪、沙溪）的廣大地盤，南宋
以後，吳人逐漸移民浦城，贛人大量流入邵武、將樂，使浦城北部蛻
變為吳語區，邵武、將樂蛻變為贛語區，富屯溪以西成為客、贛混雜
型的方言區。明代以後分置永安，沙溪流域的沙縣、三明（原三元、
歸化）、永安便逐漸脫離閩北中心區，形成了獨具特色的閩中方言。
莆仙方言的出現，實際上是北受閩東方言、南受閩南方言的影響而形
成的變異，雜糅著閩南方言與閩東方言的某些原素。

　　儘管閩方言的次方言區劃分複雜，形成的時間也很難確定，但作
為閩方言主幹的閩北次方言、閩南次方言和閩東次方言，大約形成於
晉末至唐代，則少異議；其與中原古代漢語的淵源關係，則更為學界
所津津樂道。就語音而言，把閩方言與隋代陸法言等人所編的《切
韻》音系進行比較語音學的研究，可以看出，「閩方言直接延續了上
古漢語的聲母系統，而沒有經歷中古時期的兩種語音變化。而這種重
要的語音變化，在閩方言之外的所有漢語方言中都已經發生了。這兩
種語音變化就是，唇音和舌音的分化。上古漢語沒有輕唇音。《切
韻》中唇音還沒有分化。而唐季沙門宋溫的三十六字母系統裡，唇音
已經分化為重唇音和輕唇音兩類聲音了。重唇，有了『幫滂並明』，

輕唇，有了『非敷奉微』。同樣，上古漢語沒有舌上音。《切韻》已有
了舌頭、舌上之別，除了『端』、『透』、『定』，還有『知』、『徹』、
『澄』。」[12]由此可見，閩方言是直接承續上古漢語的，這顯然是晉末
中原移民南來留下的遺韻。朱維幹《福建史稿》側重從閩方言的詞彙
來證明與上古漢語的關係。他以莆仙次方言為例，莆仙話把鍋叫鼎，
杯叫盅，書叫冊，洗米水叫潘（奔音），冷水叫清水，下雨叫落雨等
等，今天漢語都已不用，但卻可在上古文獻如《左傳》、《曲禮》、《孟
子》、《詩經》中找到。[13]此類情況，在福建其他次方言中也不勝枚
舉。閩方言中保存的中原上古漢語的化石成分，說明閩方言只是漢語
的一個支裔，其源頭可以追尋到隋唐以前。正是移民的南遷，使閩方
言成為保留中原古音的一個獨特的漢語方言區。

　　同樣的情況，在福建民間習俗與信仰的追溯中，也可以找到中原
文化南播的歷史源頭。廣義地說，民俗文化既是一種生活方式，也是
一種文化規範，它既反映生存環境自然的和社會的特殊因素，也積澱
著歷史和文化的發展脈跡。因此，民俗的嬗變，常常和社會史、移民
史、政治史、經濟史的發展相一致。在福建民俗歷史的嬗變中，我們
既可以找到早期閩越社會的遺習，也可以看到中原移民成為福建社會
人口主體所帶來的華夏民俗的移植與滲透；既有著福建特殊地理形態
所形成的山海文化的薰陶，還有著對中原古代民俗的原型保留，以及
近代以來接受外來文化影響所出現的新的形態。在民俗的這一複雜構
成中，延自中原的漢族民俗，構成了福建民俗的主幹。其傳入於魏
晉，繁盛於唐五代，而成熟於兩宋。無論閩方言對中原古音和詞彙的
保留，民間崇儒好學的風尚形成，還是生產習俗、生活習俗等等，都
可以追溯到唐宋甚至更早。以歲時年節的習俗為例，在宋梁克家的

---

12 參閱趙遐秋、曾慶瑞：《「文學臺獨」面面觀》（臺北市：九州圖書出版社，2001年
　12月）。

13 朱維幹：《福建史稿》（福州市：福建教育出版社，1984年），頁70-71。

《三山志》卷四十的〈土俗類・歲時〉中，中原各種歲時習俗，除中
秋節外，均已見記載。如春節拜年，元宵觀燈，寒食（清明）墓祭，
端午插艾、裹粽、競渡，七夕乞巧，中元祭鬼，重陽登高，冬至祭
享，除夕守歲等等。可見傳延至今的歲時禮俗，在宋以前就傳入福
建。再如對民間影響極大的婚俗、葬俗，所循基本上都是中原古禮。
婚姻禮俗主要是依循儒家傳統的「六禮」，而葬俗，則深受朱熹《家
禮》的影響，以此作為操辦喪葬禮儀的準則。而《家禮》則來自儒家
思想的規範。雖然時代的變遷，會給風俗帶來新的變異。如一向以儒
家門第觀念為圭桌的婚俗，受商品經濟的影響，逐漸出現「重資財，
輕門第」的傾向；在喪葬儀俗上，富裕人家也走向奢侈，或大作與儒
家主張相反的僧道佛事。但福建民俗的基本規範，雖有新變仍然不離
中原民俗的傳統。

　　宗教和民間信仰的情況亦然。對福建影響最大的佛教，傳自魏晉
南北朝時期，而繁盛於隋唐五代。寺廟興建，文獻記載可考的，在永
嘉以前即已出現。如福州城北的乾元寺，侯官縣的靈塔寺，建甌縣的
開元寺等，都建於晉太康年間。儒釋之間，向來視為不同道。因此從
北朝到五代，北方儒者先後策動了四次滅佛運動。由於所發生時間多
在南北隔絕期間，對南方影響較小。於是佛教中心，便也逐漸由北向
南轉移。五代王審知對佛教一直持鼓勵的態度，禮佛敬僧，大讀儒釋
之書，稱道二者「蓋同波而異流」。其推官黃滔也云：「夫帝王之道，
理世也；釋氏之教，化人也。理世與化人，蓋殊路而同歸。」[14]因
此，佛教在王審知治閩期間，有了很大發展。度僧、建寺、修經無
數，且名僧輩出，禪宗諸派，多與福建有關，使福建成為禪宗佛教中
心。作為中國本土宗教的道教，也於魏晉南北朝時傳入閩中。在這一
時期北方最早的入閩者中，就有採藥避亂南來的道家，如左慈、葛

---

14 黃滔：〈福州雪峰故真覺大師碑銘〉，《黃御史集》，卷5。

玄、鄭思遠等；至隋唐五代，道教也走向興盛。此時所建道觀達二十多座。數量雖不能與佛教寺院相比，但道教文化上承老莊思想，下與閩越故地的巫覡文化相融吸，把民間信仰中諸多的地方神，都納入道教的神靈系統之中，其不論對士紳官僚階層，還是對廣大的民間信眾，影響並不在佛教之下。

在福建被納入道教神靈系統之中的民間信仰，其神明多至千計，大部分是由於福建的特殊地理環境和民眾的特殊際遇所產生的地方神。但一些影響最大的民間神，則與中原漢族的信仰傳播密切相關。如山川神靈崇拜，是典型的例子。《周禮》規定，天子祭天地，諸侯祭社稷；到了秦漢，各地州郡官員都要祭祀境內山川，以求五穀豐登。因此社稷祭壇的建設，成了官例，福州社稷壇，即建於唐代。再如對泰山神的崇拜，源於三皇五帝對泰山的封享和祭奠。至唐末，光壽移民進入福建後，便把泰山神帶入閩中，至五代末，已成為福建最有影響的神靈之一。福州的泰山神廟——東嶽行宮，便是由閩王的東華宮改建的。其他如城隍崇拜，其廟神或曰是西漢御史周苛，守滎陽為項羽所烹，高祖恤其忠烈，令天下郡縣各附城立廟祀之；或曰為西漢名將灌嬰，平江南有功，祀為城隍神，並仿例把有功德於地方者，都列入城隍祭祀，香火便日益鼎盛。福建各縣城，駐地也皆有城隍廟。在南傳的民間信仰中，以關帝崇拜影響最大，也最為普及，關羽的忠義剛烈，向為民間所尊崇。他最初是被作為勇猛無敵的戰神來祀奉，但在宋明理學大張的背景下，關羽篤義忠君、仁德天下的精神被突現出來，而被重塑為實踐儒家仁義道德的完善的人格偶像，其關懷人間的一切，成為無事不可與求的全能化的神靈。

從中原到福建，以漢民族文化為核心的中華文化的南播，是全面的，不僅在物質文化、制度文化方面，更在精神文化方面；也不僅體現在世俗文化層面，更體現在精雅文化層面。同時，中原文化的南播，是開放性的，不僅將閩越的土著文化融攝其中，也將近代以來外

來文化的影響吸收其內，呈現出中原文化在福建的本土化進程和特
徵。它構成了福建社會發展的文化基礎，使偏於海域一隅、源出閩越
的福建社會，融入在中華社會一體性的發展之中，同時，又成為中原
文化向海峽彼岸的臺灣東延的基地和橋樑。

第三節　從福建到臺灣：中原文化的東延

臺灣文化的大陸淵源，可以遠溯到史前時期。它主要表現在兩個
方面：一、臺灣出土的舊石器時期的長濱文化和新石器時期的圓山文
化、大坌坑文化等，與中國大陸華南地區，特別是福建出土的舊石器
時期三明萬壽岩文化遺存、漳州蓮花池山文化遺存和新石器時期的殼
丘頭文化、曇石山文化等，有密切的對應關係和親緣關係。它也證明
了地質研究中所指出的，臺灣在更新世的地質年代中，在冰川期的週
期性出現與消融，四次以陸地和福建相連。在這一時期就有古人類為
採集和狩獵，隨同華南相的動物群一起經海上陸橋進入臺灣，從而給
臺灣石器時期的文化留下深刻影響。二、在對臺灣原住民族源的人類
學研究中，無論是從文化的比較，還是 DNA 的分析，都證明古越族
是臺灣原住民最重要的來源之一；而活動區域在福建的閩越，是最靠
近臺灣，也可能是最多進入臺灣的古越族的一支。古越族在秦、漢以
後，大部分已逐漸融入漢族，成為漢族的四大族源之一。而這一時期
進入臺灣的古越族，則融入在臺灣的原住民之中，使族源複雜的臺灣
原住民，其相當大的一部分，無論血統還是文化，都保留著古越族的
鮮明特徵。對臺灣遠古時期這一文化追認，說明臺灣與中國大陸自古
以來就有著密切的文化親緣關係。

臺灣社會的發展，經歷了由原住民社會向漢人社會轉型的過程。
形成於社會轉型進程中的臺灣文化，其構成和性質都發生了變化。這
是由於明清以來，主要來自福建的幾次漢族移民高潮，把植入福建的

中原文化帶入臺灣，並且隨著臺灣移民定居社會的形成，使漢族文化
成為臺灣社會發展的文化基礎和主導因素。文化構成是一個複雜的系
統。中華民族文化就其整體而言，是以漢民族文化為核心，包括各兄
弟民族文化的一個多元一體的文化系統。它在漢族地區和兄弟民族地
區，其文化構成的主體各不相同。臺灣社會在漢族移民到來之前，其
人口主體是族源不一的原住民，多元的原住民文化便也成為臺灣社會
文化構成的主體部分。明清以後，幾次漢族移民高潮，使臺灣成為漢
族移民社會，漢族移民也就成為臺灣社會的人口主體，隨同移民帶入
臺灣的漢民族文化，便也在臺灣文化的構成中，占據主體的地位，它
和多元的原住民文化，共同構成了中華民族文化在臺灣的區域體現。
而在漢族的移民文化中，有來自福建的閩南文化（其下又有泉州府和
漳州府的區別），有來自閩粵交界的客家文化，還有二十世紀中葉大
量湧入的中國大陸各省籍人士帶來的「外省文化」等。臺灣的原住民
文化則包括基本上已為漢族移民同化了的平埔族各支系文化和一般認
為有九個（或十三個）不同族裔的「高山族」文化。臺灣文化這一複
雜的構成，以漢族文化為主體，有著廣泛的包容性和多元發展的文化
基因。

　　對於臺灣文化的構成成分，曾經出現過一些不同的意見。有一種
觀點認為：臺灣「從長濱文化（一萬五千年前）開始到今天，它包括
了山地文化、荷西文化、滿清文化、日本文化、大陸沿海文化、國民
黨買辦封建文化、美歐文化，錯綜複雜，終而塑造了自己的面目，大
大的與中國大陸傳統的漢文化不同」。[15]與之相似的說法還有所謂臺灣
文化的「五大淵源」，即原住民文化、漢移民原鄉文化、漢移民社會
移民文化、各宗教教派文化、日本和歐美文化。[16]無論「七種成分
論」還是「五大淵源說」，撇開其「臺獨」的政治目的不說，在學理

---

15 宋澤來：《臺灣人的自我追尋》（臺北市：前衛出版社，1988年），頁125-126。
16 李喬：《臺灣運動的文化困局與轉機》（臺北市：前衛出版社，1989年），頁36-37。

上存在兩個問題：一、把文化在不同時期和不同層面的表現，當作不同性質的文化。例如中國大陸沿海文化、漢移民原鄉文化、漢移民社會移民文化，其本質都是漢民族文化，而不是不同的文化成分。而所謂「國民黨封建買辦文化」，是從政治性質對文化某一發展階段的說明，而不具有文化的本質規定性，不能成為一種獨立的文化成分。再如「滿清文化」，所指並非滿族文化，而是滿族入關後，接受漢族文化的清代統治者的文化。清代對臺灣的統治，大量的史料證明，所推行的是漢族文化，而非滿族文化。在文化概念定義上標準不一的隨意性，使其所說的「七種成分」或「五大淵源」，並不都是真正的「成分」和「淵源」。二、把文化影響當作文化構成元素。臺灣歷史上曾遭到荷蘭、西班牙、日本的殖民占領，近半個世紀來又受到歐風美雨的侵襲，這都是客觀事實。殖民者所帶來的文化，作為體現他們殖民統治的意志和手段，並借助殖民政治的推動，對被殖民地區的文化產生重要的影響，這也是必然的。但是文化影響和文化元素是兩個概念，尤其不能把殖民文化的影響，當作被殖民地區的文化成分來鼓吹和接受，這是必須十分警惕的，否則便會露出為殖民者作「倀」的馬腳來。

中原漢文化在臺灣的延播，是與臺灣移民社會形成和發展並生的一個歷史的文化進程。臺灣移民社會與其他一些地方的移民社會不同，它是在同一個國家內部由經濟開發較早地區向經濟開發遲緩地區的移民，移民來源不僅屬於同一國家、同一民族，而且基本來自同一個地區；無論出於何種移民目的和原因（政治的或經濟的），都以故國家園為歸旨；在與原住民的關係上，也保持著較為和睦的民族關係。這一切都賦予中原文化在臺灣的延播，具有不同於其他移民文化的特殊性，主要表現在：

一、中原文化播入臺灣，是隨同移民的攜帶。就文化傳播的方式而言，這是一種遷移擴散。移民作為文化的載體和文化傳播的媒介與

動力，在遷移擴散中起了主導作用。不過由於大陸對於臺灣的移民浪潮持續二百多年，在這期間與祖籍地有著密切的聯繫，時常往返。因此，中原文化在臺灣，還存在著另一種通過人際交往而逐漸滲透的傳播方式，即擴展擴散。兩種不同的傳播方式，把中原文化對臺灣的延播，互補地持續了數百年之久。

二、中原文化的延播是全面的移入。由於漢族移民在臺灣，不像其他地區的移民融入於當地社會和文化之中；而是相反，在臺灣原住民社會之外，建立自己與原住民社會並立的移民聚落，並逐漸發展成為影響整個臺灣的移民社會。它不僅使隨同移民攜帶進入臺灣的原鄉文化──中原漢族文化在福建的體現，保持相對的獨立性與完整性；而且由於自成聚落的移民社會建構和發展的需要，對原鄉文化是一種全面性的移入，即不僅帶來體現原鄉先進生產水平的物質文化，還移入了規約社會人際關係的制度文化和滿足移民全面發展需要的精神文化。這種文化的全面移入和完整保存，在某種意義上，是近乎對原鄉文化的「克隆」（clone）。

三、中原文化的延播是以俗文化為主體，雅文化為主導。俗和雅不是對文化嚴格意義的區分，而是一種形象的說法。俗文化一般指建立在民眾的經驗傳統、生活傳統、信仰傳統、社區組織傳統基礎之上，帶有自發性、非理性和承傳性特徵，以約定俗成的方式在民間廣泛流行的那些文化形態，如風俗習慣、民間信仰、民間工藝和謠諺、歌舞等。雅文化則主要指經過比較精細加工，以意識形態和書面形式出現的那些系統完整、邏輯嚴密、主要為上層社會所掌握的文化成果，包括政治法律、科學技術、文人創作、學術著作等。雖然雅文化往往源於俗文化，是對於俗文化的加工和提高，但反過來又對俗文化起著指導、規範和制約的作用。由於臺灣在長達二百餘年的移民浪潮中，存在著以開發拓墾為目的的經濟性移民和以建立政權為目的的政治性移民兩種不同類型，其對文化的引入重點和方式，也各有側重。

政治性的移民，例如鄭成功驅荷復臺，雖然也從事墾殖開發，但出於
對政權建構和統治的需要，更多側重於通過自上而下的官方行政力
量，建立起屬於上層雅文化系統的、規約社會的各種制度和意識形
態；而對於大量以經濟為目的的墾殖移民，更多地是在其地緣和血緣
的社會聚落中，通過人際關係，自下而上的影響和滲透，把那些適合
生存和發展需要的文化──首先是在民眾日常生活廣泛流行的俗文化
引入臺灣，包括生活方式、生產技術、宗族組織、風俗習慣、宗教信
仰、民間文藝等等。以俗文化為主體的民間下層的自下而上的擴散和
以雅文化為主導的來自政權自上而下的推廣，二者形成的合力，把中
原文化全面地移入臺灣。

　　四、中原文化進入臺灣，是經由閩粵的二度傳播。由於臺灣移民
大部分來自福建的閩南地區，少部分來自閩粵交界的客家地區，隨同
移民而來的漢民族文化的移植，不是直接來自中原地區，而是經由福
建的二度延播。受到閩粵自然與人文環境的影響，進入臺灣的中原文
化，帶有濃厚的閩南文化和客家文化的特徵，使臺灣文化與福建文化
有著密切的關係而成為一個共同的文化區。這些帶有福建本土化色彩
的中原文化進入臺灣，還會受到臺灣自然與人文環境的影響，再度經
歷一次本土化的演化，雖然未曾改變其漢民族文化的本質特徵，卻已
具有了鮮明的地域色彩。

　　上述這些特點，滲透在中原文化延播臺灣的各個層面與全部進程
之中，使中原文化在臺灣的發展，也呈現出獨特的形態和過程。

在物質文化方面

　　宋元以後，即使如福建這樣開發晚於中原的地區，也已進入了成
熟的封建社會，相對於此時尚處於部族社會的臺灣，無論社會發展階
段還是生產力發展水平，都高出許多。南宋時就深感人口壓力至明清

時更為甚之的福建，所以選擇移民臺灣，就因為臺灣擁有大片未經開
發的沃野。然而要形成較高的生產力，僅有勞動力的移人遠遠不夠，
還必須有較先進的生產技術和勞動工具。因此在某種意義上可以說，
墾殖移民也是一種技術移民，是移入的勞動力運用較為先進的生產技
術和勞動工具，對未經開發土地的拓墾，以求獲得較高的農業收益。
這種把體現中國大陸物質文化水平的較為先進的技術和工具傳入臺
灣，可以追溯到宋元時期泉州對臺灣外島澎湖的開發。據南宋樓鑰
〈汪大猷行狀〉和周必大〈汪大猷神道碑〉所載，彼時的澎湖已由漁
民避風取水的暫居之地，變成擁有「沙洲數萬畝」，「邦人就植粟、
麥、麻」的定居點。至明，福建沿海漁民和商人，開始越過澎湖，頻
繁在臺灣西部漁場和港口出入。黃承玄〈條陳海防事宜疏〉稱「其采
捕於澎湖、北港之間者，歲無慮數十百艘」，並逐漸登岸逗留，出現
了兼治農耕的零散漁村和就地與原住民進行貿易的「坐商」。明末，
雄霸海上的鄭芝龍，在臺灣建立據點，並有組織地招引福建移民入臺
墾殖。史稱「人給銀三兩，三人給牛一頭」，將福建受災的數萬饑民
用船舶載入臺灣。史學界對其移民數量能否達致「數萬」持有懷疑，
但其為第一次大規模地將勞動力與勞動工具一併帶入臺灣，則無異
議。從明末至清，歷次出現的移民高潮，同時意味著是一次又一次將
中國大陸先進生產技術和工具引入臺灣。即使為政治目的而來的鄭成
功，在其收復臺灣的船隊中也「攜有很多的犁、種子和開墾所需的其
他物品」，[17]生產技術和勞動工具的攜帶，依然是鄭氏謀取在臺灣立足
所必須考慮的。在鄭氏於臺灣推行屯田制度的同時，還採納戶官楊英
的建議，發給周圍的番社「鐵犁、耙、鋤各一副，熟牛一頭」，並派
人傳授「犁耙之法，五穀割獲之方」，使當時還不知鋤鐮為何物、稻

---

17 曹永和：〈鄭氏時代之臺灣墾殖〉，《臺灣早期歷史研究》（臺北市：聯經出版事業公
　司，1979年），頁267。

熟時「逐穗而拔」的土著居民，「欣然效尤，變其舊習」，[18]乃至後來做到「耕種如牛車犁耙與漢人同」。[19]在臺灣持續二百餘年的移民浪潮中，土地的開發由最初的嘉南平原向北部和中部深入，逐漸遍及全境，體現出了這種勞動力移入與技術引進同時並舉的積極成果。除了農業，在其他手工業方面，如製糖業、硫磺業、鹽業、茶葉加工業等，也廣泛引入中國大陸的生產技術和工藝，推動了臺灣社會的發展。

在制度文化方面

宋元時期，中央政府已開始對臺灣駐官設治，不過此時還限於臺灣外島的澎湖。乾道七年（1171）泉州知州汪大猷已在澎湖「建屋二百間」，派兵駐守。至元，更設巡檢司，秩九品，職巡邏。官雖不大，卻是在臺灣設立行政管理機構的開始。有明一代，巡檢司雖幾度廢興，卻一直把澎湖和臺灣納入明代的海防部署之中。明朝末年，鄭成功驅荷復臺，目的是要把臺灣建成抗清復明的根據地，便必須十分重視在臺灣的政權建設。早在永曆九年（1655）鄭成功就在廈門承製設立「六官」（吏官、戶官、禮官、兵官、刑官、工官），下置都事、行人、給事中，將此帶入臺灣。另一方面，按照明代的郡縣制度，劃分臺灣區轄，以便利統治。鄭成功最初立赤嵌為東都明京，設一府（承天府）、二縣（天興縣、萬年縣）；至鄭經時，改東都為東寧，升二縣為州，另設北路、南路和澎湖三個安撫司。臺灣的行政建制自明鄭開始，就全面引入中國大陸的封建政治體制和行政管理系統。清統一臺灣之後，進一步加強和完善這一政治體制和管理系統。所不同的是，鄭氏是把臺灣作為承襲明朝的政權機構，而清政府則是把臺灣作

---

18 楊英：《先王實錄》（福州市：福建人民出版社，1981年），頁259-260。

19 〔清〕范咸：《重修臺灣府志》，卷14。

為中央政府轄下的地方政權來設置，一切皆循中國大陸地方政府之例。起初將臺灣作為福建省的一個府，歸屬福建臺廈道，後來單獨設立的臺灣道管理；一八八五年單獨建省後，仍援甘肅、新疆之例，對主政臺灣官員以「福建臺灣巡撫」名之，以求臺灣和福建「聯成一氣，內外相維，不致明分畛域」。[20]在行政區域的劃分上，進一步細化。由明鄭時期的一府二縣三司，增為一府（臺灣府）、四縣（臺灣、鳳山、諸羅、彰化）、三廳（淡水廳、澎湖廳、噶瑪蘭廳）；光緒元年（1875）在原來臺灣府的基礎上增設臺北府，轄淡水、新竹、宜蘭三縣及基隆廳；分省以後，又添官設治，為三府（臺灣府、臺南府、臺北府）、十一縣（臺灣、雲林、苗栗、彰化、安平、鳳山、恆春、嘉義、淡水、新竹、宜蘭）、四廳（埔里社廳、澎湖廳、基隆廳、南雅廳），及一個直隸州（臺東）。一應官員，均由中央政府選派。政治制度的移入，是中國制度文化移入臺灣的一個重要標誌。

　　與政治制度建立的同時，教育與科舉制度亦移入臺灣。此舉亦自明鄭時期開始。儒生出身的鄭成功，對先後赴臺的明末文人學士十分看重，吟詩作賦，時與過從。不過此時政局尚亂，未能顧及其他。永曆十九年（1665），時局稍微安定，鄭氏部將陳永華即向鄭經提出：「開闢業已就緒，屯田略有成法，當速建聖廟、立學校」，並以「成湯以百里而王，文王以七十里而興」為激勵，希望借興學以求人才，「十年生長，十年教養，十年成聚，三十年真可與中原相甲乙」。[21]在陳永華的倡導下，引入了學院、府學、州學和社學等相當完整的中國大陸教育體系；並開始推行科舉選考人才制度，即兩年三試，「州試有名送府，府試有名送院，院試取中，准充入太學，仍按月月課。三年取中試者，補六官內都事，擢用升轉」。[22]清統一臺灣以後，進一步

---

20 劉銘傳：《遵議臺灣建省事宜摺》。
21 〔清〕江日昇：《臺灣外紀》，卷6。
22 〔清〕江日昇：《臺灣外紀》，卷6。

完善這一套教育系統，設府學和縣學，統稱儒學，由主管臺灣政務的
臺廈道（後為臺灣道）兼理學政。在民間則有社學、義學和私塾如雨
後春筍般崛起。由於各級官員的倡導，中國大陸盛行的書院也移入臺
灣。據統計，自康熙四十三年（1704）臺灣知府衛臺揆倡建的崇文書
院始，至光緒十九年（1893）臺灣布政使沈應奎所建的明道書院止，
百餘年間臺灣共辦書院四十五處。所有這些書院，所學均以儒家經史
典籍為正統，有所謂「非聖賢之書，一家之言，不立於學官者，士子
不得誦習」之說；其授業儒師，則由內地調補。據清《吏部則例》規
定：「臺灣府學訓導，並臺灣等四縣教諭、訓導缺出，先盡泉州府屬
之晉江、安溪、同安，漳州府屬之龍溪、漳浦、平和、詔安等七學相
調缺教職內揀選補調，倘有不敷，或人地未宜，仍於通省教職內，一
體揀選補調。」因此，臺灣儒師，多為福建人。由於福建學子對朱熹
的崇仰，朱子理學便在臺灣儒學的發展中居有重要地位。各級學校、
書院的學規，亦大都沿襲朱熹創辦的白鹿書院的學規而加以演化。其
強調明大義、端學規、務實學、崇經史、正文體、慎交遊等，均以儒
家思想為規範。為了推崇儒家典範，各學校在主祀孔子，兩旁配祀顏
子、子思、曾子、孟子同時，有的地方還增設朱子祠，並配祀明末清
初寓臺八賢，即沈光文、徐孚遠、盧若騰、王忠孝、沈詮期、辜朝
薦、郭貞一、藍鼎元。春秋兩祭，亦禮同中國大陸。儒家思想在臺灣
的弘揚，推動了臺灣走向文治社會。

　　科舉制度移入臺灣，自明鄭草創，清以後，在儒學的基礎上，更
進一步納入體制，走向正規。三年兩試，由縣試、府試至院試，逐級
選拔，均按內地模式進行。歲考、科考在臺灣，鄉試則須到省城福
州。考慮到臺灣文教初開，往來風波險阻，為鼓勵生員參加省城鄉
試，於康熙二十六年（1687）援甘肅、新疆例，為臺灣考生另編字型
大小，額外取舉人一名。雍正、乾隆、嘉慶、咸豐又陸續增加，定額
中試舉人者最後已達八名。在全國會試中，也於福建通省之外，另准

額取一名。此一措施，說明清政府對臺灣的重視，也反映了臺灣儒學教育的發展。科舉制度既是人才選拔的措施，也是教育推廣的結果，同時又是統治者對作為四民之首的士進行思想控制的手段。它在臺灣，同樣也起到了播揚儒家思想、選用各級人才、把臺灣納入體制的多方面作用。

在語言方面

　　語言的移入是移民直接的結果。臺灣的土著語言，應是原住民所使用的屬於南島語系的黏著語。雖然有學者研究指出，南島語系與古越語有十分密切的關係[23]，但其與孤立語的漢語分屬不同語系，是公認的。明清以來的中國大陸漢族移民，從其移出地帶來了漢語的閩南方言和客家方言，成為占臺灣百分之九十以上人口的通用語，並且一直沿用至今。數百年來，無論在語音形態還是語言的內部結構上都沒有發生多大變化。但在閩南方言和客家方言傳入臺灣的同時，作為漢語標準語的「官話」——即現在臺灣所稱的「國語」和中國大陸所說的「普通話」，也一併傳入臺灣，成為官方的正式語言，這卻是過去較少為人論及的。語言的發展，一方面是語言的分化，即方言的產生，另一方面是語言的整合，即標準語的出現。建立在北方方言基礎之上、以北京話為標準音的漢語標準語，是語言整合運動的結果。它對於促進國家統一，維繫民族團結，溝通不同方言區之間的聯繫，推動民族文化的保存和發展，有著不可替代的作用。漢語標準語，即明清時期所謂的「官話」，與閩南方言和客家方言同時傳入臺灣，對於促進臺灣社會與中國大陸社會一體化的發展，整合建立在地緣和血緣基礎上各自分散的移民聚落，推動教育的發展和科舉的實行，有著重

23 詳見史式等：《臺灣先住民史》（臺北市：九州圖書出版社，1999年9月），頁83-95。

要的意義。雖然閩南方言本身就有白讀和文讀兩種發音，白讀用於日常生活，文讀用於書面閱讀，它更近於上古語音和以此為基礎發展的北方方言。但文讀並不能代替漢語標準語的推行，只能起一種助力的作用。如果說閩南方言和客家方言的移入，是來自民間自發的攜帶，它有利於閩南方言文化和客家方言文化在臺灣的傳播；而漢語標準語的推行，則與標準語的同時引入，再次證明了，來自民間和來自官方自下而上與自上而下的合力，對中原文化的延播有重要意義，尤其對於需要更多依靠官方的行政力量支持的政治、科舉、教育、文學等來自上層的雅文化的推廣，有直接的作用。

在宗族文化方面

　　與移民關係最為直接的是宗族文化、民間習俗與宗教信仰的傳入。福建自南宋以後，特別是明清以來，宗族文化已有了較為成熟和完善的發展。在農業社會，以父系血緣為中軸的宗族關係和宗族文化，往往是以農民和土地作為基本載體。血緣和地緣在某種程序上的融通與合一，使宗族文化和村落文化互相依託。血緣關係定格於地緣，地緣則成為血緣關係的投影。福建宗族文化的這一特徵，在移民臺灣以後發揮了重要作用。以墾殖為主要目的的福建移民，以同鄉或同宗的牽引投靠、聚親（族親和鄉親）而居，形成了相對集中地固定在某一片土地上的包含著一定血緣關係的地緣聚落，為宗族文化的移入準備了前提。不過宗族文化在臺灣的移入，有一個發展的過程。在鄭氏父子所帶動的早期移民中，鄭芝龍組織災民渡臺救饑，主要是男性勞力，災後不少仍返回原鄉，其血緣關係並不重要，宗族文化並沒有在臺灣形成影響。鄭成功率軍入臺，並於逐荷後招接因「遷界」而流離失所的沿海人民入臺墾殖，形成了一次移民高潮。但其時正處於和清政府的戰爭狀態，墾殖活動主要是寓兵於農的分配屯田，此時雖

已出現了某些巨姓大族，但主要都在上層集團之中，如鄭氏宗族、在鄭氏政權中舉足輕重的陳永華宗族等。民間以墾殖為中心的宗族聚合或同鄉聚合，尚不多見，宗族文化的傳播也不明顯。清統一臺灣後實行的限制入臺政策，使受到挫折的移民活動以私渡的方式繼續發展。在這種情況下，毫無關係的單身移民來到環境陌生的臺灣，其所遭遇的困難，是可想而知的。事實上，當時的移民，不論明渡還是私渡，大都有族人鄉親的牽引，抵臺後也以族緣鄉緣相投靠，以地緣性為主、同時包括一定血緣關係的移民聚落開始出現。到雍正、乾隆年間，在閩臺官員的不斷籲請之下，才三次詔許臺灣墾民回原鄉搬眷，時間雖不長，渡臺門戶卻為之洞開，有力推動了移民的規模和速度。宗族制度在臺灣的形成和發展，主要在這一時期。

　　由於早期渡臺政策限制，臺灣移民中舉族浩蕩的遷徙幾不曾見，多是單人獨戶的進入；即使闔家遷入，也多以化整為零的方式滲透私渡。在抵臺以後，依靠單家獨戶的力量難以進行惡劣條件下的墾殖，便常有同宗不同房系或幾個宗族聯族合作經營出現。如康熙五十二年（1713）王姓與鄭、朱、賴三姓合墾海山堡，乾隆六年（1741）龍溪楊正公與同籍廖、陳、蔡、吳、張、馬等族人合墾臺南大內鄉。因此，早期臺灣的移民聚落方式，以地緣性的聚落為主。他們以宗姓或原鄉的地名來命名新開闢的居地。如南安豐州黃氏族人在臺北聚居的村落叫「黃厝村」，南安玲蘇蘇姓族人在嘉義聚居的村落叫「蘇厝村」，而晉江石井雙溪李氏分布在嘉義、臺北和新竹的聚居地都叫「雙溪村」，南安碼頭楓林村林氏族人在花蓮的聚居地也叫「楓林村」。陳正祥編寫的《臺灣地名手冊》收入此類冠姓地名的詞條八十七個，《臺灣省通志稿》則多達一百六十五個。與這種墾殖環境和聚居方式相適應，早期臺灣移民宗族制度的發育尚不完全，無法按祖籍的房、輩來區分，只能以合股的方式，來奉祀共同的祖先，出現了一種「合約式祭祀公業」的方式。數代以後，隨著後輩的成長，在直親

血緣基礎上形成的繼承式的宗族制度才開始出現。其在臺灣的發展，也不平衡。在移民較早進入的臺南地區，據康熙五十六年（1717）編修的《諸羅縣志》記載，已出現四世同堂、五世同堂，宗族成員中男子達四十八人的大家庭。而移民較晚進入的地區，如臺中和臺北，宗族組織則要晚至乾隆、嘉慶、道光年間才形成。從以祭祀原鄉共同祖先為主的「合約式的祭祀公業」，到祭祀開臺祖先為主的「繼承性宗族」，是宗族制度在臺灣發展的兩個階段。宗族制度的建立，同時也成為臺灣由移民社會向移民定居社會發展的標誌之一。[24]

　　宗族制度在臺灣的確立，可以從有形的族田設置、祠堂興建、族譜編修、族長的設立等方面來考察。但無形的宗族文化對臺灣社會發展的影響，更為深刻。首先，宗族對於移民，不僅是一種血緣關係，還是一種生產組合方式。早期的移民，以血緣和地緣的關係，形成一種勞動組合，是臺灣開發初期的基本特徵。臺灣墾殖史上，記載著大量這樣的例子。如新竹地區的開墾，是同安人王世傑在康熙三十至四十年間，率族親和鄉黨百餘人請墾竹塹埔開發的；下淡水流域的開發主要是康熙年間在府治東門種菜的嘉應州客屬移民，招徠鄉人族親請墾而成的。較大規模的水利設施，也多為同鄉同族合力修建。如惠安楊志申領四個弟弟及族人修築彰化三處水利，晉江張士箱父子聯合族人在臺灣北部修建七處陂圳。其次，宗族文化還起著社會組織的作用。宗族內部，有著嚴格的輩分秩序，形成一種生物學的等級關係。在移民社會形成初期，上層社會管理系統尚難以充分到達社會底層的每一個成員。等級秩序嚴格的宗族制度，便同時起著調節和制衡所有宗族成員的作用，彌補社會管理系統的不足。第三，宗族文化本身就是中華文化構成的部分。中國傳統文化的儒家倫理道德，圍繞著對祖先的崇拜不斷深化和豐富起來。在血親認同的基礎上，以宗族為單

---

24 參閱彭文宇：《閩臺家族社會》（臺北市：幼獅文化事業公司，1998年6月）。

元，形成了封建的宗法體制。事親和忠君是封建倫理道德的核心，以此孕育出中國傳統的人際關係，對宗族制度的維護，實際上也是對宗法社會人倫傳統關係的維護，宗族制度在臺灣的確立，便也意味著中國傳統人文精神在臺灣的播入。第四，宗族組織形成的一整套禮俗規範，通過對成員在心理上、文化上、精神上的「族化」，從思維方式和行為規範上，強化了所謂的「宗族人格」，而且在「敬宗睦族」的觀念指引下，形成了宗族成員的認同感和凝聚力。移入臺灣的宗族，都承襲祖籍的郡望、堂號，以及世傳輩分，標榜自己的淵源、衍派，並定時回鄉祭祖掃墓，延修族譜，以示不忘根本。這一切宗族活動，既強調了與原鄉宗族的認同，也形成了在新土生存的巨大凝聚力。當然，作為封建宗法社會構成基礎的宗族制度，也有著其他一些負面影響。隨著時代的變遷，宗族制度的表面形態已逐漸解體，但其作為歷史積澱的精神價值，依然在發揮作用。

在民俗方面

民間習俗是與民眾生活緊密聯繫的一種約定俗成的規範形態。狹義地說，民俗即是一種生活方式，一種為了生存的需要，無數次循環進行的為群體所認同了的生活習慣和儀式。移民進入臺灣，為了現實生存的需要，也為了懷鄉思親，都把原鄉的生活習慣和儀式帶入新地。特別是福建和臺灣，有著大致相同的自然環境，民俗的引入不會出現太大的障礙。例如在衣、食、住、行方面，食以飯稻羹魚，輔以番薯；衣以單衣短褲，赤足木屐；住以干欄式的民居和源自當地豐富建築材料的石建築房屋；行以輕舟泛海，乘風踏浪。這些大致相近甚至完全相同的生活習慣，來自閩臺共同的山海地理環境，濕潤多雨的自然條件，還可以遠溯至閩越族和臺灣原住民留下的影響。有著較多中原文化積澱的生產習俗、歲時節慶和人生禮儀，則在移民的地緣性

族居聚落中，承繼和延續下來。臺灣漢族移民中的歲時節慶，自初一「開正」到除夕「圍爐」，其間的元宵賞燈、清明祭掃、端午插艾、七夕乞巧、中秋賞月、重陽登高等等，皆與源自中原的福建民俗相同。因此，清丁紹儀在《東瀛識略》中認為：「臺灣皆徙自閩之漳州、泉州，粵之潮州、嘉應州，其起居、服食、祀祭、婚喪，悉本土風，人地無甚殊異。」[25]某些不同於中原的特殊民俗的出現，皆與閩臺特殊的社會環境有關。如拾骨葬，相傳係「宋季南遷，轉徙不常，取先骸而珍藏之，便於攜帶」，[26]與中原移民南遷福建相關。而福建移民入住臺灣以後，由於葉落歸根的尋宗觀念，子孫後代常依先人遺志，拾骨改葬祖籍。後來又受風水觀念的影響，使拾骨葬在閩臺相沿成風。又如養子習俗，它本來源於福建的宗族社會以多子而強房的觀念。移民臺灣以後，因單身男子多，為承祀祖宗香火，不使絕嗣，便廣為盛行。在歲時節慶中，普渡為閩臺最為盛大的一個時節。其原因都因閩臺皆是移民社會，艱辛的移民途中和篳路藍縷的開發過程，多有因疾病、猛獸、饑寒而惡死者。鄉俗以為孤魂野鬼是瘟災疾病的散布根源，便以盛大的普渡齋祭，超度這些無主野鬼，以保驅災避禍。至於某些習俗，隨由時代的更遷而發生嬗變，如結婚禮儀中的文明婚禮，年歲節俗新增的元旦、聖誕等等，則閩臺兩地情況如一。

在神靈崇拜方面

閩臺兩地的先民，本來就有好巫尚鬼的習俗。這是因為古代先民生產力低下，無法認識和戰勝南方濕熱多病和災害頻發的惡劣環境，只好乞求超自然力，巫醫結合，以求平安。所以史書上早有閩人「信鬼神，重淫祀」的記載。明清以後，福建大量移民臺灣，途中風波險

25　〔清〕丁紹儀：〈習俗〉，《東瀛識略》，卷3（臺灣文獻叢刊本）。

26　〈風俗志〉，《諸羅縣志》，卷8（臺灣文獻叢刊本），頁136。

阻，新土瘴癘肆虐、野獸橫行，嚴重危及生存。在巨大的環境壓力之下，移民往往攜帶祖籍寺廟的香火、符籤，乃至地方和宗族的守護神，以求保佑。平安抵臺後，便立廟設祭，並在此後不斷回鄉拜謁祖廟，增修擴建。於是，福建本來就神出多源的宗教和民間信仰便隨同移民足跡所到之處，傳遍全島。來自底層民眾的民間信仰的功利性和實用性，只求靈驗，而不問其神靈系統，即使一石一木，只要能夠卻災避難，便叩頭燒香，相信多一個神靈，便多一份保佑，神靈越多，平安的係數也就越高，這使閩臺的信眾走向多神信仰。西方宗教的排他性，在中國文化傳統的消弭中，化為多神的共存並蓄。其神靈體系，既有從印度傳入經過漢化了的佛教，中國本土的道教，全國性的俗神信仰，以及產生於福建本土的自然神崇拜，神格化了的祖先神、行業神和英雄神崇拜，等等。福建宗教信仰中的各種神明究竟多少，有稱數百，有說逾千，尚無準確統計；臺灣也號稱「神明三百，廟宇逾萬」，都說明其多神信仰的特徵。且臺灣神明絕大部分皆由福建移入（少數來自廣東），其與福建關係十分密切，不僅由福建祖廟分香，連寺廟建築，也多仿祖廟原型，或從祖籍地聘請工匠購置材料赴臺依祖廟仿建，還定期組織龐大進香團，返回祖廟尋根拜祖，或恭請祖廟宗神赴臺「巡境」，從而形成了閩臺的共同祭祀圈。

　　最早傳入臺灣的民間信仰，應屬十七世紀初已在臺灣立廟的保生大帝吳本。吳本原為北宋時醫德高尚的名醫，出生和行醫於福建漳州的龍海，死後演化為能卻病除災的醫神，俗稱「大道公」。康熙《臺灣縣志》卷九「寺廟」條云：「在廣儲東里，大道公廟，紅毛時建。」廣儲東里即今臺南縣新化鎮，「紅毛」為臺灣民眾對荷蘭殖民者的蔑稱。其時鄭芝龍已在臺灣建立據點，保生大帝廟應是隨同鄭芝龍的船隊或墾民由閩南傳入。鄭成功驅荷復臺時，據說曾拜求媽祖相助，還把保生大帝神像供奉船上。所以在攻取臺灣後，翌年便於鹿耳門（今臺南市南區土城）修建媽祖廟，並把由龍海白礁慈濟宮分身而來的保

生大帝神像，供入學甲慈濟宮。於是，保生大帝和媽祖成為最早進入臺灣、香火也最鼎盛的兩尊民間拜祭的神明。至康熙統一臺灣時，已建保生大帝廟二十一座、媽祖廟十座。據乾隆《重修臺灣府志》所載，保生大帝廟在臺灣五大神佛廟宇中，數量居其首，先在臺灣高雄建廟，隨後發展到中部的嘉義、雲林，不久擴展到北部的臺北、宜蘭，宮廟擴增的地方，恰是閩南移民開發臺灣的路線。在晚明至有清一代持續二百多年的移民浪潮中，作為海上守護神的媽祖信仰，更是後來居上。由於籍貫的不同，移民對從自己家鄉寺廟分身而來的媽祖，便也有了不同的稱謂，來自莆仙的稱「興化媽」或「湄洲媽」，來自泉州的稱「溫陵媽」（泉州別稱溫陵），來自同安的稱「銀同媽」（同安別稱銀城）。據一九三〇年對臺灣寺廟的調查，媽祖廟宇已達三百三十五座，保生大帝廟也有一百一十七座，都列臺灣民間信仰的前十位。至今寺廟擴建的數量和規模更數倍於此。媽祖和保生大帝所以為移民信眾所尊崇，當與其海上救難和卻病除災的神職功能密切相關。

　　閩粵移民帶入臺灣的民間神明，當以地方或宗族的守護神為最多。如安溪移民奉請入臺的家鄉守護神清水祖師，惠安移民奉請入臺的俗稱青山公的靈安尊王，漳州移民奉請入臺的開漳聖王陳元光，閩粵客家移民奉請入臺的定光佛，潮汕移民奉請入臺的三山國王等。另如泉州郭姓族人奉請入臺的廣澤尊王，據說因其善庇流寓之人，而成為閩南移民共同尊奉的守護神。而以職司五方疫病的五府王爺，因其分身來源不同，也各有稱謂：來自晉江潘徑鄉的高雄天鳳宮，稱吳王爺；來自莆田南天宮的鳳山北辰宮，稱巫王爺；來自晉江大崙村的臺南保濟宮，稱池王爺；還有來自漳浦的雲林縣福順宮，稱朱、李、池三王爺；來自平和古坑社的嘉義玉賢宮，稱黃、吳、李三王爺等等。另外還有在詔許搬眷後由福州移民奉請入臺的臨水夫人，因其專司護胎育兒，而成為移民共同信奉的婦幼保護神。所有這些神明，都以其來自原鄉，具有安境息民、除災卻病、助業護生的超自然能力而獲得

移民的尊崇，體現了閩臺民間信仰共同的功能性和實用性特徵，成為聚合移民群體和維繫與原鄉聯繫的精神紐帶。

在文學藝術方面

　　文學藝術在臺灣的發展，也深以中原文化的延播而獲得活潑的生機。一方面，作為雅文化的文人創作，自明鄭時代開始，以先後入臺的文人為核心，將中國傳統文學的詩文範式引入臺灣，開了臺灣文學的先河；清統一臺灣以後，又以宦遊臺灣的文人學士為主體，采風問俗，詠懷述志，進一步弘揚了中國文學的傳統精神。在臺灣進入定居社會的過程中，儒學教育的發展，培育成長了一代臺灣本土的知識分子，以關懷本土的創作，把臺灣文學融入在中國文學的傳統之中。其時詩社林立，幾遍全島，即使在日本殖民占據的淫威之下，也盛況不減。一部《瀛海詩集》，所收稍負詩名的作者四百六十九人，而一部《臺寧擊缽吟》，選人的臺灣能詩者，竟達一千二百多人。五四以後，臺灣文化界以與中國大陸新文學運動的同一方向和步驟，推動了臺灣文學的新生。而作為俗文學的傳說、故事、歌謠和諺語，也在移民的帶動下融合了原鄉的母題、原型和語言，發展出新的異本，體現為文化傳播和再生的成果。

在戲曲歌舞方面

　　閩臺先民本來都有歌舞怡神的遺風，明清以後，各種宗教信仰傳入臺灣，更使臺灣祭祀活動極為頻繁。據有關部門不完全的統計資料顯示，臺灣各寺廟供奉的二百四十九位主神，一年累計的祭祀時間達二百四十八天，再加上其他民俗節日，可謂年頭到年尾，無日不酬神。《漢書》稱閩人「好淫祀」，傳至臺灣，更無以復加。酬神必演

戲，娛神亦娛己，是文化生活貧乏的早期移民的一種精神寄託。在這一背景的推動下，來自移民原鄉的各種戲曲歌舞，源源傳入臺灣。連橫《臺灣通史》記及「演劇」一節，云：「臺灣之劇，一曰亂彈，傳自江南，故曰正音，其所唱者，大都二黃西皮，間有崑腔。……二曰四平，來自潮州，語多粵調，降於亂彈一等。三曰七子班，則古梨園之制，唱詞道白，皆用泉音。而所演者則男女之離歡悲合也。又有傀儡班、掌中班，削木為人，以手演之，事多稗史，與說書同。……又有採茶戲者，出自臺北，一男一女，互相唱酬，淫靡之風，侔於鄭、衛，有司禁之。」言及曲調，又稱：「臺灣之人，來自閩、粵，風俗既殊，歌謠亦異。閩曰南詞，泉人尚之；粵曰粵謳，以其近山，亦曰山歌。南詞之曲，文情相生，和以絲竹，其聲悠揚，如泣如訴，聽之使人意消。而粵謳則較悲越，坊市之中，競為北管，與亂彈同。亦有集而演劇，登臺奏技。勾欄所唱，始尚南詞，間有小調。建省以來，京曲傳入，臺北校書，多習徽調，南詞漸少。」其演出盛況，「多以賽神，坊里之間，醵資合奏，村橋野店，日夜喧闐，男女聚觀，履舄交錯，頗有歡虞之象」。[27]今人研究臺灣戲劇源流，分為北管和南管兩大系統。北管指用「正音」演唱的崑腔、皮簧、梆子等北來的劇種，如亂彈、四平戲、京劇以及後來傳入的豫劇、湘劇、川劇、評劇，南管則指以南音為主要唱腔的閩南方言區的劇種，如梨園戲、潮州戲、高甲戲、白字戲等。北管傳入臺灣分為兩路，一路經閩西的寧化、龍岩傳至漳州地區，再隨同移民進入臺灣，稱為「福路派」；另一路由閩西的長汀轉入粵東的梅縣和潮汕地區，再隨同客籍移民進入臺灣，稱為「西皮派」。兩派僅在使用樂器和唱腔上略有差異，卻因為臺灣頻繁的分類械鬥而互相對抗。其他的如採茶戲，源於贛南的民間茶歌、燈舞和花鼓而形成的戲曲，隨閩粵移民流入，早期只有一丑一旦

---

27 連橫：〈風俗志〉，《臺灣通史》，卷23（臺北市：臺灣商務印書館，1996年），頁434-435。

的「對子戲」，後發展為二旦一丑的「三角班」。花鼓戲源於安徽，乾嘉年間經福建傳入臺灣。四平戲從四平腔發展而來，明萬曆間由安徽經江西傳入福建，與當地民間歌舞結合，形成各具地方特色的四平戲。其在閩南，亦稱正字戲，也隨移民流入臺灣。傀儡戲的形成，一開始就與宗教的除煞祈福相聯繫。有學者稱是儺戲的木偶化。其在南宋時已流行福建，南宋西湖老人《繁勝錄》中已有福建傀儡戲在臨安（今杭州）演出的記載。明清兩代，尤為興盛，為婚喪喜慶和酬神祭祀的主要演出形式。木偶戲有提線木偶、杖頭木偶和掌中木偶之分。泉州一帶以南管為主要唱腔，漳州一帶吸收亂彈班的皮簧為主要唱腔，二者都於清代傳入臺灣。

臺灣民間戲曲中，僅有的地方劇種歌仔戲，也是在閩南傳入的民歌和表演形式基礎上形成的。先是漳州一帶的錦歌盛行於臺灣，這種為移民所喜聞樂見的說唱形式，最初在街巷之間流動清唱，稱「歌仔」，後發展成為定場說唱，稱「歌仔館」，再吸收同安傳入的車鼓陣，安溪傳入的採茶歌舞，形成了可以在廣場作簡單化妝表演的「歌仔陣」。清末，歌仔陣吸收梨園戲、四平戲、亂彈的劇目和表演程式，以歌仔說唱為主要唱腔，以漳廈一帶方言道白，形成有生、旦、丑三個行當的「三小戲」，在鄉間穀場廟埕演出，稱「落地掃」。後來在逢年過節、迎神賽會中臨時搭臺演出，歌仔戲便逐漸形成。從這一簡略的歷程中可以看出，作為臺灣唯一的地方劇種，也是移民在原鄉民間歌舞藝術的基礎上，吸收中原相關的藝術營養，從移民臺灣的現實生活中培育出來的，是閩臺文化共同哺育的藝術結晶。

中原文化經由福建東延臺灣，形成了臺灣社會以漢民族文化為主體的文化基礎和發展的主導方向，把臺灣融入到中華社會之中，並以其在臺灣特殊的文化經歷和色彩，進一步豐富了中華文化。文化發展的這種根的再生與回饋，是我們深入認識臺灣文化的價值所在。

第五章

閩臺社會的文化景觀

第一節　閩臺文化景觀形成的環境因素和特徵

　　文化景觀是人類在特定的時間和空間裡，對自然環境進行利用和改造所產生的各種人類可以感知的獨特文化景象。景觀一詞，最初來自地理學，指的是地球表面各種自然景象；十九世紀下半葉為德國著名的地理學家拉采爾引入他的《人類地理學》，第一次提出歷史景觀這一概念，認為它是一個獨特集團的各種文化特徵的綜合體。這一概念在後來的運用中被更準確地定義為文化景觀，強調它是「因人類活動而附加在自然景觀上的各種形式」。儘管不同時代的不同學者在認同文化景觀的概念同時，又不斷對其進行補充和豐富，使這一概念從外延到內涵不斷得到完善。因此，對其界說也不完全一致，但內涵則大致相近，主要包括了以下四個方面：

　　一、文化景觀是作為文化集團的人群，出於某種實踐的需要，有意識地對自然景觀進行利用、改造所創造出的新的景觀，是人群集團在自然景觀基礎上進行的文化「疊加」，反映著某一人群集團的文化行為特徵。

　　二、文化景觀是文化空間分布的特定形態，雖然它潛隱著文化發展的各種信息，但它不是時間意義上文化發展的過程，而是空間意義上文化變遷的結果。

　　三、文化景觀作為文化的凝聚物，是一種獨特的文化景象，它指明了某一區域的文化同一性和與其他區域的文化差異性，成為文化區

劃分的重要指標之一。

　　四、文化景觀可以分為物質性文化景觀和非物質性文化景觀兩種類型。前者是人群在大自然提供的物質基礎上，創造出來的那些看得見、摸得著的文化凝聚物，如城市、鄉村、建築、園林、水庫等，其重要的特徵是可視性；後者同樣也是在客觀物質環境的作用下，人的文化行為所創造的那些雖看不見，卻可以感知的文化創造物，如語言、法律、道德、宗教、價值觀、某些藝術（如音樂）等。它所形成的獨特的文化氣味或氛圍，如同文化區的個性一樣，是一種通過聯想實現的抽象而真切的感覺。

　　文化景觀既然是人群疊加在自然景觀之上的文化創造物，那麼，自然景觀的地理因素和社會發展的人文因素，對文化景觀的形成便具有決定性的作用。在這個意義上，分析文化景觀形成背後的自然與人文的因素，也就成為我們深入認識文化景觀的必經之道。

　　閩臺作為一個共同的文化區，其文化景觀的同一性，很大程度上來自閩臺相同或相似的自然地理環境和社會人文發展。這些影響閩臺文化景觀形成的自然和人文因素，主要表現在以下幾個方面：

　　一、閩臺相似的自然地理環境。從地理位置上看，福建位於中國大陸的東南部，在北迴歸線與北緯二十八度之間；臺灣則隔一道海峽與福建相望，北迴歸線橫穿中部，緯度在二十度至二十五度之間。兩地都屬亞熱帶型氣候，濕潤多雨。這一特定地理位置，形成了閩臺共同的中國南方典型的「飯稻羹魚」的水的文化。從地形上看，福建西北依山，東南面海，中部是大片的丘陵山地；臺灣雖為島嶼，四面環海，中部卻是平行走向的山脈聳立，丘陵山地占了全島面積的三分之二。閩臺這一大致相似的山海兼具的地理環境，一方面把閩臺與中國歷史上的文化發祥地中原地區隔開，使中原文化的南播，因山或海的阻隔無法迅速擴散，只能以層層遞進的方式，先越過長江，再沿三大湖流域南下，進入福建以後，由閩北到閩南，再傳入臺灣。中原文化

進入閩臺都屬二度、三度傳遞，難免帶有再傳地區的某些地域特徵。另一方面，閩臺中部相似的大片丘陵山地，把閩臺內地分割成交往不便的許多小區，從而造成了文化傳播和發展的區域間隔。福建複雜的小區方言文化和臺灣高山族原住民複雜支裔及其文化的長期存在，都與閩臺山地小區複雜的地理環境密切相關，它也帶來了閩臺相同的沿海與內地的文化差別。再一方面，福建東南面海和臺灣四面環海的天然條件，使長期困於逼仄山地環境的閩臺先民，很早就開始了向海拓展的努力，從而形成了閩臺「山處水行」的海洋文化性格和沿海地區較早萌發的商品意識；而臺灣海峽相對平緩的水面，中間還有許多小島陳列，也為隔海相望的閩臺提供了交往與移墾的便利與可能。閩臺相同或相似的地理環境，成為了閩臺文化景觀同一性的物質基礎。

二、閩臺共同的文化淵源。福建文化源自於中原移民攜帶而來的漢民族文化，在吸收融化了福建先民的閩越族文化後，形成了具有福建本土特色的漢民族文化傳統；而臺灣文化則主要是由福建移民將具有福建地域特色的漢民族文化，二度延播臺灣，在與臺灣原住民文化的並立中，發展成為臺灣社會的文化主體。閩臺兩地共同的文化淵源，使其在閩臺兩地形成的文化景觀，無論其物質層面，還是非物質層面，雖有時間的先後和某些本土色彩的差異，卻都是中原漢民族文化在閩臺相似的自然景觀基礎上，利用、改造而創造出來的文化成果，這是閩臺文化景觀同一性的根本原因。

三、閩臺在歷史上都曾是移民社會。福建自西晉末年至宋室南渡，歷時八百餘年，一直是中原漢族移民不斷南來的社會，兩宋時期才進入定居的社會發展階段；而臺灣，自明代末年至清代中葉，也歷時一百餘年，一直是閩粵移民不斷徙入的社會，至十九世紀初才進入移民定居的社會發展階段。共同擁有的移民社會經歷，意味著：一、閩臺社會都有過由以原住民文化為主體的發展階段，向以移民所攜帶的漢民族文化為主體的發展階段轉移的歷史過程。文化的多元存在與

文化主體的轉移，是移民社會文化的特殊現象。文化歷程上的這一時間變化，必然會以空間的形態凝聚下來，使閩臺文化景觀，呈現出多元的文化特徵，保留著原住民文化和移民文化互相融攝和轉移的歷史信息。二、閩臺社會的移民文化，都有著與其移出地的原鄉文化極為密切的關係和在移入地隨著向定居社會發展而出現的本土化進程。前者是移民的文化根源，體現為移民文化懷宗認祖的本根性，後者則是移民所處的文化現實，體現為移民文化認同新土的草根性。二者都無可迴避地凝聚在文化景觀上，既呈現為閩臺社會的一種特定的文化形態，也從中潛隱著閩臺社會文化根源的歷史信息。

四、閩臺都遭受過異族文化的強勢侵入。近代以來，閩臺一直處於西方和東方殖民者虎視眈眈的弱肉強食之中。福建自鴉片戰爭以後，被迫開放福州、廈門為通商口岸，西方文化便源源不斷湧入；而臺灣尤甚，十七世紀中葉即一度遭到荷蘭和西班牙的殖民占領，甲午之後，更淪為日本侵略者的殖民地。西洋的和東洋的文化，倚仗殖民者的軍事與經濟強勢，長驅直入，使閩臺社會在近代以來一直面臨異族文化的壓迫和衝擊。這一特殊的歷史遭遇，帶給閩臺社會的影響極為複雜。尤其是臺灣，在直接的殖民統治下，無可避免地使民族文化受到極大傷害，而沾染了某些殖民文化的氣息。但同時，在社會現代化的轉型中，外來文化的衝擊也帶給傳統文化更新的契機。閩臺先於內地接受西方的現代文化，是在這一複雜的歷史背景下展開的。這一切在對異質文化的吸收中促進傳統文化的現代轉型，作為一種新的人文因素，都在閩臺的文化景觀中留下痕跡。

閩臺文化景觀在上述自然與人文因素的影響下，呈現出某些帶有本質性的總體特徵，主要表現在：

第一，閩臺文化的草根性。漢族文化是一種原生性的文化，是漢族人民從自己實踐生活中創造出來的文化，而不是對於其他民族文化的借用和引入。閩臺的漢族移民，雖然離開了自己的原生地，由中原

到福建，再由福建到臺灣，但並沒有創造另一種文化，而是把移民原鄉的文化播植在新土之上。因此，隨同移民而來的漢族文化，儘管在進入新土以後，會呈現出某些地域性的──或稱本土化的色彩，但並未改變其原鄉文化的本質和原鄉文化原生性的初衷。可以把這種來源於原鄉而播植在新土，從移民生活實踐之中成長起來的文化原生性，稱為移民文化的草根性。它既意味著文化的原鄉根源，也呈現出文化的新土特色，還體現著閩臺文化植根於民眾實踐生活之中的深厚生長基礎。

第二，閩臺文化的邊緣性。無論從自然地理、政治地理、經濟地理，還是文化地理來說，閩臺都處於以中原為中心的中華版圖的東南邊緣。儘管在南宋的特定時代，福建在政治、經濟和文化上曾經有過舉足輕重的發展階段，但與當時作為政治中心的臨安相比，仍未改變其邊緣狀態。臺灣的情況更是如此。這種從地理到政治、經濟和文化的邊緣位置，賦予了閩臺文化種種邊緣化的特性。一方面是以儒家思想為主導的漢族文化，其宗法結構的思想和以中原為核心的觀念，形成了一種巨大的民族凝聚力和文化凝聚力，使閩臺文化在其歷史發展中，無論遇到多大的波折，都有一種強大的民族向心力和文化向心力，作為抵禦異族侵入和異質文化侵擾的有力保障。另一方面，文化的邊緣性，同時也意味著來自中心的文化規約力相對地鬆弛，使邊緣性的文化具有更多的叛逆性和吸收異質文化進行變革的可能。這兩個方面都有著它正值和負值的意義。在閩臺的文化景觀中，我們既看到了它對文化中心的承繼和因循關係，也可以看到在異質文化的影響及傳統文化的變革中出現的某些新的文化特徵。

第三，閩臺文化的多元性。閩臺都是漢族的移民社會。這一概念背後，意味著在漢族移民到來之前，存在著其他的原住民族。福建曾經是閩越族活動的地盤，不過這是在二千年前的秦漢時期。漢以後，閩越族與越族的其他支裔一起，都逐漸融入在漢族之中，閩越文化也

成為漢文化的一個構成部分。今天的福建，閩越族及其文化雖都已不存，但其遺風仍有跡可循，除了比較明顯地保存在與越族有某種親緣關係的畬族文化裡，還沉澱在福建民間的某些文化習尚之中。在臺灣，情況稍有不同。漢族移民的大量入臺，是晚近三、四百年的事。在此之前，臺灣一直是被籠統稱為平埔族和高山族的原住民族活動的領域；漢族移民入臺之後，在文化保護政策上，與原住民族保持著某些互相隔離。今天的臺灣，除平埔族已融入漢族之外，高山族基本仍保留其血統和文化。在這個意義上，福建和臺灣都有著兩種以上的不同的文化基因，只不過在福建，古越族的文化是一種遺習的潛隱存在，而在臺灣，原住民族文化是仍然存活的顯性的存在。我們所看到的閩臺文化景觀，實際上保存了這種多元的文化基因。以福建的民間信仰為例，即保存著閩越族尚巫信鬼重淫祀的遺風；一些地方的蛇崇拜，源自於古代閩越族的圖騰。而在臺灣，漢族地區和原住民地區迥異的文化景觀，更是一道差異明顯的風景，它們共同構成了臺灣文化多元一體的豐富性。閩臺文化的多元性，還在另一個意義上表現出來，即同樣是漢族文化，在不同的小區呈現出略有差異的樣貌。在福建，主要是山嶺重疊、河流交錯的複雜地形，在古代交通不便造成的閉塞，從而形成了不同的文化小區，如福建複雜的方言片和民俗中常見的「十里不同風，五里不同俗」的現象，以及各有所宗的民間信仰等，堪為代表。在臺灣，除了複雜的地理因素之外，還由於移民來源的不同，帶來的地域性文化也略有差異，亦以方言、民俗和民間信仰最為突出。不僅閩粵（福、客）之間有一定文化差別，同為「福佬人」的泉州府和漳州府，乃至同為泉州府中的晉江、南安、安溪、同安諸縣，以及同為漳州府中的龍溪、南靖、平和、詔安諸縣，都有一定的文化差異。閩臺文化的多元性，不僅使閩臺文化景觀呈現出多樣的豐富性，也使閩臺文化景觀有著整合多元走向一體的相容性特徵。

　　第四，閩臺文化的開放性。閩臺的海洋環境，以及歷史發展上的

特殊遭遇，使它較之中原地區更早地處於開放的前沿地帶。這種文化的開放意識表現在兩方面：首先，較之內地建立在亞細亞生產方式之上的自給經濟和鎖閉觀念，有著更為明顯的商品經濟的開放意識。閩臺分別自兩宋和明代末年開始，便憑藉海洋環境，形成了走向世界的商貿意識，商品經濟的發展對小農經濟產生了巨大的衝擊力量。其次，在與異族文化衝突中，從文化的守成走向文化的開放，吸收外來文化的積極成分，為傳統文化的更新進行了最初的努力。近代以來，福建是繼朱熹之後對中華文化貢獻最多的一個時期，如果說，朱熹的歷史功績在於集儒學之大成，為維護晚期的封建社會奠立道學基業，那麼近代以來的福建文化，以林則徐為代表，則為「開眼看世界」的先聲，為中國的現代化打開視野；臺灣則以其現代化的實際成果，為中國的現代化提供先例。文化的開放性，增添閩臺文化景觀的新鮮活力，使閩臺的文化不僅只是歷史的回聲，而且成為現實的塑形。

　　閩臺文化景觀的草根性和邊緣性，從文化的內部關係規約了閩臺文化的本質及其與原鄉文化的密切關係，而閩臺文化景觀的多元性和開放性，則從文化的外部關係，說明了閩臺文化與其他文化的關係。它們互相包容卻又各有側重地表現在閩臺文化景觀的各個層面，是我們深入認識閩臺文化的一個重要提示。

第二節　閩臺文化景觀的分類描述

　　文化景觀通常被劃分為物質性文化景觀和非物質性文化景觀兩大類型，這是就文化景觀的存在形態進行的劃分。但是，物質性的文化景觀常常凝聚著非物質性的文化因素，而非物質性文化景觀又常常有其物質性的文化背景。因此，在對文化景觀進行分類描述時，人們並不僅僅以其存在形態的物質性或非物質性作為唯一的標準，而同時兼顧、甚而更加側重文化景觀的內在性質、特徵和功能，以此作為劃分

的參考。全面地描述閩臺的文化景觀，需要很大的篇幅，這裡我們選擇若干相互關聯的方面，對閩臺文化景觀及其特徵做一些基本的描述和分析。

一　農村和城市

　　農村和城市，是人類對客觀自然環境進行主觀改造所形成的生存場域。自然環境的物質性和經過人類改造後的生存環境的物質性，是農村與城市這一文化景觀的本質特徵。具有不同文化特徵的人群在把自然環境改造成為適宜於自己發展需要的生存場域時，必然會將自己群體的文化特徵，烙印在改造後的生存環境之中。農村是以土地為根基的農耕部族締造的生存場域，它不同於逐水草而居的游牧民族所需要的草原生活環境，也不同於漂泊流動的海洋部族所需的海洋生活環境。從農村到城市，是人類普遍的文明進程。農村的逐漸萎縮、衰減和社會結構上城市化比重的不斷增加，是人類從農業文明向工業文明和後工業文明發展的結果。作為文化景觀的閩臺農村和城市，它的締造和變遷便交錯在這一文明進程之中。

　　首先，閩臺雖然都為瀕海地區，有著傳統的海洋文化的基因。但在北方移民入主閩臺，帶來了中原發達的農耕文明，便改變了閩臺傳統的生產結構，除少數瀕海地區的住民仍從事海上捕撈的漁業生產外，中原的農耕技術在南方的亞熱帶自然條件下，呈現出的生產力優勢，使閩臺都變成與中原相似的農業地區。因此，土地的開發，是閩臺人民對大自然最早的改造。略不同於北方以麥、黍為主的旱地作物，南方濕潤多雨的氣候和縱橫交錯的河網，使閩臺發展了以水田為主的稻作文化，同時也兼及湖海河渠的捕撈和養殖。「飯稻羹魚」，充分體現出南方水的文化的生產特點。閩臺本為丘陵地貌，山地多而平原少，迫於生存需要，近山住民艱辛開發山地，造出層層相疊、蔚為壯觀的

高山梯田；同時利用丘陵山地發展林業，使原始森林和人工植造的杉、松等經濟林木鬱鬱蔥蔥遍布全境。農業生產在歷史上一直是閩臺經濟發展的基礎和主體，這種情況一直到二十世紀，仍無多大改變。

其次，城市的誕生，是十九世紀下半葉以後閩臺社會變遷的標誌。城市的出現，一般有兩種情況：一、城市首先是作為政治、軍事中心出現，而後才逐漸發展成為經濟中心；二、城市的出現首先是由於交易的需要，從經濟中心逐漸成為政治中心。東方國家的城市大多屬於前一種類型，而西方國家城市的出現較多屬於後一種類型。當然也不絕對，歷史的複雜性就在於不同的因素會互相滲透。以閩臺為例，福建的城市出現，更多屬於第一種類型，具有二千二百年歷史的福建省會福州市，是由漢高祖五年（西元前202）封閩越王於東冶，而後為歷代王朝定為省會不斷遷延而來；泉州市的源頭可溯至西晉太康三年（282）設晉安郡、梁析晉安郡立南安郡、唐將南安郡所在地的豐州改泉州，由此不斷發展而來；漳州的設置，《福建史稿》稱其是「為加強對少數民族的統治」，[1]由率兵南下平定「獠蠻嘯亂」的陳元光以其駐驛之地擴建而成。上述三座歷史都達千年以上的城市之建立，都與歷史上的政治布局與軍事行動密切相關，是先將其作為政治中心和軍事中心而逐漸發展起來的。惟獨廈門有些例外，廈門在鴉片戰爭之前，已是由清政府欽定的與臺灣鹿耳門對渡最早的唯一港口；鴉片戰爭之後闢為五口通商的口岸之一，更加速了廈門的城市化進程。因此，廈門是先作為經濟中心而後發展為政治、文化中心的。臺灣的情況也相仿。一方面臺灣的開發時間較晚，是中國封建社會末期的一個新興的農業區，其時商品經濟已較發達。臺灣以米糖為中心的農業生產已越出自給自足的自然經濟範疇，相當大一部分是作為商品進行生產的。另一方面，臺灣從明朝後期以來，一直是國際貿易海路

1　朱維幹：《福建史稿》（福州市：福建教育出版社，1985年12月），頁112。

的一個中轉站，無論與荷蘭、西班牙、日本、東南亞諸國，還是與中國大陸，都存在著密切的貿易關係。其以米糖為中心，兼及其他土特產如鹿皮、鹿肉、樟腦、硫磺等，每年都有大宗的輸出，同時也大量輸入中國大陸的手工業製品，以滿足生產和生活需要。這樣，臺灣城市的發育，便與這一經濟要求密切相關。它具有如下一些特點：一、除了最早形成的鹿耳門所在的臺南市，曾是荷蘭殖民占據的政治與軍事中心，後又為明鄭確立為「東都明京」，是先作為政治、軍事中心，後在鹿耳門與廈門對渡中發展為經濟中心外，其他的一些城市，如南部的「笨港」（後改北港）、旗後（高雄），中部的鹿港，北部的艋舺（臺北）等，都是先行作為與大陸對渡的經濟中心而發展起來的，而後才逐漸成為政治或軍事中心的。二、先行發育的城市主要在海口，都屬於港口城市，後期發育的城市才逐漸向內地深入。三、先期發育的港口城市都以墾殖聚落中心為背景，成為移民聚落的貨物集散地，便利他們輸出農產品，購進生活用品。城市的發展與農村有著密切的聯繫。

　　第三，在農村與城市之間，還存在著一個過渡性的單元——鎮。村莊是從事農業生產的農民的聚居點，為了方便耕作，村莊星羅棋布地座落在大片的田野中間，彼此聯繫不便，一般稱此為自然村。不同的自然村之間存在著某些簡樸而必須的交易，這就需要尋找一個比較中心的自然村，定期定點進行交易，這就形成了墟市。墟市把幾個、十幾個自然村形成一個共同的經濟圈，而墟市這個共同的經濟圈又往往和某個特定畛域的民間信仰祭祀圈相重疊，這就慢慢發展成為市鎮。在行政結構上，鎮政權管轄著村政權。這更使以鎮為單元的經濟圈、祭祀圈和行政圈三者合一，從經濟上、精神上和政治上把分散的村落聚合在鎮的周圍。鎮一頭聯結著村莊，另一頭則伸向城市。農民剩餘的農產品通過鎮輸往城市，而城市的手工業製品則通過鎮，滿足農民生產和生活的需要。閩臺社會的這種村—鎮—城市的結構性景

觀，與中國傳統的社會並無太大差別。

在歷史的進程中，建立在自然經濟基礎之上的中國封建社會，促進了農村的充分發育；而隨著封建社會的沒落和資本主義經濟的到來，社會的現代化進程，在催生城市的發育中，也促使了傳統農村的萎縮和解體。破產的農民──農業的剩餘勞力是經過小鎮流入城市，補充了城市工業化發展所需的勞動力；而城市的現代化影響也是通過小鎮，滲透進亟待啟蒙的傳統的農村。社會的都市化，除了使大城市更加現代化外，主要是轉換鎮的職能，賦予小鎮以城市的現代化性質和規模。社會的都市化進程，集中而強烈地發生在整個二十世紀。就臺灣公布的資料看，臺灣在二十世紀六十年代已基本實現了社會的都市化轉型。其標誌有二：一是市鎮數量的大量增加。五十年代臺灣五萬以上人口的市鎮只有九個，到六十年代已增至三十個，七十年代初達五十個，八十年代已超過六十個。二是都市人口的大量增加。一九五二年的統計，臺灣的都市人口占百分之四十二點六，一九六〇年已超過一半，至一九八五年已達百分之七十八點三。市鎮數量和都市人口的大量增加，同時意味著農村的萎縮和農村人口的遞減。福建的都市化進程雖晚於臺灣，但在八十年代以後，已出現了驟劇轉變。它表明傳統的鄉村與城市的文化景觀正在發生深刻的變化。

二　政治體制和宗族制度

從本質上說，制度是一種文化。人類作為地球上最具有主宰力的動物，是因為人能夠組織成為一個群體，去應對自然界（包括動物）的一切挑戰，從而維繫自己生存和持續的發展。而制度正是人類在組成群體過程中，用以保證社會有序發展和協調個體與個體、個體與群體、群體與群體間關係的規範體系。它覆蓋人類行為的各個方面，大致可劃分為三個層次。第一個層次是社會形態意義上的制度，如原始

制度、奴隸制度、封建制度、資本主義制度、社會主義制度等；第二個層次是社會關係或行為模式意義上的制度，如婚姻制度、經濟制度、教育制度、宗族制度等；第三個層次是社會規範和行為準則意義上的制度，如交通制度、用人制度、考核制度、禮儀制度等。因此，制度形態的文化是文化景觀的重要組成部分。其中尤以社會體制上的政治制度和作為社會基本構成的家庭一宗族制度，最能體現出一個社會的性質和文化特徵。

　　閩臺的社會政治體制是隨著中國歷史的發展而變化的。大致說來，閩臺社會都經歷過原始社會—奴隸社會—封建社會的漫長發展。福建早期的原始社會和奴隸社會情況缺少文獻的描述，只能從有限的考古發掘中進行推論。從武夷山城村遺址考古發掘中同時出土的印紋陶和大量鐵器分析，印紋陶為奴隸時代商周文化的標誌，鐵器卻是奴隸制進入封建時代的特徵，由此推論，福建從奴隸制社會進入封建制社會，大體出現在城村遺址存在的西漢中晚期。從西漢到清末，歷時約二千年，才結束封建社會的歷程。臺灣社會的發展略為遲晚，從迄今僅存的三國《臨海水土志》、《隋書・東夷傳》和元代《島夷志略》三種文獻分析，至少在明以前臺灣還處於原始公社的部族社會階段。直到明朝末年，荷蘭、西班牙的入侵和明鄭政權的建立，才推動了臺灣的社會轉型，清代大量漢族移民入臺拓墾以後，才使臺灣進入帶有某些資本主義因素的晚期封建社會。在這一漫長的歷史發展中，閩臺作為秦漢以來歷代王朝的邊陲國土，中央政府始終以其政治體制進行統轄。秦設閩中郡，在原則上即象徵著將反映中原農耕文明的封建政治制度推及閩越故地，雖然此時福建還處於奴隸制社會，而秦也無力派員對福建進行實際管治。只有漢封閩越王以後，福建進入封建制社會，歷代王朝在福建推行的封建政治體制才有了實際意義。在組織形式上，其一方面以中原的郡縣體制來建立中央對閩臺的轄屬關係，另一方面，由中央政府直接任命和派遣各級官員以實現高度的中央集

權；而在思想統轄上，以儒家思想作為實現社會思想大一統的工具。臺灣封建制的社會雖然發展較晚，但仍依照這一模式從社會組織結構到思想規範進行統轄，只不過明清以來，中國封建社會已進入晚期，內外環境的變化和臺灣遠離中原政治、文化中心的特殊因素，使之從組織體系到思想管轄都處於相對鬆弛的狀態，反映資本主義的新的階級關係和商品意識也就較之內地社會獲得更多發展的可能。

　　中國社會體制發生根本變革以二十世紀初期發生的辛亥革命為轉折。閩臺的社會體制也於此時出現分離狀態。福建在推翻清朝的封建統治之後，進入了半殖民地、半封建社會的特殊發展階段，而臺灣則由於十九世紀末的乙未割讓，變成日本的殖民地。二十世紀中葉以後，中國共產黨領導的新中國的誕生和國民黨政權撤遷臺灣，又使半個世紀來中國大陸和臺灣走上不同的政治體制，中國大陸實行的是社會主義的政治體制，而臺灣仍保持其資本主義社會的政治形態，由此成為近半個世紀來海峽兩岸完全不同的制度形態的文化景觀。兩岸的諸多文化差異，也因這一政治體制上的根本不同而發生。

　　中國漫長的封建時代，使作為封建社會基礎的宗族制度得到了充分的發育。宗族制度最初來源於原始氏族公社的父系家長制社會，其以男性祖先為中心組合在一起的血緣性宗族，在商周兩代的奴隸制時期，演化為具有等級色彩的宗法社會；進入秦漢以後，等級式的宗法性宗族隨著奴隸制的崩潰而瓦解，蛻化為擁有政治、經濟特權的豪門世家的宗族制度，不僅以血緣認同為原則，還以權力為軸心歸附著大批賓客、佃客和部曲。封建社會的發展打擊了帶有等級色彩的豪門宗族，使建立在血緣認同基礎上的宗族，經過儒家思想的改造和深化，形成一套系統的封建宗族制度，不僅孕育了中國傳統的封建社會，同時也成為中國傳統的封建社會的特徵之一。家國同構，家是國的基礎，而國是最大的家，皇帝是最大的家長。所謂「孝親」，擴大到政治領域就成為「忠君」。君君臣臣父父子子的封建倫理觀念，滲透在

整個封建體制及其人文思想之中。

　　福建宗族社會的形成，雖始於西晉末年的衣冠南渡，北方的豪門大族入閩把中原的宗族制度引入福建。但此時以大莊園主為代表兼有權力色彩的宗族，與宋以後盛行民間的宗族制度有明顯區別。其宗族成員的身分差別和大批異姓的附眾，使簪纓貴冑的豪門宗族，只是大莊園主利用族眾和附眾來稱霸地方的政治工具。福建宗族制度的興起主要在宋以後。唐五代的頻繁戰亂使北方流民四散南下，以血緣為紐帶的宗族關係也日漸鬆弛。北宋穩定政局以後，為維持政權統治，便倡導「敬宗睦族」來安定民心。靖康之難，政治中心南移，偏安一隅的南宋政權愈加需要穩定南方政治局勢，為此宋代學者不遺餘力重倡以儒家倫理為規範的宗族制度。朱熹更為宗族制度的完善制定了一套建祠堂、置族田、訂族規、設族長，把所有人都納入血緣宗族之中的制度模式，廣為推行，使宗族制度成為社會管理的基層單位。由於朱熹長期活動於福建，其宗族制度模式，在福建也影響最大，使福建成為建祠修譜、宗風最熾的地區。朱熹的這一套宗族制度模式經過明清的實踐，又有了某些突破。如所祀祖宗已超過朱熹所認定的四代，所建祠堂已脫離民居而自成格局，所置族田也大大擴充，有從家產中分析而出，也有族人認捐或集資購置，不僅用作祭祀，還用以賑濟貧弱和資助教育；另外還盛行修纂家譜，記載宗族歷史、族產沿革、家法族規和譜系分支、人口繁衍的諸種情況，發展成為以祠堂為中心、以族田為基礎、以族譜為標誌的近世宗族制度。

　　臺灣的宗族制度由於福建移民的攜帶，也十分熾盛。不過出現的時間略晚，其主要原因是早期的移民入臺以單身男性為多，其社會組合方式以地緣性的聚落為多，缺少明顯的血緣關係。至清雍正、乾隆年間三次詔許墾民搬眷入臺，才有血親宗族出現的可能。不過由於開放搬眷的時間很短，臺灣漢族中較為典型的血親宗族的出現，要等到道光、嘉慶時期。這些特殊情況使中國傳統社會的宗族觀念在臺灣呈

現出某些不同的特徵。其一，宗族發展在臺灣不平衡。有些地區移民進入較早，在搬眷後經過若干年的發展已形成宗族，如臺南地區，在康熙年間，已出現四世同堂家庭；而有些地區移民進入較晚，如臺東地區，道光以後才得到進一步開發，相對而言，宗族制度也形成較晚。其二，擴大了宗族的界限。在內地，對於宗族的宗脈房派劃分十分清楚，界定也很嚴格。而在臺灣，由於移入單純血親的人口有限，便擴大了宗族的界限，不僅不限制不同的分支房派，甚至連不同衍脈、祖地的同姓，都視為同宗一體。乾隆《續修臺灣府志》就稱：「臺灣聚族鳩金建祠字，凡同姓者皆與，不必同枝共派也。」這種淡化血親觀念的以同姓為同宗的情況，到清代後期，甚至擴大到不同省分。如建於道光十一年（1831）的臺北「全國林姓宗廟」，建於同治七年（1868）的臺南「全臺吳姓大宗祠」，都是不分支派、不分籍貫的同姓共祀。其三，在祭祀方式上，出現了「鬮分式祭祀公業」和「合約式祭祀公業」兩種方式。前者是繼承性的血緣從分產的祖業中析出一部分財產作為祭祀公業，後者是不同分支、房派的子孫，無共同祖產可分，以合股式的方式來祭祀共同的祖先。在移民早期，「合約式祭祀公業」更為普遍，到移民後期「鬮分式祭祀公業」才占據主要地位。它也表明，此時臺灣的血緣宗族已較普遍地建立起來了。其四，早期的移民所祀的主要是唐山祖，並經常還鄉認宗祭祖，保持與祖籍地的密切關係；到移民晚期，在祭祀唐山祖同時，更多地祭祀移民臺灣的開基祖。這一轉變，也成為臺灣從最初的移民社會進入定居社會的標誌之一。

當然，隨著封建社會的崩潰，作為封建社會基礎之一的宗族制度，實際上也已經瓦解。不過，其文化影響仍在社會生活中留下深刻的痕跡。儘管宗族制度已不再起著維護封建體制的權威作用，但不少地方祠堂尚存，譜牒仍在續修，宗族文化繼續起著「敬宗睦族」的維繫宗族歷史記憶的重要作用。特別在閩臺兩地處於人為的疏隔背景

下，宗族關係發揮著維繫兩岸宗親的文化紐帶作用。中國大陸改革開放和臺灣解嚴以後，返回中國大陸省親祭祖認宗和赴臺參加宗親活動的宗族團體絡繹不絕，有著不可低估的意義。

三　方言和諺語

語言是文化的載體，而文化是語言的內涵，語言作為文化的一個構成因素，是我們考察文化景觀的一個重要方面。根據語言學家統計，目前世界上流傳的語言在二五〇〇種以上。依其來源，大致可分為漢藏語系、印歐語系、閃—含語系、高加索語系、阿爾泰語系、達羅毗榮語系、芬蘭—烏戈爾語系、南島語系、南亞語系、愛斯基摩—阿留申語系、非洲語系等十一大類，每個語系下面又分有不同語族和語支。

漢語屬於漢藏語系中的漢泰語族，是世界上最古老的語言之一。漢語作為漢民族的共同語，在漫長的歷史發展中，由於社會的變化、人口的遷徙、山川的阻隔，以及語言內部各種矛盾不平衡的運動，漢語的發展呈現出分化和整合兩種趨勢。一方面，漢語在不同地區的發展分化為七大方言子系，即北方方言、吳方言、湘方言、贛方言、粵方言、閩方言和客家方言。閩方言是漢語七大方言中最為複雜的一支，它還可以分為五大次方言，即閩北次方言、閩南次方言、閩東次方言、閩中次方言和莆仙次方言。每個次方言還有不同的次方言片，同一個次方言片中，還有土語腔調的不同，據說福建有的縣竟有三十多種土語之多。另一方面，從漢語的七大方言區看，北方方言區占有最大的流傳地域，其他六個方言區，都在南方，事實上它是北方方言在南傳過程中受到不同地理環境的影響和融合不同地區的土著語言所出現的歧變，除了語音的差異外，在基本詞彙和文法上並無根本的不同。這一語言運動的走向，也體現了漢族文化以北方的中原為中心向南拓展

的趨勢。因此，漢語的分化過程也潛在著漢語整合的可能。歷史選擇的必然結果是在北方方言的基礎上以北京話為標準音，形成漢語的標準語，以維繫民族內部的交流、團結和民族文化的保存與弘揚。

　　以閩方言的五個次方言為例，閩北方言是西晉末年中原移民定居閩北而形成的，這是福建最早出現的次方言；閩南方言是初唐陳政、陳元光父子率府兵入閩平定「獠蠻嘯亂」駐軍閩南而定型的；閩東方言則是唐五代來自河南固始的王潮、王審知兄弟率部入閩征戰，建閩國於福州而控全境定型的；閩中次方言是明置永安而從閩北次方言中析出；莆仙次方言是閩南次方言和閩東次方言的過渡和雜糅。五個次方言都由北方方言衍生而來。而事實上，在漢語標準語尚未最後形成時，北方方言作為官方語言（所謂官話）起著代替標準語的作用，溝通省內各次方言區，也維繫與其他方言區及中央政府的聯繫。

　　相比之下，臺灣的語言現象要單純一些，主要因為臺灣開發較晚，至明末和清初才有大規模移民由福建和廣東遷入，移民的祖籍地集中在閩南和粵東及少數閩西地區，其通行於臺灣的語言，除少數原住民各自的民族語言外，主要是泉漳移民帶入的閩南次方言和粵東閩西客家移民帶入的客家方言。[2]它們進入臺灣之後，雖有語音和詞彙的某些變化，但極其有限，並無演化成為另一種方言。同福建一樣，作為「官話」的北方方言也在起著溝通不同方言區之間的準標準語的作用。

　　閩臺複雜的方言現象，是閩臺重要的語言景觀。這種特殊的語言景觀，還表現在地名文化、姓氏文化和俗語謠諺等方面。地名的起源往往與自然、經濟、政治、社會相關聯，蘊蓄著歷史發展的信息。姓氏作為血緣的標誌，存在有同姓不婚的婚姻禁忌之外，還具有族群凝

2　一九四九年國民黨政權撤遷臺灣，隨同入臺的軍政人員中包括了中國大陸各省籍的人士，使臺灣的方言變得十分複雜，但他們並不構成一個單獨的方言區。這裡只作一種語言現象考察，而不作為方言統計。

聚力的作用。而諺語作為一種獨特的語言現象，是民眾社會生活經驗的智慧總結，具有十分豐厚的哲理韻味和文化價值。

閩臺都是諺語十分豐富的地區。據《中國諺語集成》的「福建卷」所稱，在福建省一萬多人參加的諺語採錄中，共收集諺語資料七十多萬條，收入《中國諺語集成・福建卷》的也有二萬多條。[3]臺灣未經普查，數量難以統計，但就臺灣稻田出版社出版的《臺灣諺語的智慧》就達八集之多。[4]諺語的起源很早，先秦文獻就有「俚語曰諺」（《尚書》），「諺，俗語也」（《禮記》）的記載，《說文解字注》認為：「凡經傳所稱之諺，無非前代故訓。」明確地指出，所謂諺語，是前代生活經驗的結晶。這是諺語在內容上的特徵；而在形式上，諺語具有通俗上口的口語性，簡約博蘊的精鍊性和寓理於象、節奏鮮明、廣用辭格的藝術性等特徵。它作為人民群眾口頭創作的民間知識總匯，蘊蓄著人類社會廣博的智慧和經驗。閩臺的諺語有許多是相同的，反映出閩人移民臺灣之後將先輩生活經驗也帶入臺灣。例如「少年毋打拚，老來無名聲」，「三分天注定，七分靠打拚」，「輸人不輸陣，輸陣歹看面」等流傳兩岸的諺語，都透露出閩臺人民共同的拚搏進取的精神性格。許多諺語體現著閩臺人民的海洋經驗，有著典型的地理特徵，如同樣流傳兩岸的「一時風，駛一時帆」，「要看看外海，不看看缸內」，「過得海，就是仙」，「䯓曉泅水嫌溪窄」，「討海人請親家，無魚也有蝦」等；許多諺語還反映著不同地區的風俗習慣，如閩南形容惠安婦女的衣飾：「封建頭，民主肚，節約衫，浪費褲」（指惠安婦女的頭飾十分繁雜古典，而衣褲之間要露出肚臍眼，好像很現代、民

3　中國民間文學集成福建卷編輯委員會編：《中國諺語集成・福建卷》（北京市：中國　ISBN中心出版社，2001年6月）。

4　李赫：《臺灣諺語的智慧》（新北市：稻田出版社，2001年）。據收錄講解者李赫　稱，先後在《臺灣自立晚報》副刊、《新生報》副刊、《臺灣時報》副刊刊載，並在　臺灣中廣、警廣、臺北、漢聲等電臺講播，前後歷時七年，後由臺灣稻田出版社分　成八集出版。

主，短衣窄袖似乎很節約，寬大褲筒卻又十分浪費）；七月半是盂蘭盆節，又是稻熟鴨肥時節，閩臺都十分重視，各家設路祭於門口，都宰雞殺鴨，所以有「七月半的鴨仔不知死」的俗諺；元宵觀燈，閩臺風俗，婆婆要帶新婦去看熱鬧，圍觀的人愛將鞭炮扔向女人堆中，常把新娘的裙褲燒出洞來，所以又有「新娘新噹噹，褲底破一孔」的諺語。許多諺語在總結人們生活經驗時，都閃爍著哲理智慧，如「起厝一工，娶某（妻）一冬，飼細姨無閒一世人」，「錢追人財旺，人追錢發狂」，「交官散，交鬼死，交好額，變乞食，交縣差，吃了米」，「人給狗咬，總不能再去咬狗」，「貓哭老鼠沒眼淚」，「老鼠哭貓無真心」等等。這些諺語大多以方言傳達，風趣幽默，別具韻味。它常寓事理、見識、智慧於形象之中，運用排比、對偶、比喻、遞進、倒裝、設問等各種修辭手法，有單句的，也有偶句、三句或四句，節奏鮮明，音韻鏗鏘，不愧是「濃縮的詩」。人們常通過諺語的日常使用，簡練精確地表達思維，也通過諺語的傳播把經過形象概括的老一輩的人生經驗傳遞給後代，使諺語成為一部流傳民間的人生教科書。通過對諺語這一特殊的語言景觀的考察，也能更深刻地認識某地的歷史積澱與人文精神。

四　民俗和民間信仰

　　民俗是由歷史所形成的一種生活方式，是對人的一種規範形態。在傳統的民俗學家那裡，民俗通常指的是鄉民的行為舉止、風俗習慣、民間信仰，以及神話故事、民歌謠曲等，具有集體的、類型的、繼承的和傳播的特點。現代的民俗觀念，傾向於把它從民間傳統文化的精神現象，擴大到物質、制度的文化現象，從鄉民的民俗生活，擴大到全民族的社會生活。這就使得我們在考察民俗的文化景觀時，既要重視它的歷史傳統，也必須剖析它的現時狀態。

　　閩臺民俗的形成和嬗變，經歷了漫長的歷史進程。它最早形成於秦漢之前的閩越族時期。閩臺都具有的越族血統，因此閩臺先民在民俗文化上有許多相同和相似的特徵，如飯稻羹魚、斷髮文身、鑿齒黥面、干欄式的住屋等等。魏晉以後，中原漢族移民徙入福建，至明清時期，福建移民徙入臺灣，把中原民俗帶入福建，再經由福建帶入臺灣，使閩臺民俗在中原民俗的基礎上定型。它一方面是對中原民俗的繼承：中原民俗從魏晉以後開始影響福建，隋唐五代漸成風尚，而至宋便走向成熟。迄今我們尚完整保留的歲時年節習俗，如春節拜年、元宵觀燈、寒食（清明）墓祭、端午競渡、七夕乞巧、中元祭鬼、重陽登高、冬至祭享、除夕守歲，均見載於宋梁克家的《三山志》中，是對中原民俗傳統的繼承。而在婚俗和葬俗中，長期以來都循中原古例，以儒家「六禮」和南宋朱熹制定的「家禮」為規範。昔時嚴於閩教的婦女出門，以「文公帕」蒙面，據說係由一貫主張男女大防的朱熹任同安主簿時所倡。另一方面，閩臺民俗的形成，又是中原民俗在延播入福建之後發生的變異。它主要受到下列一些因素的影響：

　　一、閩越古風的涵化。閩越族雖然在漢代就融入漢族之中，但作為精神現象的閩越民俗，依然在現實中存在，最典型的是閩越食俗的飯稻羹魚，喜愛腥味食品，視海鮮為珍餚的傳統，建立在閩臺的特定地理條件之上，是北方建立在內陸旱作文化基礎上的食俗所難以更易的；又如閩越好祀鬼神的巫覡文化，使閩臺長期具有多神崇拜的信仰習俗，舉凡大樹、巨石、靈禽、猛獸，或風或雨，或人或鬼，甚至一段枯骨、一處山水，只要能避災卻難、賜福降瑞，不問其神靈系統，都可作為信仰對象，帶有古代閩越圖騰崇拜的色彩。至今閩臺鄉眾愛看戲，喜歌舞，特別在迎神賽會上以歌舞戲劇酬神，都有閩越巫覡遺風的影響。這些閩越古俗涵化在中原民俗之中，賦予了閩臺民俗強烈、古樸的地域色彩。

　　二、山海環境的薰陶。中原的內陸環境和閩臺的瀕海環境，有著

很大的差別。以衣食住行為例，在食俗上，除了上面提及南方水作文化的飯稻羹魚與北方旱作文化的麥粟黍稷有很大差異外，北方麵食的引進在福建演化為柔韌、細長且易於保存的「麵線」，是把麵食從家庭操作變為專業加工的一種變異。閩臺引進的番薯補充了個別地區稻米不敷的食物結構，並使地瓜粉成為閩菜烹飪中的重要原料。在衣飾上，北方衣著的厚重禦寒和南方的單衣短褲，涼爽透風，以及赤腳便於涉水的風格，形成不同的景觀。在居住方面，中原多用土木，而南方因地制宜多用石材，為能抗禦地氣潮濕，多有干欄式建築出現。在行的方面，以南方水系繁複，多棄馬行船，繼承了閩越「水行山處」的傳統。由於閩臺的丘陵地勢，山川縱橫，形成了許多閉塞孤立的小環境。中原民俗的傳入不平衡，發展也有差異，形成了「十里不同風，五里不同俗」的特殊現象。如人生禮儀中的壽儀，閩北、閩南、閩東地區，視「九」為凶，多跳躍而過，逢「九」做「十」（即四十九歲做五十歲的生日），而福州、莆田地區，則避男不避女，即女性不怕逢「九」；漳州、龍岩、三明地區，則是逢「一」做「十」，即五十一歲才做五十歲的生日。在歲時年節上，也略有差異，如大部分都在清明掃墓，福州、光澤、邵武在清明到穀雨之間，泉州、漳州、廈門在清明前後十天，而莆田、仙遊地區還有在重陽節或冬至掃墓的。這種不同地區民俗的微小差異，是地理環境的阻隔造成的。

　　三、移民途中的變異。中原漢族移民帶來了中原的民俗傳統，但由於移民途中的歷盡艱辛，以及進入閩臺後的特殊生存環境，常使傳統的中原民俗發生變化。最典型的如拾骨葬，儒家傳統以入土為安，歷來反對移動先人的屍骨。然而由於中原移民入閩和後來福建移民入臺，途中轉徙頻繁，氣候變幻無常，瘴癘疾病頻生，且時遇猛獸傷身，所以途中病亡者多，於是只有取骨骸而珍藏之以便於攜帶，或暫時埋葬，俟安定後重新厚葬或攜回原鄉改葬，由此形成了閩臺普遍的「拾骨葬」，而大異於中原。又如閩臺都重視中元祭鬼，也與艱辛的

移民歷史相關。移民途中死者眾多，且多為單身寡漢，無子無女淪為孤魂。民間流傳散瘟播癘係魂無所寄的孤死者、凶死者所為，為了撫慰這些無主孤魂，使中元普渡成為歲時年節中稍次於春節的一個盛大節日。再如閩臺盛行的「養子」之風，也係早期移民多為獨身男子，為承祀香火，不使絕嗣，而逐漸盛行。臺灣還流行「養女」習俗，也因早期移民入臺，禁帶家眷，形成臺灣男多女少，內地常有的溺女嬰的現象，在臺灣少有發生，反以收養女孩為盛。

四、近代社會的發展。閩臺地處沿海，近代以來首當其衝受到帝國列強的侵擾；西方資本主義的文化也率先進入閩臺，使閩臺民俗在近代以來發生一些重要變化。在以傳統民俗為主導的基礎上，新俗舊俗並存，在不同的社會階層上發生作用。新俗的出現主要在城市接受西方影響較多的上層人士和知識階層中，如飲食方面出現的西餐、咖啡，服飾方面的西裝革履，女子放足、燙髮、穿裙子；居住方面有洋樓、沙發、彈簧床、抽水馬桶；行的方面有自行車、汽車、火車、飛機等；歲時年節方面以西元為紀元，過元旦、慶聖誕；人生禮儀上的新式婚禮和葬禮等等。這些雖來自西方，卻符合社會發展趨向，被納入民俗範疇，成為一種新的生活方式。民俗生活的新舊並存，成為閩臺社會生活的一種重要景觀。

最能體現閩臺同源共流的文化景觀當屬民間信仰。閩臺的民間俗神之多，可能居全國之首。僅據《八閩通志》「祠廟」條所列舉的民間俗神就多達一百一十九個，《福建民間信仰》的作者認為：「實際神靈的數字要多於此數倍甚至數十倍。」[5]而臺灣的民間俗神，大多由福建傳入，再加上由廣東傳入的俗神數量更為可觀，號稱「神明三百，廟宇逾千」，其確切數字也難以統計。

閩臺崇奉的民間俗神，數量如此之多，當與以下幾個方面的原因

5　林國平：《福建民間信仰》（福州市：福建人民出版社，1993年12月），頁32-33。

密切相關：

　　一、閩臺的原住民都有「好巫尚鬼」、「重淫祀」的傳統。在生產力十分低下的百越族時代，人們無力戰勝自然，便寄望於超自然的力量，原始宗教和巫神十分盛行。及至漢武帝滅閩越國，如《史記》所載，連漢武帝也十分推崇越巫，相信越人之勇，乃是「越人俗鬼，而其祠皆見鬼，數有效」。於是「乃令越巫立越祝詞，安臺無壇，亦祠天神上帝百鬼，而以雞卜」。[6]閩越融入漢族之後，其「好巫尚鬼」傳統並未消退，而是與中原傳入的巫術和民間俗神相結合，更深遠地影響於後世。逮至宋元，福建湧現的民間俗神已經逾千，且大多都是本土生長的。明清時期，福建移民臺灣，這些民間俗神隨之帶入，在本來就具有越族血統的臺灣社會，很容易就立足生根，閩臺的「尚巫好鬼」傳統，為民間信仰的滋生提供了豐沃的土壤。

　　二、閩臺都屬亞熱帶海洋性季風氣候區，地理環境複雜，一年四季，雷暴、冰雹、暴雨、颱風不斷，加之早期未經開發，瘴疫流行，猛獸當道，給生命財產造成極大損害。無力抗禦自然災害的閩臺人民只好把希望寄託於超自然力的神靈。凡有能夠戰勝自然的各種徵兆和力量，無論是人是物，都可被奉為神明。在閩臺的民間俗神中以祈雨、祈陽、祈風和驅除疫癘的神明最多。僅就《八閩通志》「祠廟」條載的一百一十九個民間俗神，就有六十九個具有上述驅邪避災職能，占所列舉俗神的百分之六十左右。自然災害是生產力低下的人民走向俗神信仰的動力。

　　三、閩臺先後都曾是移民社會，移民途中的千辛萬苦，突來厄難，都使移民把未來寄託在神明的保佑上。它強化了移民的俗神信仰，加速了民間俗神的傳播。無論北方避難的中原移民輾轉進入福建，還是福建拓墾的移民渡海來到臺灣，常把家鄉俗神帶在身上祈求

6　〔漢〕司馬遷：〈封禪書第六〉，《史記》，卷28。

保佑，有幸安抵目的地，便設祠立廟奉祀，或回鄉還願分香，閩臺民間俗神的共祖同源大多由此而來。

　　閩臺民間信仰中的俗神，少數由中原南傳而來，如天地崇拜、泰山崇拜、關帝崇拜、城隍崇拜等，是全國性的神明；大部分是在歷史發展中由閩臺人民自己創造出來的，具有本土化的趨向。民間的造神過程，是人們在現實中遇到不可逆轉的厄難，而在想像中賦予神明以某種戰勝厄難的超自然力功能。民間俗神的功能性特徵和區域性特徵便由此而來。全能性的神明，在閩臺的民間俗神中只占少數，多數是功能性神明，或抗災禦患，或施醫送藥，或禦寇弭盜，或祈子求財……不同俗神各有不同的職能分工。即如媽祖，最初也只為海神，執掌航路平安；保生大帝最初也只為醫神，主管治病送藥；而村村戶戶都供的土地、灶公最初也只為土神、宅神，保一境平安，五穀豐登。但由於閩臺地區，旱澇無常，瘟疫橫行，盜賊叢生，這三種主要禍害與民生關係特別密切，許多影響較大的俗神，如媽祖、保生大帝等便都兼有祈雨求陽、除災卻病、禦寇弭盜的普泛性職能。俗神的區域性是俗神功能性的另一種體現，不僅各個行業都有自己的行業神明，如戲神雷海青，相傳為唐明皇時的著名樂工，安史之亂中因不服安祿山淫威，擲琴罷奏，而被肢解示眾，唐明皇感其忠烈封為「天下梨園都總管」。又如鐵匠信奉八仙傳說中的鐵枴李，木匠、泥瓦匠都信奉民間傳說中的巧匠魯班等。不同州、府、縣甚至不同宗族也都有自己的保護神，如泉州地區的永春、安溪、德化信奉清水祖師，南安信奉廣澤尊王，惠安信奉青山公主，漳州信奉開漳聖王、三平祖師，福州信奉臨水夫人，閩西和粵東客家多信奉定光古佛等。福建移民入臺以後，這些家鄉保護神隨之帶入臺灣，民間俗神的區域性特徵，便不以地分而以不同祖籍的人分。惟有莆仙信奉的媽祖，不僅發展成全能性的神明，也發展為全民性的神明，不僅閩臺人民供奉，在全國各地，凡有出海之人，都信奉媽祖，信眾據稱達三億之多。

　　與閩臺俗神的職能分工不同，閩臺信眾則是多神信仰。信眾的功利性、實用性，是民間信仰與傳統宗教理念的重大差別之一。閩臺民間信仰的動力是卻災禦難的要求，於是遇什麼難求什麼神，便很自然。這種功利性、實用性的動力使閩臺信眾相信多一個神靈就多一層保護，神靈越多就保護越多。它也推動了閩臺俗神的互相融合，不僅功能趨於一致，同一個寺廟中，也常常祀奉多個神明，以滿足信眾的不同需要，共享信眾的香火。

五　民間歌舞和戲劇

　　閩臺兩地先民都有悠久的歌舞傳統。《漢書》稱閩人「信鬼神，重淫祀」，以歌舞媚神、酬神，便是閩臺先人祭祀的儀式之一，也是原始巫術的一種形式。福建華安仙字潭留下的摩崖壁畫，學界雖有種種解釋，比較共同的一種說法認為是描繪古閩越族祭祀儀式中的歌舞場面。隨著社會的進步，古代閩越族的祭祀歌舞也已基本消失，但還部分地殘留在儺戲、儺舞和個別民間舞蹈之中。如古代越人以鳥為圖騰，每有祭祀，則必模仿鳥的動作而翩翩起舞。今天福建建陽崇雒一帶流傳著的鳥步求雨舞，便保留著越人祭祀圖騰的舞蹈痕跡。它有「高雀跳躍」和「矮雀跳躍」兩種跳法，舞者十多人到數十人不等，圍著熊熊的火焰手拉手有節奏地跺腳、跳躍、搖身、擺手，模仿祈雨過程中鳥類的動作。由於祈雨與農業生產的密切關係，越人在融入漢族之後，使這一圖騰儀式的舞蹈被漢族保留了下來。又如閩南流行的拍胸舞，其動作粗獷豪放，袒胸赤足，拍胸跺腳，節奏強烈，模仿動物的各種動作，許多舞姿與仙字潭的岩畫圖像相似，有學者認為這也是原始宗教祭祀舞蹈的遺存。今天主要用在迎神賽會或節慶踩街之時的表演，亦曾一度淪為乞丐乞食的舞蹈。

　　臺灣原住民的歌舞傳統，歷代文獻多有記載。三國沈瑩《臨海水

土志》，稱其「歌似犬嗥，以相娛樂」，甚至在父母死後也聚眾「飲酒歌舞」。《隋書‧東夷傳》描繪歌舞時的盛況：「一人唱，眾皆和，音頗哀怨。扶女子上膊，搖手而舞。」明代陳弟《東番記》記當時情況：「時燕會，則置大罍團坐，各酌以竹筒，不設餚。樂起跳舞，口亦烏烏若歌曲。」乾隆《重修臺灣府志》所載更為具體：「飲酒不醉，興酣則起，而歌而舞。舞無錦繡披體，或著短衣，或袒胸背，跳躍盤旋如兒戲狀。」這種悠久的歌舞傳統，常在收成、獵歸，或者出征前、祭神中舉行，也在日常的婚喪喜慶中表演，既作為一種儀式，也是一種自娛的活動。這些帶有原始形式的歌舞，常常是圍著熊熊的篝火，群體性地且飲且唱，載歌載舞，或者模仿狩獵時的動作，或者表現戰鬥中的姿態，或者表現圍困野獸，或者象徵驅趕惡鬼，帶有極其濃厚的原始宗教色彩。

臺灣先民的這些原始舞蹈，許多還流傳至今，或在原住民的日常生活中自娛，或經過藝術加工搬上舞臺表演。較流行的如拉手舞，是一種群眾性自娛的集體舞蹈，參加者可多至數十人乃至數百人。由一善歌舞者領頭，一邊高歌領唱，一邊示範舞姿，眾皆隨著拉成圓圈起舞，氣氛熱烈活潑。又如杵舞，與杵歌配合，是古代人們用杵臼春米留下的勞動舞蹈。三、四人一組，持杵環臼而立，模仿春米動作，在隊形變換中且歌且舞，是適宜舞臺表演的一種民間舞蹈。另外還如蘭嶼雅美族婦女的甩髮舞，泰雅族喜愛的口弦舞等，都從遠古流傳到今天，以其強烈的生活氣息而富有頑強的藝術生命力。

閩臺悠久的歌舞傳統，也為民間戲劇的發育，提供了良好的藝術土壤。

早在唐代，福建就有關於排百戲以迎神的記載，[7]至宋，戲劇活

7　詳見《景德傳燈錄》，卷18，記有唐咸通年間，福州玄妙宗大師備南遊莆田，信眾排百戲迎接。

動更趨活躍。時人劉克莊有詩描繪「大半人多在戲場」的觀劇盛況：
「兒女相攜看市優，縱談楚漢隔鴻溝，山河不暇為渠惜，聽得虞姬直
是愁。」此時的戲劇活動多與歲時年節、迎神賽會的民間節日相結
合。乾隆《晉江縣志》云：「泉州上元後數日，大賽神像，裝扮故
事，盛飾寶鐘，鐘鼓震鐋，一國若狂。」晉江一到迎神賽會，則「裝
飾臺閣，窮極珍貝，誇耀街衢，普渡拈香，結拼幛棚，連宵達旦，彈
吹歌唱，釀錢華費，付之一空」。康熙《臺灣府志》，也載漢族移民
「信鬼神，惑浮屠，好戲劇，競賭博」，每逢神誕，或家有喜，鄉有
會，公有禁，「無不興於戲者」。這樣的戲劇環境，對閩臺民間戲劇的
發展，起了極大的推動作用。

　　明清以後，福建移民臺灣，也形成了臺灣逢年過節、迎神賽會必
演戲助興的繁盛戲劇環境。隨同移民帶入臺灣的，既有地方劇種（俗
稱南管戲），如梨園、高甲、車鼓、傀儡等，也有外來劇種（俗稱北
管戲），如亂彈、四平戲等。梨園戲是中國最古老的劇種之一，素有
「活化石」之譽。唐代記事中提及的「百戲」即為梨園。它沿襲宋元
南戲生、旦、淨、末、丑、外、貼七個行當，故又稱「七子班」，唱
腔以保留中原古樂風韻的南音為主，適當吸收閩南音樂和佛教音樂，
在載歌載舞中敷演雜劇故事。梨園在閩南一帶流傳極廣，光緒年間僅
晉江一地就有大梨園（成人班）一百，小梨園（童子班）四十。康熙
三十六年（1697）郁永河奉命臺灣採硫，就看到梨園在臺灣演出的盛
況，其〈臺灣竹枝詞〉云：「戶披鬖髮耳垂踏，粉面朱唇似女郎（原
註：梨園子弟垂髫耳，傅粉施朱，儼然女子），媽祖宮前鑼鼓鬧，侏
偶唱出下南腔（原註：閩以漳泉二郡為下南，下南腔亦閩中聲律之一
種也）。」乾隆年間吳國翰的〈東寧竹枝詞〉亦記：「伶女青娥聳翠
環，場連午夜昌婚蠻，人爭眼采摩肩望，第一時行七子班。」可見梨
園在當時臺灣的影響。又如高甲戲，據稱係由南音系統的梨園加入北
管系統的武戲「交加」而成，「交加」音諧變稱「高甲」或「九甲」。

也有認為是在宋江戲基礎上結合梨園表演程式而成的合興戲，在流傳中再吸收北管的徽班、京班等表演程式和劇目，以脫離宋江戲的窠臼，其唱腔道白均用泉音，故又稱白話戲。傳入臺灣後，仍以武戲擅長，日據後才專演文戲。再如車鼓戲，最初是迎神賽會上的社火表演，因圍觀者眾，便搬上牛車，以簡單動作演唱閩南小調，稱車鼓陣；後受南管戲影響，也在牛車上演出一些以閩南的傳說故事為題材的小戲，稱車鼓弄；最後脫離牛車在地上搭臺演出，即為車鼓戲。因其形式簡易，在臺灣流傳甚廣，經本地藝人改良，有所突破，一般以一丑一旦，且歌且舞，互相對答，形成活潑、開朗、幽默、細膩的表演風格，很受群眾歡迎。臺灣府學訓導有〈車鼓〉一詩記其盛況：「歲稔時平樂事多，迎神賽社且高歌；曉曉鑼鼓無音節，舉國如狂看火婆。」

　　北管戲中以亂彈為著名，《揚州畫舫錄》云：「兩淮鹽務蓄花、雅兩部以備大戲，雅部即崑山腔，花部為京腔、秦腔、弋陽腔、梆子腔、羅羅腔、二黃調，統謂之亂彈。」清代中葉，亂彈興於安徽、湖北、江西，分兩路傳入閩臺，一經閩西寧化、連城、龍岩傳入漳州一帶，一經閩西的上杭傳入粵東的梅縣、潮汕一帶，由福建再隨移民帶入臺灣。臺灣亂彈分西皮和福祿兩大系統，西皮唱腔屬皮簧系統，用京胡伴奏，福祿唱腔近秦腔系統，用椰胡伴奏，在日據之前頗為流行，歌仔戲興起後，才逐漸衰弱。四平戲為弋陽腔流入徽州吸收青陽腔而成，其傳入福建亦分兩路，一路由江西經浦城傳入閩北一帶，稱閩北四平戲；一路經贛南傳入粵東和閩南一帶，稱閩南四平戲。臺灣的四平戲，主要傳自閩南，俗稱大班，其唱腔受潮音戲、亂彈和正字戲影響，吸收不少皮簧、梆子的曲調。臺南黃茂生〈迎神竹枝詞〉中說：「神輿繞境鬧紛紛，鑼鼓咚咚徹夜喧，第一擾人清夢處，大吹大擂四平崑。」

　　在臺灣的諸多劇種中，惟有歌仔戲是臺灣的本土劇種。它的產

生，是閩臺民間藝術共同的結晶。最初隨同漳州移民帶入臺灣的錦歌，受到民眾的喜愛，成為逢年過節、迎神賽會的演唱形式。在十九世紀三十至四十年代移民宜蘭的「貓仔源」、「歌仔助」、「流氓帥」第一批歌手的傳授、推廣下，吸收其他閩南歌謠，發展成為可以述說戲文的「本地歌仔」。在迎神賽會的表演中，吸收車鼓戲的一些簡單身段和表演程式，在遊行隊伍中載歌載舞，成為歌仔陣；遇到觀眾多時便停下圍成場子表演，即為「落地掃」。後來不滿足於「落地掃」的簡陋場地而在廣場搭臺表演，即成歌仔戲。其發展歷程與車鼓戲相仿。歌仔戲誕生後經歷兩個重大變化，一是觀眾成分的變化，「歌仔戲由迎神賽會的民間宗教性活動，到觀眾購票入場的娛樂性、觀賞性演出」；二是「歌仔戲班從業餘的子弟班向職業戲班發展」。[8]專業化以後的歌仔戲，由小戲向大戲發展，程式身段、音樂曲牌、化裝布景、演出劇目也都更多吸收其他劇種的精華成分，並走出臺灣，返回中國大陸和赴東南亞演出，在閩南漳州、廈門一帶傳播。抗日戰爭期間，福建地方當局以歌仔戲為「亡國之音」而予禁演。閩南歌仔戲藝人邵江海被迫放棄作為歌仔戲主要唱腔的「七字調」，糅合閩南民歌獨創「雜碎仔」代替「七字調」，以其唱腔的改良把歌仔戲易名為「改良戲」，繼續去閩南演出。抗戰勝利後，南靖都馬鄉的藝人把改良戲帶到臺灣演出，引起很大反響，改良調因而也被稱為「都馬調」。歌仔戲就這樣在兩岸藝人的共同努力下日趨成熟並定型了。

　　隨著社會的發展，當代閩臺的傳統戲劇活動，已經大量被新的戲劇和歌舞形式，如話劇、舞劇、民族歌舞、芭蕾舞、現代舞等所代替。在福建，近半個世紀來，其他各省的劇種，如京劇、豫劇、評劇、越劇、黃梅戲等也都紛紛湧入，有的已在福建扎下根來，如京劇和越劇。各個地方劇種也都不斷發掘出新的劇目，並進行整理、新編，在

8　呂良弼等：《臺灣文化概觀》（福州市：福建教育出版社，1993年12月），頁108-109。

全國匯演屢屢獲獎，使福建獲得「戲劇省」的稱譽。八十年代以來，兩岸開放促進了文化交流，大陸劇團不斷赴臺演出，展現出新的風貌。臺灣的傳統戲劇活動雖受到電影、電視和新的文藝形式的衝擊，但地方劇種仍在民間和民俗活動中擁有它相對固定的觀眾。九十年代以後，曾經互相隔絕數十年的臺灣歌仔戲和在福建易名的薌劇，出現了在臺灣或在福建的同臺演出的盛況，並舉行了多次學術會議，探討歌仔戲的源流、變遷和改革，呈現出一派欣欣向榮的百花齊放局面。

第六章

閩臺文化的地域特徵

　　閩臺文化是中華文化的一種地域形態。中華文化是幾千年來漢族與各兄弟民族共同創造的文化；因此，廣義地說，閩臺文化應當包括閩臺地區各兄弟民族的文化。不過，由於閩臺社會是以漢族為主體型成的社會，我們通常只是狹義地使用閩臺文化這一概念，它一般是指來自漢族核心地區的中原文化，在播遷閩臺的過程中，因地理環境的不同、歷史發展的差異和與土著文化融合所產生的變異等諸種因素，而形成的一種地域性的亞文化。它具有漢民族文化普遍的本質屬性，又擁有閩臺地區自己的特殊品格。這些由地理環境、歷史進程、經濟與文化發展所形成的特殊的地域特徵，及其所產生的社會影響，應當引起我們特別的關注。

第一節　從大陸文化向海洋文化的過渡：多元交匯的「海口型」文化

　　閩臺文化是一種什麼性質和類型的文化，史學界和文化界並無深入的討論，只在各自的研究中有過一些不盡相同的論述。或者認為閩臺基本上是一種大陸型文化，或者認為閩臺的海洋環境造就了閩臺的海洋文化，或者乾脆認為閩臺不屬於同一種性質的文化，福建是大陸文化，而臺灣是海洋文化，等等。至於研究者是在何種意義上來使用大陸文化和海洋文化這兩個概念，也各有自己的解釋。這就使得我們在討論這一問題之前，必須對大陸文化和海洋文化在內涵上有一個基

本的界定。

　　所謂大陸文化和海洋文化，其提出源自於黑格爾的《歷史哲學》對世界文化類型的劃分。黑格爾在該書「歷史的地理基礎」一節中，把體現出「思想本質上的差別」的「地理上的差別」，劃分為三種類型：一、乾燥的高地、草原和平原；二、巨川大江灌溉的平原流域；三、與海相連的海岸地區。第一種類型以游牧民族為代表。他們漂泊的放牧，不以土地為財富，每年越冬宰殺半數牲畜也使他們無法積累財富，除了「顯示出好客與劫掠的兩個極端」外，「在這些高地上的居民中，沒有法律關係存在」，因此他們常如洪水一般，氾濫到文明國土上，表現出一種野蠻的原始本性。第二種類型以農耕民族為代表。巨川大江的灌溉造成肥沃的土地，使「這裡的居民生活有所依靠的農業，獲得了四季有序的收穫……土地所有權和各種法律關係便跟著發生──換句話說，國家的根據和基礎，從這些法律關係開始有了成立的可能」。但他們以海作為陸地的天限，閉關自守使他們無法分享海洋所賦予的文明。第三種類型以海洋民族為代表。當他們「從大海的無限裡感到自己的無限的時候」，他們便以智慧和勇敢，超越「把人類束縛在土壤上」，「捲入無窮的依賴性裡邊」的平凡的土地，走向大海，進行征服、掠奪和追逐利潤的商業。毫無疑問，黑格爾是以海洋文明作為人類文明的最高發展，來否定游牧文明和農耕文明的。當他進一步以這三種地理類分，來「觀察和世界歷史有關的三大洲」時，這一觀點更暴露無遺。他認為：「阿非利加洲是以高地做它的主要的、古典的特色，亞細亞洲是和高地相對的大江流域，歐羅巴洲則是這幾種區別的綜合。」然而，非洲「還籠罩在夜的黑幕裡，看不到自覺的歷史的光明」，因此「他不屬於世界歷史的部分，它沒有動作和發現可以表現」；而亞洲，雖然是世界歷史的起點，「『精神文明』從亞細亞升起」，但世界歷史是從「東方」走向「西方」，亞洲是絕對的「東方」，而歐洲是絕對的「西方」；「他們和世界歷史其他部

分的關係，完全只由於其他民族把它們尋找和研究出來」。唯有歐洲，才是「世界的中央和終極」，「絕對地是歷史的終點」。[1]

　　黑格爾的世界體系明顯帶有歐洲中心主義的歷史偏見。因此，建立在黑格爾歷史哲學基礎之上的以大陸文化（黃色文明）和海洋文化（藍色文明）來區分東方和西方文化，便也無法走出黑格爾偏見的陰影。其所謂孕育自內陸地區的大陸文化是保守的、苟安的、封閉的、忍耐的，孕育自海岸地區的海洋文化是冒險的、擴張的、開放的、競爭的等等，便是基於這種偏見的言說。儘管黑格爾的海洋文化理論，在解釋人類文明起源和揭示歐洲文明性質上，有著合理的核心，但其片面性和內在的悖論卻常為學界所質疑。為了說明海洋對人類文化（無論是東方還是西方）發展的意義，許多學者傾向於從海洋與人類的關係，在本體論的意義上重新定義海洋文化。本文所討論的閩臺文化性質，也在這個意義上把大陸文化和海洋文化作為一種文化形態，而不作為價值判斷來論析。

　　關於中華文化的性質，近年主持「海洋與中國」多種研究論著出版的楊國楨教授指出：「中華民族的形成，經歷過農業部族爭勝和海洋部族融合的過程，中華古文明中包含了向海洋發展的傳統。在以傳統農業文明為基礎的王朝體系形成以後，沿海地區仍然繼承了海洋發展的地方特色。在漢族中原移民開發南方的過程中，強盛的農業文明，吸收涵化了當地海洋發展的傳統，創造了與北方傳統社會有所差異的文化形式。南中國的沿海地區，長期處於中央王朝權力控制的邊緣區，民間社會以海為田、經商異域的小傳統，孕育了海洋經濟和海洋社會的基因。世界歷史發展進程證明，古代西方和東方的海洋國家，都有依據自己的航海與貿易傳統，發展海洋經濟和海洋社會的可

1　本段的論述和引文，皆見黑格爾著，王造時譯：《歷史哲學》（香港：三聯書店，1956年），頁132-147。

能。」[2]這也就是說，從地理環境上看，橫跨歐亞大陸板塊和太平洋板塊的中國，既有著江河橫貫的遼闊的大陸疆土，也有著曲折漫長的海岸線和星羅棋布的海島，不僅是一個大陸國家，還是一個海岸國家。而從歷史看。中華民族五千年的文明發展，自史前迄秦漢，經歷了東一西向的海洋民族和大陸民族（夷一夏）和南北向的海洋民族和大陸民族（越一漢）的兩次抗爭和融合，都以大陸民族獲得最終勝利。在這一背景上形成的中華民族的發展核心和歷史傳統，既建立在高度發達的農業文明基礎上，也涵化著沿海地區向海洋發展的傳統。正是這兩者的融合涵化，才構成了中華文化博大豐富的內涵。對中華文化這一既以大陸文化為主體、又涵納海洋文化的性質界定，給了我們一個分析閩臺文化的理論框架。

　　毫無疑問，閩臺文化是中華文化的一個部分，它包含了中華文化的大陸文化傳統和海洋文化基因。但必須指出，閩臺的地理環境，恰正是中國大陸的瀕海部分：福建是一個海岸地區，而臺灣是與福建隔一道窄窄海峽相望的海中大島。從歷史上看，福建和臺灣都是中華民族爭勝融合之前的海洋部族活動的地方。在新石器時期的考古發掘中，閩臺多處出土的貝丘文化（如福建平潭的殼丘頭文化、閩侯的曇石山文化，臺灣的大坌坑文化、鳳鼻頭文化等等），都證明閩臺早期人類與海洋關係密切的生活方式。進入文明史以後，閩臺先民的山行水處、善於舟楫，也為古文獻所廣泛記載。近年海外學者從 DNA 的研究中推認，遠在一千年至五千年前的古越族，就曾經從福建或臺灣出發，逐島遷移，橫越整個太平洋，先後南抵紐西蘭，西到馬達加斯加，東達夏威夷和伊斯特島。[3]在中國古代歷史「車轔轔、馬蕭蕭」

2　楊國楨：《明清中國沿海社會與海外移民》（北京市：高等教育出版社，1997年），頁1。

3　參閱史式、黃大受：《閩臺原住民史》（臺北市：九州圖書出版社，1999年9月），頁44-59。

的陸上征戰同時，也充滿了蹈風踏浪的海上用兵的傳奇。自西元三世紀的三國東吳開始，無論南下浮海求夷州和亶州，還是北上通遼金，其「弘舸連舳，巨艦接艫」，所用篙工楫師，皆自閩隅。逮至宋元，以福建泉州為起點的「海上絲綢之路」，「每歲造船通異域」的國際貿易與海上往來，已頗具規模。明代中葉，鄭和七下西洋，多由福建祈風出航，所造艦船和所用水手，也多自閩省。明清之季，雖行海禁，但臺灣海峽作為北上日本，南經東南亞諸國而通歐洲的黃金航道，從未沉寂。以閩人為主的大規模海上商業武裝集團，多以臺灣為據點，將西挽福建、東攜臺灣的海峽，打造成一個閩臺共同的海上貿易區。這一切對於博大悠長的中華文化來說，可能只是一種向海洋發展的文化基因，但對於閩臺文化而言，已不僅僅只是基因，而是占有重要地位的一種海洋文化的存在了。

那麼，閩臺文化是否就是海洋文化了呢？

對這一結論，仍然必須慎重。誠然，海洋文化在閩臺文化中占有重要地位，並成為閩臺文化的一個特殊傳統，但海洋文化並不因此就等於閩臺文化的全部，甚或也不能以此就認為海洋文化是閩臺社會的主體文化和主導文化。這是因為：

第一，閩臺長期納入在中華民族的統轄之中。在漫長的封建社會中，中央對於地方的統轄，既是政治的，經濟的，還是文化的。幾千年來，推動中國社會發展的，是建立在農耕文明基礎之上的大陸文化；在長期的封建社會中，形成了以儒家學說為代表的思想文化傳統和價值體系。這一思想傳統和價值體系不僅主導了中國封建社會的歷史進程，也成為以中原移民為主體建構起來的閩臺社會的文化基礎和發展主導。閩臺所以成為文治社會，並與中原地區取得同步發展，從根本上說，恰正是大陸文化推動的結果。代表著農耕文明的儒家思想，是閩臺文化的核心和支柱。儘管海洋文化深刻地影響了閩臺人民的生活方式和閩臺社會的存在形態，但它並沒有成為閩臺社會構成的

基礎和發展的主導。如果說傳統的話，對閩臺而言，海洋文化依然是中華文化大傳統下的文化發展的小傳統。福建面積十二萬多平方公里，臺灣面積三點六萬平方公里，都不亞於歐洲的一個中等國家。其境內江河流貫，山岳縱橫，陸海交錯。地理環境的多樣，使閩臺境內的原生型文化，不僅只有海岸地區一種類型，也存在著山區內地的其他文化形態。以福建為例，沿海的閩南地區、閩東地區和內陸的閩北地區、閩西地區和閩中地區，其文化差異就十分懸殊。同樣在臺灣，生活於沿海平原的平埔族和生活於高山的部分高山族的文化形態，差別也極大。複雜的地理環境所造成的社會發展的不平衡性和文化形態的多元性，是閩臺文化的另一個特色。不能把閩臺文化僅僅看作只是一種海洋文化，這不僅因為閩臺是以中原為核心的一部分，還由閩臺自身多樣的地理環境和多元的文化存在所決定的。

　　第二，對文化形態進行分類，更多地是從發生學的意義上來說明文化的起源和歷史的進程。隨著社會的發展和科技的進步，今天，日益頻密和便捷的國際間政治、經濟、文化交往，已經超越地理阻遏的圉限。海洋作為地理要素在促進交通和貿易上所呈現的意義，已經大大縮小；昔日因海洋環境所帶來的政治和經濟的輝煌，也已經不再：一個地區的發展，取決於包括海洋在內的更多方面的因素。在閩臺，我們看到，一方面是海洋文化的日益發展，另一方面卻是海洋的文化意義在日漸削弱。這一悖論式的歷史發展提示我們，在今天經濟全球化背景下的文化多元化，用單一的文化形態來界定複雜的文化存在，已經越來越顯出它的尷尬和不宜了。

　　客觀地來考察閩臺文化發生和發展所形成的特殊形態，我以為或許可以用多元交匯的「海口型」文化來給予概括，更為合適。海口，是一個地理學的概念，它通常是用來說明內陸河流與大海交匯的地方。在海口周圍，從內陸所帶來的泥沙沖積而成的三角洲，往往是土地最為肥沃、物種最為繁富，也是人口最為稠密和經濟最為發達的地

方。用「海口」來說明閩臺的文化類型，一方面是對閩臺的地域形態
所進行的概括。福建從地理上說，當然是個陸海交匯的海口地區，而
臺灣雖為海島，但如果把它放在太平洋板塊的大陸棚上來看，仍然是
個「海口」地區。臺灣的東部，亦即亞洲大陸板塊的東緣，是深達二
公里以上的太平洋；而其西部，隔一道百餘里寬的大陸棚淺海──臺
灣海峽，與福建為鄰，其深度一般不超過一百公尺（南部較深，也不
過四百公尺），最淺處僅四十公尺左右。臺灣雖然四面環海，卻很少
從東部與世界發生聯繫，主要從西部接受由福建而來的文化影響。因
此，文化意義上臺灣也是一個「海口」。如果說，福建的「海口」以
陸地為主，接受海浪的衝擊；而臺灣的「海口」，卻是以島的形態站
在海中，接受來自大陸河流的淘洗和積澱。閩臺地域形態的海口，導
致了閩臺文化形態的「海口性」。說閩臺是「海口型」文化，有兩重
涵義。其一，閩臺是大陸文化向海洋文化的過渡。隨同中原移民攜帶
而來的大陸文化，在建構了閩臺社會之後，使大陸文化成為閩臺社會
的主導文化；同時也使大陸文化，在與閩臺的海洋環境中生長並逐漸
發展起來的海洋文化的交匯、融合和涵化中，呈現出新的特色。海洋
文化是浸透在閩臺民眾日常的生活方式與生產方式之中的一種本土性
的文化。大陸文化在進入閩臺之後所出現的本土化改造，其十分重要
的方面便是對於海洋文化的吸收，表現為大陸文化的一種特殊的「海
洋性格」。其二，閩臺臨海的地理位置，在宋元以後的中國歷史發展
上，使它也成為一個廣泛接受各種外來文化的「海口」。無論是阿拉
伯文化、東南亞文化、西方文化、東洋文化，也無論是以和平的貿易
方式，還是以戰爭的殖民方式，或者兩者兼具，通過堅船利炮的威
逼，實現殖民化的貿易，都是從閩臺（還有廣東）最先跨進，然而北
上，進入中國政治、經濟、文化的核心地帶。閩臺作為異質文化進入
中國的「海口」，同時也造就了閩臺文化多元交匯的存在形態。它正
負值俱存地賦予了閩臺文化的開放性和兼容性特徵。特別在近代的發

展中，閩臺得風氣之先地出現了一批「開眼看世界」的先進知識分子，在引進西方先進文化，推動中國社會鼎革中發揮了重要作用。但往往由於歷史的特殊遭遇。和迫於外來殖民力量所造成的毫無設防的開放性，也使閩臺文化沾染了某種盲目的崇外色彩和不加分析地全盤吸收。「海口型」文化的多元化與豐富性，有時也難免顯出蕪雜與混亂，猶如泥沙俱下，龍蟲並存的「海口」一樣，本身就是一種特殊的文化現象。

第二節　從蠻荒之地到理學之鄉的建構：「遠儒」與「崇儒」的文化辯證

　　相對於中原，閩臺都是開發較晚的地區。在古代中原漢族的眼裡，福建為蠻荒之地。它包含兩方面意思，一曰「蠻」，即福建系南方少數民族的地域。所謂「蠻」是對南方民族的總稱。以居於中原的華夏系為中心，有所謂東夷、西戎、南蠻、北狄之稱。依林惠祥《中國民族史》的分類，「南蠻」包括了古代活動於長江流域中游的荊楚系（亦稱荊蠻），和活動於長江以南各省的百越系。閩越為百越系的一個支裔，故稱閩為南蠻之地，並無不對；二曰「荒」，指福建開化較晚，是謂「蠻荒」，這也是事實。漢代中原地區已進入高度發展的封建社會，而地僻東南的福建，還停留在比較原始的部族社會，或以武夷山漢城遺址出土的大量鐵器，而認為進入了由奴隸社會向封建社會過渡的時期。在社會發展階段上遲緩於中原一大截。福建開發，主要在西晉以後，才為南遷而來的中原漢族移民所帶動。逮至隋唐，依然人口稀少，山野荒蕪。隋代對閩中的人口統計，僅一萬二千四百二十戶，即使有所誤差，估計也不滿十萬人口。《三山志》描述唐初的福建，稱其「戶籍衰少，耘鋤所至，甫邇城邑，窮林巨澗，茂木深翳，少離人跡，皆虎豹猿猱之墟。」這是城邑附近的情況，偏遠一些

地方，更是靈禽巨獸，所常盤踞。清《淵鑑類函》引《汀州志》云：
「大曆中，有猴數百，集古田杉林中，里人欲伐木殺之，中一老猴，
忽躍去近鄰一家，縱火焚屋，里人懼，亟去救火，於是群猴脫去。」
清楊瀾《臨汀匯考》說：「猱狿如是，幾疑非人所居。」又《閩書》
亦曾引《爾雅》所載，稱漳浦縣南三十里有梁山，「自宋以來，象常
患稼」；而同書亦記武平縣南一百里，有一象洞，環抱迂迴，稱九十
九洞。昔未開拓時，群象止其中。由此可見，唐以前的福建，大片土
地尚未開闢，人跡罕至，而獸跡出沒，稱之為「荒蕪」，實不為過。

　　臺灣情況，尤為甚之。歷史文獻中，對臺灣情況描寫較詳者，以
西元三世紀三國沈瑩的《臨海水土志》、西元七世紀隋代的《流求
傳》和西元十二世紀元代汪大淵《島夷志略》中的「瑠球」條為著
名。三篇文獻時間相距千年，但所記述的臺灣社會情況大同小異，可
見歷時千載而社會並無太大變化，直至元代，基本上還是由母系向父
系過渡的氏族社會；雖已出現農耕，但還保留著狩獵與刀耕火種的原
始經濟狀態。

　　閩臺的「荒蕪」或未臻開化，是在與同一時期中原的發展相比較
顯出差距的。漢唐以來，中原地區已進入封建社會的鼎盛時期，強大
的政治、經濟，不僅使其在不斷開邊拓土中，疆域擴大，版圖穩固；
而且，在文化上，形成了以儒家學說為核心的一統封建社會兩千年的
主導地位。相形之下，地處邊陲的福建和臺灣，在地理上遠離中原的
同時，也遠離了儒家的政治和文化中心。其未經深度開發的「蠻荒」
狀態，賦予了它文化上的「遠儒性」特徵。這種「遠儒性」──遠離
儒家中心的邊緣性，使閩臺較少或較晚受到儒家正統文化的教化、規
範和制約，從而表現出更多的非正統、非規範的文化特徵和叛逆性
格，也更易接受外來文化影響。

　　由「蠻荒」走向「開化」，是文明發展的必然。福建的發展，主
要在中唐以後，歷經五代閩國，而至兩宋，有一個飛躍的變化。臺灣

的開發，則更晚至明末，才出現大規模的移墾，雖幾經周折，至清代中葉才完成了臺灣與中國大陸一致的社會建構。同樣遲緩於中原的閩臺社會的發展，有三個共同的特點：其一是社會發展的動力，主要依靠北方來的中原移民。在福建，自西晉末年至南宋初立，歷時八百年的幾度中原移民入閩，形成了推動福建社會發展的人口主體；而在臺灣，自明末至清代中葉，持續百餘年的閩粵移民入臺，也成為推動臺灣社會發展的人口主體。無論出於經濟原因還是政治目的，由北而南或越海而來的規模性移民，同時帶動了文化的全面進入，即移出地的文化，隨同成為移入地人口主體的移民攜帶，也成為移入地的文化主體。因此閩臺共同源於中原的漢族文化，便也成為閩臺社會的文化主體與基礎。第二，由移民開發帶動的社會建構，並不止於經濟活動，最終必將落實在文化上面。只有進入文治社會，移民不穩定的遷徙狀態才能進入穩定的、持續發展的定居狀態，這是移民社會普遍的規律。我們所以將福建進入移民定居社會的時限劃在宋代，將臺灣進入移民定居社會的時限劃在清嘉慶，有諸多方面的原因，但其中一個重要的因素，即這時已經完成了社會的文化建構。第三，閩臺社會的文化建構，其突出的特徵和目標是一體化、同步化，在福建是與中原漢族一體和同步，在臺灣是與福建，因此也就與整個大陸社會的一體和同步。這個一體和同步，在文化上即意味著認同和接受儒家文化對社會的教化、規範和制約。這就把尊孔崇儒的思想，擺在了閩臺社會文化建構的首位。

　　事實上，儒家文化南播東延，幾乎與移民同步。在福建，西晉末年第一個移民浪潮出現，同時也意味著儒家文化南播的開始。南來者除豪門大族外，亦不乏文人秀士。史載晉末危京入閩，官建州十六年，即闢庠講經，以儒學為教化。所謂「建人尚知文字，有京洛遺風，實自京始」（民國《建甌縣志》），即記此之盛。此後南陳顧野王、南齊范縝、劉宋江淹、南梁劉溉等，都入閩弁居，以儒家為經

典，講學著述，儒教風範，便於此時開始確立。至唐，高祖詔令各州縣置學，又重視儒者治政，閩地雖僻，亦不能免。初雖簡陋，但至大曆年間李椅和建中初年常袞相續任福建觀察使後，便大力整頓，使之重興。其時已有福建學子，能夠進京與天下舉子一較高低。神龍元年福建第一個進士長溪（今福安）薛令之，官至太子侍講，建中初年晉江歐陽詹與韓愈同榜，都可說明其儒學水平。經過五代王審知的倡揚，及至兩宋，福建儒學之風，已經遍及八閩。在師承有序的代代相沿中，不僅福建學子在科考中，位列全國第一，而且出現了以朱熹為代表的集諸儒之大成，將儒學建成思想體系廣大精微的閩中理學，使福建成為影響深遠的理學之鄉。在臺灣，儒學的傳播，也從明末鄭氏經營臺灣開始，永曆十九年（1665），時局稍定後，鄭氏部將陳永華即提出「建聖廟，立學校」，引入學院、府學、州學的大陸儒學教育體系，並實施「兩年三試」的科考制度，用以選取人才。清統一臺灣之後，將臺灣視同與大陸一樣的地方政權，推行大陸的儒學教育，便成為政府要務之一，也由主管臺灣政務的臺廈道兼理學政；在設置府學、縣學同時，還倡導私學，使社學、義學、私塾和更高層次的書院如雨後春筍；在科舉考試中，也給予額准優惠。凡此種種，都使儒教之風，廣入民間。有清一代，臺灣雖無著名儒者出現，但儒家思想為社會所普遍尊崇，成為規約臺灣社會的主導思想，則與大陸無異。

　　從蠻荒之地到理學之鄉的建構，使「遠儒」與「崇儒」成為閩臺文化構成的一種悖論式的辯證。一方面，吸收了先民某些文化要素和向海發展的文化基因，閩臺文化的原生性成分，迥異於奠立在農耕文明基礎上以儒家為代表的中原文化。這種「遠儒」的邊緣性，非正統、非規範的異質性和叛逆性，形成了閩臺文化性格自由、開放的一面；但同時，隨同移民攜帶並成為閩臺社會發展主導的儒家文化的正統性和規約性，也使閩臺文化在接受儒家正統文化的規約中，具有了「崇儒」與守成的另外一面。二者的互相對立、包容、融攝和涵化，

構成矛盾統一的辯證關係。居於正統地位的儒家文化，對「遠儒」的文化性格起著限制、規約和引導的作用，它使閩臺文化在內涵上以儒家文化為主要成分，循著與內地社會一致的文治方向，日益同步地發展；而同時，閩臺文化原生性成分的「遠儒」性，也以其異質性的文化內涵，包容或涵化在儒家文化之中，使播入閩臺的中原文化呈現出某些本土化的殊異色彩。「遠儒」與「崇儒」的文化辯證，成為閩臺文化在內涵和性格上的一個重要特徵。

　　從本質上說，「儒學」是一種意識形態，是屬於上層的文化，它更多地是以雅文化的形式出現，有著比較完整的系統和嚴密的邏輯，以理性的形態為統治階級支配和服務，成為一種官方文化，自上而下地獲得行政力量的支持和推廣。「崇儒」包含著儒家思想本身和對儒家思想的推崇兩個層面，以本體論和功能論演化為封建時代的思想體系和制度體系，包括政治制度、教育制度、科考制度、宗族制度等，成為覆蓋整個社會的一股巨大力量，維護社會的既定秩序和推導社會的定向發展。而「遠儒」則屬於下層文化，更多地以俗文化的形式存在，滲透在民眾的日常生活實踐之中，成為一種直接的、自發的和由繼承而來的經驗傳統、生活傳統和信仰傳統，在廣大的民間生活中，也成為一股龐大的潛性力量。「崇儒」與「遠儒」的制約和反制約，構成了閩臺文化發展的一種張力。這種制約，不一定都以暴力的手段出現，更多地是以教化的方式予以勸諭和誘導，如《禮記‧王制》所主張的：「修其教，不易其俗；齊其政，不易其宜。」但也並不完全排除帶有暴力性質的強制取締和禁止。比如儒佛的矛盾，常以滅佛的行為出現，是一種十分激烈的暴力手段。但如果不直接和嚴重危及統治階級的政權和思想，則雖行取禁，也要相對緩和一些。比如儒家文化從來主張「未知生，焉知死」，「未能事人，焉能事鬼」，因而提倡「敬鬼神而遠之」。但在閩臺卻一直存在著「信巫尚鬼、重淫祀」的先民遺風，不僅神明繁多、廟宇林立，且各種祭拜佛事成年不斷。此

一民風與儒家思想顯然格格不入。因此閩臺歷代地方政府和儒學人士，在勸導之餘更立法禁止。民國《同安縣志》的「禮俗」卷中就載《福建省例》關於「禁示迎神賽會」的有關規定云：「不准聚眾迎神，並捏造請相出海名目，或棹龍舟，從中漁利」，「不准迎神像赴家，藉詞醫病，駭人聽聞」，「不准道旁添搭矮屋，供奉土神」，「不准非僧非尼，混號降童」，「不准青年婦女入廟燒香，如請花、求子等類，情尤可鄙」⋯⋯不過此類禁例，往往流於形式，民間並不遵從。又如閩臺民間都流行的「拾骨葬」，源於移民遷徙途中，常有災病不侧，為便於攜帶還葬祖籍而盛行，後演化為另覓風水寶地拾骨遷葬。此習俗也遭到封建士大夫的反對，視其為「開掘之罪」而予嚴禁。道光《重纂福建通志》的「風俗」卷中，就載《福建省例》的「刑政例」，規約「切勿焚化親柩，開墓洗筋，自干斬絞重罪，並累地師亦干大辟」，「倘敢聽藐不遵，一經查訪，即以不孝論，立置之法。」再如閩臺重喪葬，違背儒家喪祭之禮甚多，一為大宴賓客，二為喪事喜辦，三延僧道做法事，常遭儒學人士譴責，列為政府禁例。北宋蔡襄以「生則盡養，死不妄費」為「孝之本也」，指責喪事麋費，「不在於親」，乃為「誇勝於世」，斥之為「不孝」、「無禮」和」無恥」。臺灣《諸羅縣志》更載清唐贊袞針對喪事喜辦，歌舞怡樂，而嚴禁「如有妓女膽敢裝扮遊街者，或經訪聞，或各段籤首指名稟送，立准將該妓女拿辦；其妓館查封，招妓之家並分別提究」。「崇儒」的文化制約，雖不能完全改變「遠儒」的文化存在，但在一定程度上抑制了異質於儒家的文化過度膨脹，把閩臺社會和文化基本規範在儒家文化的發展軌跡之上。

閩臺文化邊緣化的「遠儒」性，其最重要的意義在於它造成了閩臺文化的開放性格。較為鬆弛的儒家規範，使閩臺文化在和外來異質文化的交往中，表現出更大的融攝力和兼容性。這一特質在近代閩臺社會的發展中，表現得尤為突出，使近代以來的福建和臺灣，一改過

去步中原之後的舊貌，在推動社會的現代化鼎革中，起了領風氣之先的帶頭作用，閩臺知識分子的在近代社會變革中的先鋒作用、正是閩臺文化這一開放性格所哺育的。

第三節　從邊陲海禁到門戶開放的反覆：商貿文化對農業文明的衝擊

　　邊陲海禁和門戶開放，是中國漫長封建社會海洋政策的兩面，也是以農立國的大陸性農業文明涵化海洋性商貿文明一個爭執的焦點。在禁海和開海的歷史爭論與實踐背後，交錯著尖銳、複雜的文化衝突。無論開海或禁海，瀕海地區的閩臺都關涉其中，既受開海之利，也受禁海之累，使閩臺在開海與禁海的反覆中，突現出商業意識的最初覺醒和商貿文化的異常活躍。中國的海洋文明肇始於距今七千年前的貝丘文化。在長江以北，以遼東半島和山東牛島的大汶口——龍山文化為代表；在長江以南，則以浙江餘姚發現的河姆渡文化為代表，在廣泛分布於江蘇、浙江、福建、臺灣、廣東、廣西和海南的數十處貝丘文化遺存中，典型地表現了南方海洋部族——百越族的文化形態。七千年前的河姆渡文化遺址，不僅出土了大量稻穀遺存和各種農業生產工具，還發現了大批海洋魚類及軟體動物的骨骸和漁獵工具，尤為引人注目的是六支由整塊木料製成的柄葉連體木槳及一支夾炭黑陶獨木舟模型。凡此都表明，距今七千年前的河姆渡人已有了代表南方「水的文化」的稻作經濟和漁獵經濟的發展，還有了與舟楫存在相應的航海活動。年代稍晚於河姆渡的福建平潭殼丘頭文化遺存、閩侯曇石山文化遺存、金門富國墩文化遺存等，以及臺灣的長濱文化遺存、鵝鑾鼻文化遺存、大坌坑文化遺存、圓山文化遺存等，在某種程度上都與河姆渡文化有一定的親緣關係，表現了海洋文明在中華大地上初現的曙光。

　　福建先民作為南方海洋部族百越的一支：閩越，承襲越人「以船為車，以楫為馬，往若飄風，去則難從」的文化傳統，很早便活躍在海上。根據海外學者有關DNA的分析研究，推測大約在五千年到一千年前，就有越人從福建出發，進入臺灣，成為臺灣原住民的族源之一，然後再越過菲律賓向東、向南逐島遷移，漂過浩瀚的太平洋，經夏威夷群島、庫克群島、波里尼西亞群島，向南漂抵紐西蘭，向東到達復活節島。[4]閩臺瀕海先民從「興漁鹽之利」的近海漁獵，到「行舟楫之便」的逐島播遷，典型地表現了早期海洋文明的特徵，為閩臺後來拓展海洋事業奠定了悠久的傳統。

　　然而中國畢竟是一個以大陸文明為主導的農業國家。中國封建社會的上層建築，從政權結構到思想規範，都建立在農業文明的經濟基礎之上。因此農業文明對於海洋文明的涵化，是以其不從根本上動搖和改變這種「國以民為本，民以衣食為本，衣食以農桑為本」的農業社會結構的基礎為限度的。正如黃順力在其《海洋迷思》的專著中討論中國歷代政權的海洋觀時所指出的，中國古代封建統治者對於海洋的態度，一是有限開放性，二是邊緣從屬性（即「陸主海從」），三是守土防禦性。[5]一切以維護農業社會的穩定性為準繩。既可以開放海上門戶，也可以隨時從海上退卻，閉關鎖國，禁絕一切海上交往與貿易。其規律大致是在封建社會處於上升的強大時期，對海洋基本採取比較開放的態度。而當封建社會處於沒落時期，或一旦面臨來自內外的嚴重危機，便立即實行門戶關閉的嚴厲禁海政策。

　　自秦漢至宋元，封建統治者對瀕海地區的海洋實踐普遍持認可的開放態度。秦始皇一統六國之後四次東行巡海，登泰山、臨碣石，野史以尋求長生不老仙藥為解釋，實際上潛隱著「威服海內」的政治目

4　參閱史式、黃大受：《閩臺原住民史》（臺北市：九州圖書出版社，1999年9月），頁44-59頁。

5　參閱黃順力：《海洋迷思》（南昌市：江西高教出版社，1999年），頁51-57。

的和追求海洋之利的經濟動機。漢代在開通陸上絲綢之路同時，又於漢武帝元鼎六年（西元前111）設郡番禺（今廣州），由日南和雷州半島的徐聞、合浦出發，攜「黃金雜繒（絲織品）」，經今之越南、泰國、馬來西亞、緬甸，遠航印度洋東海岸，再從斯里蘭卡經新加坡返航，以中國的絲綢織品換取異邦的珠寶異物，開闢了中國最早一條海上貿易航路。[6]漢代以後，閩越雖已融入漢族，由中原南來的漢族移民，也逐漸成為福建的人口主體，但歷代封建王朝對閩越先人的海洋精神及海上實踐活動，仍持肯定和弘揚的態度。三國東吳，在福建設典船校尉和溫麻船屯，以閩越先人的造船工藝和航海技術，成為東吳在三國對峙中海上作戰的後方基地，不僅北航遼東，還「遣衛溫、諸葛直將甲士萬人」，越海東取臺灣，為見於史載的中國經略臺灣的開始。三國後，隋統一了南北朝的混亂局面，又兩度派羽騎尉朱寬和虎賁郎將陳稜等率兵抵達流球（臺灣），雖均未有收穫，但顯示隋朝封建統治者雖坐鎮中原，卻十分重視經略海洋的雄心。有唐一代，在政治經濟強大繁盛的基礎上，對海上貿易更取積極開放的態度，特令嶺南、福建、揚洲等諸口，對於遠來貿易的外舶番客，「不得加重稅率」，[7]在交付一定的貨稅和官市後，「任百姓貿易」。[8]逮至兩宋，由於北方游牧民族的南逼，戰亂頻仍，經濟重心逐步南移，維持國家龐大的軍事開支，越來越需要海上貿易的厚利支持，所謂「經濟困乏，一切倚辦海舶」。[9]其時福建的泉州，已成為集造船能力、航海技術和會聚番舶客商的東方第一大港。詩云：「蒼官影裡三洲路，漲海聲中萬國商」，足見彼時泉州的海外貿易之盛。隨著北宋元佑年間泉州市舶司的設立，表明了朝廷既招徠番舶來華貿易，也鼓勵國人出海經商，

6　參見陳炎：〈略論海上絲綢之路〉，《歷史研究》1982年第3期。

7　王欽若：《冊府元龜》，卷170。

8　顧炎武：《天下郡國利病書》，卷120。

9　《唐史拾遺》，卷1。

以海上貿易的稅收、利潤，納入國家財政管理的日益鮮明的商業意
識。據趙汝适《諸蕃志》所記，其時與泉州發生貿易關係，已包括東
亞、南亞、西亞和東非四十多個國家和地區。元代的統治者雖為馳騁
馬背的游牧民族，但其橫跨歐亞大陸，分立三大藩的霸業雄心，使之
對東南海事，招商引舶，秉持積極鼓勵的開放態度。泉州仍保持宋代
以來中國南方第一大商港的重要地位。在元世祖忽必烈「每歲招集舶
商，與番邦博易珠、翠、香貨等物，及次年回帆，依例抽解，然後聽
其貨賣」的旨意下，來自波斯、印度、東南亞諸地的外舶麇集後渚港
口，番商聚居泉州南城——俗稱番坊，年長月久，許多還與當地女子
通婚。而同時，中國商人出海經商，足跡遍及東南亞，也有少數定
居於當地，成為最早一批海外移民。據《島夷志略》所載，元時與泉
州發生貿易關係的國家和地區，增至九十多個，貿易量也大為增加。
宋元兩朝，在客觀形勢的推動下，是福建開海貿易最為興盛的一個
時期。

　　然而，明代開國甫乃，卻一改前朝慣例，實行嚴厲的禁海政策。
明太祖洪武四年歲末（1372年1月），首度詔示靖海候吳禎，「仍禁瀕
海民不得私出海」；稍後數日，又喻大都督，謂「朕以海道可以通外
邦，故嘗禁其往來。……有犯者論如律。」此後又於洪武十四年
（1381）、二十三年（1390）、二十七年（1394），三申五令嚴飭「瀕
海民私通海外諸國」，「敢有私下諸番互市者，必置之重法。」洪武三
十年（1397）更頒布了禁海律法和懲罰標準。遂此，有明一代都循
「祖宗舊制」，將禁海作為基本國策。延續到清朝，仍仿明制，也將
「禁海」奉為治國於圭臬。禁海與開海，成為明清兩朝海洋政策的爭
執焦點，且以禁海成為統治者思想的主導，使自漢唐而至宋元逐漸打
開局面的海洋事業，大大地退縮回去。

　　明代為什麼開國禁海？從直接原因分析，由於兩方面的考慮，一
是防止私商的過度崛起，實現封建政權對獲利最豐的海上貿易的控制

和壟斷；二是防止倭寇作亂，侵擾沿海。這兩點確實都威脅到明代封
建政權的安危。首先，從私商方面看，開海貿易的繁盛，使海上私商
集團成為一股不可忽視的勢力。原來自唐開始的海上貿易，有「朝貢
貿易」和「市舶貿易」兩種方式。所謂「朝貢貿易」是外商以進貢的
方式，由朝廷賞賜超過物值的禮品作為回報，在造成「四方來朝」的
政治效應下實現外商與官方的直接交易。而「市舶貿易」則以民間的
方式由外舶與私商進行交易，它培植了一批財大勢雄的海上私商。以
福建為例，五代離亂後，江北士大夫和豪富巨賈多逃難南來，使福建
出現最早一批海上私商。至宋，政治、經濟中心南移，使泉州雄起東
南，市舶司的設立，既吸引海外番商前來，更鼓勵福建海商外出。民
間海商的崛起，刺激了商品經濟的活躍，使絲、瓷、茶、糖等以供應
海外需要為目的的商品生產有很大發展；在一定程度上動搖了封建社
會的經濟基礎和傳統觀念。特別是福建、廣東、浙江的沿海官僚權
貴，在利益驅動下，拋棄重農輕商的思想，違禁以各種方式參與海上
貿易，甚至與市舶司勾結進行走私。民間海商集團在與權力的結合
中，日益坐大。宋元時期，已感到問題的嚴重，而對民間海商在出海
時間、貿易地區、經營範圍給予一定限制；無奈其勢力已成，難以扼
制，只能以「歸徵其稅」來調節政府與私商之間的矛盾。明朝開國伊
始，問題日益尖銳，便採取斷然措施，罷卻「市舶貿易」，獨擅「朝
貢貿易」，企望以嚴禁私商下海，達到削弱民間海商力量，實現對海
上貿易的控制和壟斷。其次，從倭亂方面看，明代的倭亂主要是日本
九州、瀨戶等富於冒險的武士和名主，邀集同夥，轉徙中國沿海，以
貿易為名，伺機為寇，劫掠沿岸居民。如《明史》就載洪武二年（西
元369），「（日本）復寇山東，轉斥溫、臺、明州旁海民，遂寇福建沿
海郡」；三年（1370）又記倭寇掠溫州；五年（1372）再記「寇海
鹽、澉浦，又寇福建海上諸郡」。造成沿海不靖者，還有明朝建立初
期的一部分沿海的異黨勢力如張士誠、方國珍等，在與明王朝抗爭失

利後，下海流竄，為患一方，構成對明王朝統治的威脅。從封建王朝海洋政策的「有限開放」、「陸主海從」和「守土防禦」原則出發，明朝開國輔乃，為維護封建體制和國家安全，而採取嚴厲禁海政策，便在必然之中。其背後，潛隱的是大陸性的農業文明和海洋性的商業文明的衝突。

　　因此，明朝禁海政策的實施，對於民間私商的海上貿易，雖一度起了抑制作用，但最終並無成效，反倒激發了海上私商武裝集團的出現。這是因為：一、自十五世紀末開始的西方地理大發現，打通了東西方之間的海上通道，冒險東來的西方殖民者，開始構築全球性的貿易環境；它也改變了自唐宋以來中國海上絲綢之路的傳統貿易結構。過去中國的海上貿易，無論官商還是私商，主要的對像是東南亞、印度和波斯。西方社會所需的絲、瓷、茶、糖、大黃等中國商品，主要由中東商人轉手，給中東商人帶來優厚的中間利潤。歐洲商人的東來，既可為他們從美洲殖民所獲得的大量白銀在東方找到出路，也能使他們從與東方的直接貿易中賺取巨大利潤。然而明朝的海禁政策，讓他們如意的貿易理想落空，西方的冒險者便露出海盜的面目，轉向與民間海商的走私相勾結，企圖利用武力進一步強開國門。二、從中國社會經濟的角度分析，宋元以來，南方的商品經濟已有較大的發展，絲、瓷、茶、糖等經濟作物的生產，突破了傳統的自給自足經濟限制，形成了外銷的傳統。禁海政策使商品生產因失去銷售渠道而受到壓制，引起社會的不滿；而同時，由禁海政策而倍增的海上商業利潤的刺激，使受到抑制的海上私商重新活躍起來。他們因違禁下海，私通番市，而被官府視同「負海奸民」、「赤子無賴」，甚至稱為「中國叛逆」、「通番巨寇」，屢遭官府的征剿追殺。為與官府對抗周旋，便發展武裝，形成集團。在危機加劇時，更嘯聚亡命，入海為盜，甚至勾引東倭西寇，轉徙劫掠，成為沿海一害。有明一代亦商亦寇的海上私人商業武裝集團，成分和作用都極複雜。他們既代表了應時而來

的商業經濟發展的力量，同時又是對商貿經濟和社會安定的一種破壞
力量。他們在明代的日益坐大，體現的正是商貿經濟發展的要求，並
非一個禁海政策所能抑制和剿滅的。

　　這類海上走私武裝集團，明初以徽州海商為著名，如王直、徐海
等集團；明朝中葉以後，轉以閩粵海商集團為代表，如漳州的洪迪
珍、廣東的何亞八等；到了明末崛起了福建的顏思齊、鄭芝龍等海商
集團，達到高潮。他們以臺灣為據點，專走明代嚴禁的對日貿易，並
與先期而來的葡萄牙、西班牙、荷蘭等殖民者相勾結，經營經東南亞
到歐洲的遠程貿易。他們經過數度火拼融合，最後鄭芝龍集團一枝獨
秀，控制了北通遼金而達日本，南下東南亞而遠航歐洲這一黃金海道
的制海權，所謂「船舶不得鄭氏令旗，不得往來。」鄭氏集團發展到
至盛時，有船兩千餘艘，人員數萬。在其家鄉晉江安平鎮，築城開
港，設官治兵，其港內船舶，可逕通大海，儼然如一獨立王朝。明清
交替之際，扶明抗清的鄭成功正是依靠這支海上武裝力量為核心，以
高額的海上貿易利潤為財政支持，從金廈揮師東渡，驅荷復臺，在臺
灣建立了抗清復明的海上軍事政權，使臺灣不僅成為十七世紀海上貿
易的中轉基地，也成為這一時期政治和軍事鬥爭的中心。從明代開始
禁絕私商入海的統治集團與民間爭利的經濟矛盾與文化衝突，遂此轉
化為交錯複雜民族關係的政治矛盾。

　　清朝統一臺灣以後，海商勢力受到了嚴重的打擊和挫弱，但禁海
政策並不能抵擋已成潮流的海上貿易。清初，意識到大勢難違的封建
統治者，自北至南開放了雲臺山、寧波、廈門、廣州四口。最初以廈
門口岸為最繁榮，清代中葉轉向廣州。但這一「有限開放」的對外貿
易政策，難以滿足西方殖民者的胃口。一八四〇年鴉片戰爭一役，帝
國主義的堅船利炮，轟開了古老中國緊閉的國門。一紙《南京條
約》，強開五口通商。以此發端，喪權辱國的不平等條約，相繼而
來。第二次鴉片戰爭，又逼使清政府開放臺灣的淡水、安平、雞籠、

打狗四口，遂此閩臺便坦露在殖民者的弱肉強食之中。明清兩代封建統治者禁海的結果，不僅延緩了中國社會的進程，而且把中國的航海權和海上貿易權，拱手讓給西方殖民者。直到侵略者強開國門的炮聲，震醒了天朝迷夢，慘痛的教訓才使一代有識之士，提出「師夷長技」、「借法自強」的口號，開始了重返海洋的努力。

　　自明朝開國禁海到清代重返海洋的意識重現，歷時六百餘年。幾經反覆的禁海與開海的曲折歷程。都交錯在閩臺社會的發展之中，使閩臺較之其他地區更敏銳也更深刻地受其影響。一方面，禁海和開海的鬥爭，體現著中央封建王朝以農立國、重本輕末的大陸文明對海洋文明的區限化和邊緣化，使閩臺的海洋傳統受到極大打擊；但同時，禁海所激起的海上私商的反彈，強化了閩臺地區的商業意識和商品經濟的生產，較早地催生了閩臺的資本主義經濟萌芽，動搖了傳統的自然經濟基礎，使商業文化成為閩臺文化的重要內容之一。另一方面，明清以來東西方殖民者對中國從經濟到政治的騷擾、掠奪和強占，使本屬於中國內部統治集團與民間集團利益衝突的開海與禁海的爭執，轉化為國家與民族的矛盾和民族文化與異質文化之間的衝突，首當其衝的閩臺社會在這一矛盾和衝突中，既受到殖民者持強凌弱的屈辱，又從這一矛盾衝突中，較多地吸取了異質文化的某些積極成分，推動了閩臺社會的現代化進程。開海與禁海的歷史文化積澱，賦予了閩臺社會開放的商業文化意識，和堅韌的海上移民與貿易的傳統，也形成了閩臺文化的開放性和多元化特徵。

第四節　從殖民恥辱到民族精神的高揚：歷史印記的雙重可能

　　近代以來，在中華民族屢受東西方帝國主義弱肉強食的歷史屈辱中，福建和臺灣首當其衝。福建和臺灣所受的殖民壓迫和表現出來的

不屈抗爭的民族精神，也就特別突出。

　　早在西方大航海時代到來的初期，最早一輪來自大西洋沿岸伊比利亞島的葡萄牙和西班牙的殖民者，就把他們海外擴張的目標遙遙指向富饒和神祕的中國。一五○五年，企圖把整個東方都置於自己殖民統治之下的葡萄牙王國，委派了第一任「東方總督」，以到東方尋找黃金和傳播基督福音為藉口，開始實施殖民計劃。一五○八年，葡萄牙王國責成葡國東方艦隊司令探明中國情況，在占領果阿和馬六甲之後，即於一五一三年開始進入閩粵海域，以要求貿易為名，「劫奪財貨，掠買子女」；繼而又於一五二二年騷掠福建的浯嶼、月港和浙江的雙嶼，「所到之處，硝磺刃鐵，子女玉帛，公然搬運。」[10]稍後於一五五三年以涼曬貢物為藉口強據澳門，非法取得西方列強進入中國的第一個立足點。在葡、西殖民者之後，荷、英、法、德、俄、美等接踵而來。以鴉片戰爭一役，打開中國國門，實現西方列強瓜分中國的狼子野心。

　　在鴉片戰爭失敗後簽訂的《南京條約》中，清政府被迫開設五口通商，福建以廈門、福州居其二，閩省廣受西方殖民政治、經濟、文化影響，循此而日益加劇。開口岸、闢租界，推洋教，辦學校，不一而足，形成了福建的一個官僚買辦階層。較之福建，臺灣受到的殖民屈辱，尤為深重。著名清史學家戴逸曾指出：「自十六世紀直到抗戰勝利前的四百多年間，據專家研究，臺灣島共遭受外國勢力十六次之多的侵襲與占領。犯境者包括日、美、英、法、荷、西等國家。」[11]尤其是荷蘭和日本的兩次對臺灣的直接殖民占領，前者為時三十八載，後者長達半個世紀。如果說荷蘭的占領，尚在臺灣漢人社會的形成之前，其殖民目的重在經濟掠奪，所具影響很快就為後來的明鄭政

---

10 史澄：《廣東府志》，卷122。

11 戴逸：〈一段不能忘卻的歷史〉，《臺灣同胞抗日五十年紀實》（北京市：中國婦女出版社，1995年）。

權和清政府所逐漸掃除；那麼在日本從一八九五年到一九四五年對臺灣的殖民統治，卻正值臺灣從傳統社會向現代轉型的重要時期。日本的殖民目的也不僅止於經濟掠奪一端，而在於將整個臺灣變成它永遠的國土，其所推行的便是一整套從軍事鎮壓到政治控制，從經濟掠奪到文化改造的全盤同化政策。首先在政治上實行「天皇至上」的殖民政治制度，以代表「天皇」的臺灣總督府為最高的獨裁權力機關，構築嚴密的警察系統和保甲制度，以保證對臺灣民眾從思想到行為的完全控制；其次，在經濟上將臺灣作為日本本土的農業基地和擴大戰爭的後方補給地。以發展滿足日本本土所需的米、糖為主，在農林、工礦、鐵路、港灣、電力、水利、郵電等方面，適度予以現代化的改造和建設，在實現其瘋狂的經濟掠奪同時，使臺灣初具工業化和現代化的規模；第三在文化上推行殖民同化政策。一九三九年，日本在《臺灣總督府警察沿革志第二編》的總序中，坦白承認：「臺灣人的民族意識之根本起源乃繫於他們原是屬於漢民族的系統。」因此他們特別注重從根本上滅絕漢民族文化傳統，消滅臺灣人民的民族意識，代之以日本的文化傳統和歸順「天皇」的臣民意識。一方面，在結束了武裝鎮壓之後，轉向文化懷柔，以所謂「饗老典」（慰勞有社會影響的八十歲以上的老人，號曰「敬老」）、「揚文會」（邀請前清取得進士、舉人、秀才、貢生名分的社會名流，吟詩作對，以示「揚文」），「紳章制度」（給中上層的知識分子頒佩紳章，奉為「士紳」）等來籠絡社會上層人士，瓦解民心；另一方面，則隨著日本對華戰爭的步步深入，強制推行一整套「皇民化」制度，包括取消中文教育，取締漢文報刊，禁絕傳統的宗教信仰和民俗活動，強制普及日語和日文教育，推廣更服改姓，以日本開國之君「天照大神」取代中國神祇，把臺灣民眾編入各種「皇民奉公團體」，等等。長達半個世紀的各種政治化和制度化的強制改造和灌輸，從物質到精神的不同層面，不僅在臺灣由傳統社會向現代社會的轉型中，烙下深深的日本殖民印痕，也在臺

灣民眾的意識形態和精神心態上留下難以消除的殖民傷痕。

　　但是另一方面，異族殖民統治的嚴酷，所激起的民眾的強烈反彈，使異族統治時期，同時也成為民族精神高揚的時期。自十六世紀東西方殖民者接踵進入中國以來，閩臺人民反抗異族侵擾的鬥爭，從未停歇。其中尤以反抗荷蘭殖民統治和反對乙未割臺的一系列鬥爭，最能體現閩臺人民同心抗敵的鬥爭精神。荷蘭據臺，雖只三十八年，但其間發生的較大規模的激烈反抗，不下二、三十起，以發生於一六五二年的郭懷一起義為最著名。據清蔣毓英《臺灣府志》所載，郭氏起義，事發倉促。因未及取得大陸鄭成功軍事力量的支援，為紅毛（荷蘭人）殘酷鎮壓，死難者達四千人之多。數年之後，鄭成功率其閩南家鄉子弟兵，從金門料羅灣揮師出發，就受到臺灣人民的熱烈歡迎，獻圖引路，內應外合，逼使荷蘭殖民者簽盟投降。驅荷復臺一役，有其複雜的社會政治背景，但卻是閩臺人民共同抗擊殖民者的偉大勝利。乙未割臺，與大陸人民的共同抗爭，最為悲壯慘烈。割臺消息傳開，臺灣舉省慟哭。時值京都會試，廣東舉人康有為、梁啟超，會同福建、江蘇等十八省舉人，召開一千二百人大會。接著又聯名臺灣舉子汪春源、羅秀蓮、黃宗鼎等，及各地舉子六百零四人，「公車上書」，痛斥投降派賣臺自保的謬論。汪春源等在京的臺灣舉子和官員還上言都察院，慷慨陳詞：「縱使倭人脅以兵力，而全臺赤子誓不與倭人俱生，勢必勉強支持，至矢亡援絕，數千百萬生靈盡歸糜爛而後已。」在無天可籲、無援可求的情況下，被迫自立臺灣民主國，以示「義不臣倭，願為島國，永載聖清」。在日本強大軍事壓力之下臺灣民主國不及半月，即以潰敗。但臺灣民眾的抗日鬥爭，從未停歇。據一九四七年出版的《臺灣年鑑》稱，「一八九五年劉永福離臺後，至一九一五年的『西來庵』事件，二十年間臺灣軍民同日軍發生的血戰計達百餘次，主要抗日事件九十九件」。著名的如簡大獅起義、柯鐵起義、林少貓起義、蔡清琳領導的北埔起義、劉乾領導的林圮埔起

義、羅隔星領導的苗栗起義、余清芳領導的噍吧哖起義，以及山胞發動的霧社起義等。據臺灣革命同盟會在一九四五年四月發表的《馬關條約》五十週年紀念宣言估計，臺灣人民的抗日鬥爭，「五十年間約犧牲六十五萬人」。在這些鬥爭中，獲得了中國大陸人民，尤其是福建人民的支持。陳孔立主編《臺灣歷史綱要》稱：「在各次起義中，均有為數不少來自大陸（福建）的志士參加義軍，如臺北大起義就有來自廈門的有生力量加盟其中，同時，福建也成為臺灣抗日武裝集團武器彈藥的主要來源地之一，如林李成在廈門期間即得到熱烈支持和資助。臺灣總督府民政局長水野遵也說：『土匪騷動時，常有中國船自廈門方向將火藥等送來臺灣。』此外，流亡福建的抗日武裝集團首領與島內義軍保持著密切的聯繫，並伺機潛回臺灣，繼續指揮抗日鬥爭，其代表人物有簡大獅，林少貓、林李成等」。[12]閩臺人民以臺灣回歸中國為目標，共同投入抗口鬥爭，表現了大無畏的英勇抗爭精神。

　　在武裝反抗的同時，臺灣人民也掀起廣泛深入的文化抗爭運動。針對日本殖民當局以滅絕民族文化為目的的殖民同化政策，從割臺伊始，臺灣的有識者便掀起了一個以「讀漢書、寫漢字、作漢詩」為中心的漢學運動，由素稱文化先進的臺南發軔，逐漸擴展到臺中、嘉義、高雄和北部的臺北、新竹，乃至邊僻的澎湖、臺東、花蓮等地。其以「希延漢學於一線」、「維繫斯文於不墜」為宗旨，各地詩社、文社競立，一時間臺灣能詩者，依人口比例，可能居神州前茅。僅《瀛海詩集》所載，當時稍負盛名的詩人就達四百六十九人，而《臺寧擊缽吟》前集二集所收詩人達一千二百餘人。漢學運動的另一收穫是私學興起，據一八九七年統計，臺灣共有書房和義塾一千一百二十七所，就學兒童一萬七千零六十六人，到了第二年，又激增至一千七百零七所，就學兒童一萬九千九百四十一人，遠遠超過進入日本人設立

---

12 陳孔立主編：《臺灣歷史綱要》，（臺北市：九州圖書出版社1996年），頁349。

的國語（日語）講習所和公學校的生數。[13]書房和義塾修習時限三、四年或七、八年，以讀漢書、識漢字為主，傳播中華傳統文化，對漢民族文化在臺灣淪為異族殖民地後的保存和延襲，起了重要作用。

　　閩臺兩地在近代歷史上共同遭受的殖民屈辱和在殖民屈辱中高揚的民族精神，是閩臺社會發展的一段難忘的特殊遭遇，也是閩臺人民不屈鬥爭的一個感人至深的精神寫照。它必將深刻地烙印在閩臺的社會生活和民眾心理之中，甚而深遠地影響了閩臺社會後來的發展。這種歷史印記，同時表現為正負兩個方面。就臺灣而言，長達半個世紀日本殖民統治從政治到經濟的強制體系和文化灌輸，又在回歸之後疏隔於中國大陸半個世紀，在國民黨政權腐敗獨裁的陰影之下，從某種方面說，使一部分從殖民背景下成長的臺灣民眾，在歷史體驗上與中國人民存在差異，中國意識和民族意識也由此有所淡漠，由於日語教育的強制灌輸，在文化認同上也產生某些隔閡。殖民地印記的傷痕，是今天臺獨思潮的歷史原因。許多臺獨分子正是在日本殖民政治的哺育下成長起來。老死在日本的早期臺獨分子王育德，就在《苦悶的臺灣》一書中公開聲稱：「臺灣人由於日語和日本文化而從封建社會蛻變到現代社會，因此日語似乎可以說給臺灣人帶來了相當大的質變。」語言引起的質變，「規定思考方式和世界觀」，其「背後的文化體系的優劣對這一點發揮極大的作用。」曾為國民黨政權的「總統」，卻拋出「兩國論」和「七塊論」以支持臺獨的李登輝，也是在日本的體制和教育下長大並為此念念不忘的。他在《臺灣的主張》中自稱為自己的成長經歷慶幸，出生在一個父親畢業於日本警察學校的屬於臺灣「菁英階層」的刑警家庭，「自幼接受日本教育，受過日本文化的薰陶」，從小學到大學「都讀的是日本書」，還當過「日本少校

---

13 以上數字，均據陳碧笙：《臺灣地方史》（北京市：中國社會科學出版社，1982年），頁289-290。

軍官」。為此他寧肯說自己是日本人，而不承認是中國人。這種認賊作父的「日本情結」，正是日本殖民統治和教育所結的惡果。正如一位富有良知的日本學者所指出的：日本殖民當局在臺灣所推行的是「企圖使臺灣人忘掉民族性的痴化教育」，這是「比任何血醒的鎮壓，還要來得野蠻的」「巨大的惡」。所有這一切，正是負面的歷史印記，留給臺灣社會發展的深重災難。

第七章

閩臺特殊的社會心理與文化性格

　　社會心理是人們在社會生活中發生、並能互相影響的一種普遍的精神現象。人在本質上是一種社會動物；人的生活的社會性，使社會生活環境成為人的社會心理的物質基礎。然而社會的形成是歷史長期發展的結果，因此，社會環境既是一種現實的關係，同時又潛在著豐富的歷史、文化信息。一般的社會心理，是現實社會環境對生活主體（人）的刺激所產生的反映；而某些具有地域特徵的特殊社會心理和文化心態，則更多受到社會進程中歷史文化因素的影響。本章所將討論的主要是由歷史文化積澱而來的具有地域特徵的特殊社會心理和文化心態。由於社會心理具有外現性的特點與功能，居於社會控制和社會行為的中介地位，是社會行為的心理基礎。因此，研究和剖析社會心理和社會普遍的文化心態，不僅是深入研究社會的一個重要視角，而且具有重要的現實意義。

　　福建和臺灣都是中原漢族南徙先後建構起來的社會。移民和移民社會，是閩臺特殊社會心理和文化心態形成的重要歷史背景。儘管閩臺移民社會建成的時間不同，後來的社會發展也存在差異，使閩臺淵源於共同歷史、文化背景的特殊社會心理和文化心態，有些在福建保留得更多，有些在臺灣表現得更突出，有些甚至在此岸或在彼岸已逐漸淡失，但其基本形態及存在的承遞關係，並未根本改變，仍是我們追溯閩臺文化關係，分析當前社會的一個學術價值與現實意義並重的研究視角。

　　閩臺特殊的社會心理，突出地表現在以下幾個方面：

第一節　祖根意識和本土認同：移民文化的心理投射
——兼論「中國意識」與「臺灣意識」的形成和變化

　　福建與臺灣，都是以中原漢族移民為人口主體而建構起來的社會。只不過福建移民社會的形成，為時更早，是從西元四世紀到十二世紀由中原的漢族移民直接進入的；而臺灣，從十七世紀中葉開始至十九世紀初葉由中原定居閩粵的移民再度遷入。閩臺社會歷史上共同的移民經歷，使閩臺文化具有鮮明的移民文化特徵。反射在民眾的文化心理上，其重要的一個方面，就表現為既不斷追問「我從哪裡來」，又十分關切「我是在哪裡」。這種對於「前在」的追本溯源的祖根意識，和對於「此在」的本土認同，構成了移民文化心態的一體兩面。

　　尊祖敬宗，重視血脈傳承，是中國傳統文化的核心觀念之一。這是因為中國是一個以中原漢族為核心、以農業文明為基礎建構起來的國家。農業生產對於土地的依賴性和土地開發需要較長時間的累積性，以及從播種到收穫相對穩定的週期性，都要求把人固定在土地上，形成一種穩定的人地關係。它不同於北方游牧民族逐水草而居的流動性，也不同於南方海洋部族「水行而山處」的漂移性，無論在生產方式或生活方式都有很大的區別。土地的開發需要逐代延續進行（如中國古代寓言〈愚公移山〉所描寫的那樣），因此土地的繼承是農耕民族最重要的財產繼承。這種繼承，既是收穫權的繼承，也是經營權和開發權的繼承。因為土地是祖業，祖業是不能輕易丟棄的，「安土重遷」便成為以農為本的中國人最重要的行為規範之一。中國的宗族制度，便是建立在這種牢固的人地關係基礎之上，並以血緣進一步鞏固這種人地關係。在宗族關係的金字塔式的結構之中，居於塔尖的祖宗，既是血緣延續的源頭，也是宗族基業的開創者，所謂「開基祖」是也。它形成了一種以血緣關係把人與土地聯結在一起的網絡

結構，成為中國社會構成的一個基本的單元。家國同構，家是國的基礎，國是家的擴大，國族是宗族的延伸，宗族與民族有著天然的關係。不過，在歷史的發展中，相對說來，土地是一個常數，而宗族人口卻是一個不斷繁衍的變數。當相對固定的土地不再能夠滿足人口發展的需要時，必然引發人口向土地更為富裕的地區遷徙（當然人口遷徙還有其他方面的原因，這裡姑且不論），這種遷徙必然引起宗族的分化。為了維繫宗族關係的存在，人們便以族譜或其他如姓氏、郡望、堂號、字輩等形式，來表明宗族血緣的承襲。於是千百年來，譜牒作為中國社會史的一個側面──宗族史，便成為防止宗族失憶的一種有效的手段而繁榮和流行起來。然而，並非所有的宗族都能修譜，尤其是一些小姓弱族。而人口外徙往往是這些小姓弱族，或大宗族中的弱房為主。於是，原鄉記憶便作為宗族記憶的補充和擴大，成為聚合散人異鄉的「原鄉人」的一種更為寬泛的聯結方式。原鄉的外延可大可小；同一村莊、同一區縣，甚至包含幾個區縣的同一個方言區，都可以是原鄉。它從另一個側面表明了移民追問「我從哪裡來」的強烈的祖根意識，這是中華民族從自己生存方式的本根上形成的一種區別於西方民族的傳統文化觀念。

　　閩臺社會的移民經歷，使閩臺民眾的文化心理中都有強烈的祖根意識。北方南下入閩的中原移民，雖然早者已歷千載以上，近者也七、八百年，人口繁衍和變化太大，具體的宗祠族源已無從追溯，但福建人自稱來自河南固始，在姓氏郡望上標明中原某某衍派，比比皆是，表明對自己根系的追索不敢忘卻。臺灣的移民大都發生在近二、三百年，在時間上距今較近，宗族的記憶、原鄉的記憶不易喪失。早期的移民禁帶妻眷，往往單身而往，春去冬返，宗族的分支形成略晚。後來的移民又大多在各種禁令下以私渡的方式滲透入臺，都靠鄉親族人牽引，形成同鄉同族聚合而居的村社群落，這使他們把宗族觀念擴大為原鄉觀念，與原鄉原族保持緊密的聯繫，一有可能便組織回

鄉祭祖認宗。而且在清代頻頻發生的因利益衝突而釀成的分類械鬥，也從另一個側面強化了移民的原鄉觀念和原鄉組織。乙未以後日本殖民者強制進行的以滅絕漢民族文化為目的的殖民同化政策，激起民眾的反抗，更是將原鄉意識發展成為包容更加廣泛的民族意識、國家意識，祖根已不僅是宗族的、原鄉的祖根，而且是民族的、國族的祖根。這一切都表明了清代以來形成的臺灣移民社會，祖根意識並由此進一步演化的民族意識、國家意識，是民眾心理最重要的文化意識之一。

在移民社會向移民定居社會發展的進程中，有兩個關鍵的因素，一是移民後裔人口的自然增長超過了新移民人口的機械增長；二是移民所攜帶的原鄉文化，受到移居地自然環境、生活方式和當地土著文化的影響，產生某種適應新的生存環境的「本土化」變異。文化的這種「本土化」進程，是移民社會普遍存在的一種文化現象；而所謂移民後裔，指的就是在父祖輩所開創的新的移民環境中出生和成長起來的那一代代人。他們與移居地同步成長的歷程，使他們在承襲父祖輩的祖根意識的同時，對移居地又有強烈的本土認同。祖根意識是來自父祖輩的一份歷史記憶，雖然日漸久遠，卻是中華民族傳統中根深柢固的一份不可違逆的精神歸依；而本土認同卻是生存的現實，是每天必須面對的日益強化的一種生活環境。二者共同構成了移民社會精神生活和文化心態的兩面。

祖根意識和本土認同並不互相矛盾。祖根意識是對遙遠的原鄉血親和民族文化的追認和懷念；而本土認同則是對遙遠的血親在本土延續和原鄉（民族）文化在本土延伸中出現的某些本土化特徵的承認。二者是一致的，在某種意義上甚至可以說本土認同是以祖根意識為內涵，而祖根意識也包容了本土認同。對祖根意識的追溯也意味著對本土認同的承認。因為這個「本土」，無論在族源上還是文化上，都是祖根延伸而形成的，切斷了「祖根」，何來「本土」？沒有「祖根」

的「本土」，只是無源之水、無本之木。這一點在福建社會和福建文化中，表現得十分清楚。當我們說「我是福建人」，這個「福建」是中國的具體化；而所謂「福建文化」，是中華文化的一種本土形態，既源之於中華文化，也作為中華文化的一部分存在著。

　　然而在今日臺灣社會的現實發展中，反映移民社會文化心態的這兩面，卻被作為不可調和的對立的矛盾。且以近年來為臺獨論者鼓吹最烈的「臺灣意識」及與其相對應的「中國意識」為例。所謂「臺灣意識」，有時也稱為臺灣情懷或臺灣情結、臺灣結，和「中國意識」一樣，有時也稱為中國情懷或中國情結、中國結，它們都是在不同層面上，反映著對同一問題體驗和思考的深度不同。從心理學上說，「情懷」是對歷史與現實的體驗而形成的一種社會心緒；「情結」則是這種社會心緒在歷史積累和現實壓抑中造成的一種定向的、執著的（有時甚至是偏執的）社會心態；而「意識」，是指這種心緒或心態由感性的體驗經過反省昇華為理性思考。因此，反映著認識階段發展不同的中國情懷、情結和意識，以及臺灣情懷、情結和意識，都不是偶然發生的，它們有著各自產生的歷史背景和發展過程。

　　首先，它們是以移民社會普遍的祖根意識和本土認同的社會心態為基礎而衍生出來的。在移民社會初期，祖根意識的文化內涵，主要是一種祖籍認同、宗族認同和對於祖根文化的認同，它當然也潛在地包含著國家認同和民族認同的內容。閩臺移民的特點，是在同一個國家由經濟發達、人口密集地區向經濟遲緩發展、人口較為稀少地區的移民，而且移民之後，成為移居地社會人口和民族構成的主體，不像西方是由一個國家向另一個國家的移民，夾雜在其他民族之中，因此並不存在需要提出國家認同和民族認同的背景。而本土認同，其實質是一種鄉土情懷，是對於包括自己在內的幾輩人共同開發，而且還將子子孫孫生死於斯的這塊土地的感情和肯認。這種鄉土情懷實際上和中國社會普遍存在的各個地區人民對自己故鄉土地的感情，並無根本

區別；它是祖根文化的一種本土體現，是和祖根意識並行不悖、互相包容的一種歷史與現實的同構。

其次，「臺灣意識」和「中國意識」問題最初提出，是在日本據臺時期。日本殖民者在臺灣推行的是旨在將臺灣永遠納入它的國土之中的強制同化政策，這一企圖從根本上滅絕中華文化的殖民同化政策，既指向中華民族文化，也指向臺灣本土文化，唯此才能代之以日本的大和文化。它必然激起臺灣人民普遍的反抗。從日據時期臺灣人民持續不斷的武裝鬥爭到文化抗爭，都十分明確所有的抗爭都是以對中國的國家認同、民族認同和文化認同為前提和歸旨的。只不過限於這一時期的政治壓力，不能講「民族」，只好講「鄉土」，而這個「鄉土」是臺灣，其背後的實質是中國。這也就是說，日本的殖民統治，造就了與日本殖民者所鼓吹的「皇民意識」相抗衡的「臺灣意識」的勃興。而這時所謂的「臺灣意識」，是以民族文化為內涵，民族認同為指向，回歸中國為目標的與「皇民意識」相對立的「中國意識」的同義語。所以，在日本割據背景下，「中國意識」和「臺灣意識」表現出很高的同質性。當時社會流傳的一首殯歌：「我頭不戴你天，腳不踩你地，三魂回唐山；七魄歸故里」，就表現出日據時期臺灣人民與殖民者不共戴天的回歸情緒。日據時期「鄉土文學」口號的提出，以及一大批具有強烈民族意識的鄉土作家和作品的出現，都表現出這一時期「臺灣意識」與「中國意識」同質的特點。反映移民社會民眾心態的祖根意識和本土認同，具有了一致的國家認同和民族認同的內涵。

第三，二戰勝利以後，臺灣回歸中國。隨著國共戰爭爆發，遷臺的國民黨政權，為了維持在臺灣統治的合法性和實現「反攻大陸」的夢想，強調擁有整個中國主權的「法統」地位。因此，遷臺的國民黨政權堅持「一個中國」的理念，承認臺灣人民是中國人，海峽兩岸有著共同的血緣和文化；臺灣是中國的一部分，不容獨立於中國之外。為此它運用政權掌握的各種資源和手段，推廣中華文化，使「中國意

識」成為主導臺灣社會民眾心理的重要因素。然而，國民黨政權自身存在的重重矛盾難以掩飾它在臺灣統治的危機。首先是「反攻大陸」神話的破產和國際地位的衰落，導致了它維持「法統」地位的嚴重憲政危機；其次，在其獨裁腐敗的專權中，加劇了早期臺灣移民與隨國民黨政權進入臺灣的後期移民之間的省籍矛盾；第三，在強調「一個中國」的文化認同中，不恰當地忽視和歧視了其實應包括在中華文化認同之中的臺灣本土文化；甚至錯誤地把某些臺灣本土文化也當作日本文化的殘餘進行清除，嚴重傷害了臺灣民眾的感情。第四，長期的兩岸對峙和疏隔，以及不同的教育所造成的歷史斷裂，使年輕一代缺乏對於國家、民族的完整理念。這是一個既強調「中國意識」，卻又潛伏著國家認同、民族認同和文化認同種種危機的特殊時期。

第四，隨著塵囂甚上的臺獨思潮逐步從理論宣傳走向政策實施，「臺灣意識」的重新提出，成為「臺獨」論者鼓吹「獨立建國」的一個理論支撐點。只不過「臺獨」論者的「臺灣意識」論，和日據時期不同，不是針對日本殖民者的「皇民意識」，而是針對認同一個中國的「中國意識」提出的。日據時期臺灣民眾提出的「臺灣意識」，具有反抗殖民統治的性質，在國家認同與民族認同上與「中國意識」同質，是以「中國意識」為內涵的。而「臺獨」論者所謂的「臺灣意識」則是作為「中國意識」的對立面。是拒絕一個中國的國家認同和民族認同，而主張把臺灣作為一個「獨立國家」來進行國家認同和文化認同。「臺灣意識」從日據時期的提出到當前的提出，有著不同的歷史背景和政治內涵。

「中國意識」與「臺灣意識」這一對範疇，來源於移民社會的祖根意識和本土認同，在歷史的發展中擴大了它的外延，豐富了它的內涵，是我們認識和分析移民社會普遍性和特殊性的一個關鍵。過分強調普遍性而忽略特殊性，可能造成對移民群體的情感傷害；而過分強調特殊性，甚至以特殊性來否定普遍性的存在，則又可能走向事物的反面。

第二節　拚搏開拓和冒險犯難：移民拓殖性格的兩面

　　拚搏開拓與冒險犯難，是閩臺移民拓殖性格形成互相聯繫的一體兩面。拚搏開拓表現了移民拓展進取的積極創造精神，而冒險犯難則是移民在為實現自己目標時，有時不惜採取非理性的過激手段。二者都來自於閩臺移民自身的人生經歷和生存經驗。閩臺移民在其遷徙和創業過程中所遭遇的特殊困難和曲折，為這一複雜性格的形成提供了客觀的土壤。

　　首先，閩臺的移民，是充滿艱辛的長距離遷徙。福建的移民，主要來自中原。在古代社會，從中原到福建，是一條艱難的路程。雖然其間曾經有過從江北先移入江南，再轉徙南下；但幾千里路的山重水複，無論是舉族南移，還是單家獨戶的長途跋涉，都極為不易，瘴癘疾病，猛獸盜賊，隨時都可能讓許多移民瘐死途中。而臺灣的移民，主要來自閩粵。從閩粵到臺灣，雖只隔海相望，但水路不同於陸途，風波險惡，危象叢生。特別清代移民，長時間處於限制入臺的政策之中，正常的移渡無法進行，大多以私渡的方式滲透。清吳士功〈請准臺民搬眷並嚴禁偷渡疏〉述及當時的情況云：「內地窮民在臺營生者數十萬，其父母、妻子附仰之資，急欲赴臺就養，格於禁例，群賄船承頂冒水手姓名，用小漁船夜載出口，私上大船；抵臺復有漁船乘夜接載，名曰『灌水』。經汛口覺察，奸艄照例問遣，固刑當其罪；而杖逐回籍之民，室廬拋棄，器物一空矣。更有客頭串通習水積匪，用濕漏之船載數百人，擠入艙中，將艙封釘，不使上下。乘黑夜出洋，偶值風濤，盡入魚腹。比到岸，恐人知覺，遇有沙汕，輒趕騙離船，名曰『放生』。沙汕斷頭，距岸尚遠；行止深處，全身陷入泥淖中，名曰『種芋』。或潮流適漲，隨流漂溺，名曰『餌魚』。窮民迫於饑寒，罔顧行險，相率陷阱，言之痛心。」[1]吳士功以乾隆二十三年

1　《清奏疏選集》（臺灣文獻叢刊本第256種），1958年。

（1758）十二月至二十四年（1759）為例，「一載之中，共盤獲偷渡民二十五起，老幼男婦九百九十九名，內溺斃者男婦三十四名口。」這是有據可查的，未入載者尚不知多少。這樣的冒死偷渡，較之長途跋涉，若非出於萬不得已，當不採此下策，其所需的克難精神與堅忍意志，當也倍於陸途移民。閩臺移民所歷經的艱辛和付出的代價，恐非其他移民所能比擬。這對於閩臺移民堅忍意志的砥礪，有著特別的意義。

其次，閩臺移民的性質，主要是從經濟開發較早地區向經濟開發遲緩地區遷徙的墾殖型移民。這就意味著，無論唐宋時期從中原來到福建，還是明清時期由福建徙入臺灣，他們所面對的，基本上是一片較之自己的移出地雖然條件優越，但生存環境更為惡劣的蠻荒土地。他們無可選擇所能進行的，只是篳路藍褸、以啟山林的農業墾殖工作。這種主要依靠體力勞作的對土地帶有原始性質的開發，需要付出更多的艱辛。他們不像現代化進程中由農村向城市的移民，也不同於今日由國內向海外先進國家的移民，出於無奈的長途遷徙，不是去享受社會發展的現成，而是胼手胝足從頭開始的生活創造。閩臺移民的這種原始狀態的農業墾殖，對於閩臺移民特殊性格的形成，有著重要的影響。

第三，閩臺移民是交錯在戰爭移民與經濟移民的複雜轉換之中。戰爭是閩臺移民的主要動力之一。一方面是戰爭引起的動亂，造成北方移民的南徙，如西晉末年的衣冠南渡和中唐安史之亂與北宋末年的靖康之難所引起的北人南下。另一方面是直接的戰爭行動，如唐初陳元光父子率軍入閩平定「獠蠻嘯亂」，唐末五代王審知兄弟率中州士民入閩征戰；明末鄭成功率軍入臺驅荷，建立抗清復明的政治軍事基地，也屬於這種情況。他們往往出於軍事給養的需要，寓兵於農，從事屯墾，同時也在征戰初定以後，落籍當地，由政治性的軍事移民轉變為經濟性的開發移民。這種轉換，使閩臺移民的成分，雜有許多以

單身青壯年為主的戰爭移民。他們的尚武精神和行伍習氣，養成了好勇鬥狠之風，既敢於捨身克難，也不惜冒死逞強。這種習氣對閩臺移民這一冒險性格的形成，不能不有著正面與負面兼具的影響。

第四，閩臺地區的海洋文化傳統，使閩臺移民在以土地墾殖為主的農業活動同時，其一部分人也利用海洋優勢進行商業活動。朝向大洋的遼闊海上航行，與面對土地的朝夕刻苦經營，賦予了二者不同的思維和視野。前者更富於浪漫想像力的開拓意識，後者更著重於腳踏實地的務實精神。它們都作為閩臺移民的不同成分，整合在閩臺社會之中。而明清時期閩臺海域的商業活動，既在閩臺之間互通有無，更與番舶外商進行帶有國際性質的貿易。這種與官商的朝貢貿易同時崛起的民間私商的市舶貿易，在明代以來屢遭禁制。但禁而不絕，反倒促使正常的民間貿易發展為私人武裝商業集團的走私活動，以福建沿海島嶼和臺灣西岸港口為據點，成為控制臺灣海峽這一海上貿易黃金通道的巨大力量。海上貿易的厚利和違禁貿易的風險，形成了一個怪圈，推動閩臺私商不惜冒險犯難去追逐最大利潤。民間私商的興起和繁榮，是閩臺社會發展的重要經濟力量，也是影響閩臺社會文化心態的一個重要因素。

上述諸方面因素，從閩臺移民的性質、類型、成分、習氣，以及追逐商業利潤的冒險性等，構成閩臺移民的特殊經歷，賦予了閩臺社會人文心態與文化性格的重要特徵。其一個方面是拚搏開拓的精神。移民事業是一種開拓性的事業，是移民在相對惡劣的生存環境中尋找和創造發展的機遇。因此，對於移民來說，無論是農業墾殖，還是其他生產活動，都是一個從無到有、從初級到高級的創造過程。在這個過程中，移民所面對的，不僅是遷徙途中遭遇的千辛萬苦，還有創業過程必須應對的各種意想不到的困難，這就特別需要移民在吃苦求實的精神基礎上，還擁有勇於開拓的遠見和智慧。拚搏與開拓，既是對移民精神品質的要求，也是移民從自己人生經歷和生存經驗中形成的

性格特徵。另一方面，是移民的冒險犯難精神。移民本身就是一件冒險的事情，移民途中罕見的險阻、移墾過程所需的克難精神，以及移民組合之間複雜的矛盾與衝突，再加上移民構成的複雜成分，這一切都使他們養成了好勇鬥狠、冒死逞強，為達目的不惜冒險犯難的精神和習氣。這樣，閩臺移民在形成拚搏開拓的精神品格同時，也很容易使這一品格染有某種失卻理性、好勇鬥狠、冒險犯難的負面因素。這種帶有某種流氓無產者習氣的冒險精神，帶有兩重性，既可能推進移民事業的拓展，也可能造成對社會的破壞。閩臺海上商業的武裝走私活動，以及有清一代移民長時間存在的分類械鬥，從某種程度上就反映著這種逞勇好鬥、冒險犯難的盲目性。

　　拚搏開拓與冒險犯難，是閩臺移民從自身經歷中形成的拓殖性格的兩面。它一直作為閩臺移民主要的性格特徵，影響著閩臺社會的發展。從移民社會的初建，直到今天閩臺都經歷了近代化和現代化的社會轉型，仍然潛在著這一拚搏開拓性格與精神對歷史進程的深刻影響。在福建，尤其是與臺灣關係密切的閩南地區，民風的豪爽、尚義、重友、經武，以及敢為人先的開創精神，保有著先輩移民拚搏開拓的精神傳統。十九世紀以來迫於戰亂和災禍而遠走海外謀生創業的福建華僑，實際上也是這一先輩移民精神的海外發揚。他們經歷著與開發臺灣同樣艱辛的創業歷程，也收穫著海外創業的豐碩成果。二十世紀八十年代以來，改革開放的政策帶來福建經濟的騰飛，其最早體現這一業績的，也是來自沿海具有移民傳統的地區，特別是民營企業的迅速發展，與歷史形成的這一地區移民創業的拚搏開拓精神不無關係。在臺灣，這一精神既體現在最初的土地拓墾上，也表現在今日的經濟發展中。由於國民黨政權遷臺初期對本省人士的政治歧視，把本省人的就業取向，排斥在政權系統之外，促使從「土地改革」中把農業資本轉換成為工業資本的一批本省人士投資企業。而在二十世紀六十年代臺灣的經濟起飛中，正是這批中小企業者（所謂「山寨企

業」）拎著一隻皮包，走遍世界去開發市場，從而帶來臺灣經濟的繁榮。這種精神無疑是移民拓展性格與傳統的發揚。兩岸流行的一首閩南方言歌曲《愛拚才會贏》，準確地抓住了移民開拓精神的這個「拼」的典型性格特徵，因此作為民眾心聲的概括與傳遞，這首歌曲長久流行不懈。但是必須注意，「拚」只是一種精神的抽象概括，而所有「拚」的精神背後，都有具體的行為內容。抽象地肯定「拚」的精神，也潛隱著移民拓展性格的另一面：冒險犯難。不問為什麼而不惜冒險犯難地盲目去「拚」，實際上正是這一移民性格的負面影響，它的盲目性和盲動性，使夾帶著許多情緒化成分的這一移民性格的負面，很容易為某些別有用心的人士和政客所利用。歷史上的「分類械鬥」存在這種情況，今天臺灣政壇的某些鬥爭，也不乏這種利用和煽動，這卻是應當為我們所十分警惕的。

第三節　族群觀念和幫派意識：移民社會組合方式的心理影響
──兼論清代臺灣的分類械鬥及其影響

　　中國的傳統社會，是以家庭作為社會基本單元的。宗族的形成和發展，是中國傳統社會形成和發展的基礎。因此，以宗族為中心的社會組合方式，構成了中國村社聚落的基本形態。它的重要特徵是圍繞著血緣的傳承與地緣互相涵化。由同姓同宗的宗族血緣關係發展起來的村社聚落，極為普遍，查之各省各地的地名辭典，以姓氏冠名的村莊，如張家村、李家莊等等，比比皆是。它反映了這種建立在地緣之上的宗族血緣組合，在中國社會聚落構成中據有的重要地位。

　　然而，這種情況，對於閩臺移民社會（其實也包括其他移民社會），稍有不同。一般說來，閩臺的移民，除個別特殊時期──如西晉末年豪門巨姓的舉族南遷，大多是單門獨戶、甚而是單身獨人，或

者三五結伴的輾轉流徙。宗族血緣聚落的形成，並非一開始就可能出現。這種個別的持續不斷的移民，往往需要同鄉、同族之間的互相牽引和投靠，這就造成了初期移民的組合方式是以地緣性的原鄉組合——即聚鄉而居為主，比之血緣性的宗族組合——即聚族而居，要更為普遍。儘管在地緣性的移民組合中，包括一定的宗族關係，但地緣在這一聚落的形成中，起著主導的作用。這個地緣性的原鄉，可能是祖籍地的同一個村莊，也可能是同一縣府，甚而是同一個方言區。只有到了移民社會後期，隨著移民數量的增加和移民後裔的繁衍，新的宗族發育起來，血緣性的宗族組合才從地緣性的原鄉組合中脫穎而出，逐漸起著主導的作用，成為移民社會向定居社會轉化的標誌之一。

　　這種移民組合方式的變化，在福建，由於移民社會出現較早，大抵到了宋代，宗族發育已經成熟，社會的組合方式已和中原傳統社會沒有太大區別，其變化的脈跡已較難追尋。歷史上地緣性的社會組合方式留給民眾的心理影響，雖漸削弱，但仍可尋。福建方志族譜中屢有族性械鬥的記載。此風一直延至民國初年，尚未歇止。在外人眼裡，閩人——尤其是閩南人的民性慓勇剛烈，尚武重義，其關愛鄉土，重視親誼，無論走到哪裡，海內或是海外，各種形式的鄉誼組織，紛湧而出，把閩人分類地聚集在一起，對外一致，對內則時有矛盾衝突發生。凡此等等，都是這一社會組合方式遺存至今的心理影響。

　　在臺灣，由於移民社會出現較晚，一般認為到清代中葉，移民宗族新的血緣關係，才逐漸發育成熟，距今不過二百年左右。其由地緣性的原鄉組合向血緣性的宗族組合的發展痕跡，尚清晰可見。這一社會組合方式所造成的特殊社會心理影響，也愈加鮮明、強烈。我們可從下述三個方面來考察臺灣移民社會組合方式的形成、變化及所產生的特殊社會心理與影響。

　　一、明末由鄭氏父子所帶動的第一個移民浪潮，並沒有造成移民長久的居住。崇禎年間，鄭芝龍降明後組織福建災民渡臺墾殖救饑，

是一次救急性的移民活動。從當時的人口資料看，據荷蘭東印度公司總督的報告：由於大陸戰亂和饑饉，臺灣的漢人增至二萬人，但饑饉過後，約有八千人返回大陸。可見災後返鄉的移民所占比例很大，久居在臺灣的移民數量不會太多。鄭成功治臺時期，臺灣人口（包括軍隊和招撫沿海因「遷界」而流離失所的鄉民）發展到最多時在十萬以上（葛劍雄主編的《中國移民史》則稱「可能達到十五萬人左右」）。但清政府統一臺灣後，強制鄭氏官員、兵丁及沿海流民，遷回原籍，臺灣人口一下子驟減過半。這一時期的移民，以戰爭移民和招撫流民為主，多為青壯男丁，少有宗族關係；即使鄭氏政權治臺期間所形成官僚宗族：如鄭氏宗族、陳永華宗族等，也在平臺以後彌散消失。臺灣血緣宗族關係的形成，主要在清代持續不斷的移民浪潮中出現。由於初期禁止攜帶家眷渡臺，移民多為單身青壯男性，春去冬返。雍正十年（1732）開始詔許搬眷入臺，此後又屢經反覆，至光緒初年，才完全開禁。其間民間雖有私渡載眷入臺者，但數量不會很多；因此，臺灣血緣宗族的形成，當在乾隆以後。以現今臺灣所謂的「五大宗族」看，霧峰林家的第一代傳入林石是在乾隆十六年（1750）才從大陸遷臺；基隆顏家的第一代傳入顏浩妥是乾隆四十年（1775）由閩入臺；板橋林家的第一代傳入林應寅於乾隆四十三年（1778）才由漳州遷臺；而高雄陳家的發跡者陳中和於咸豐三年（1853）才出生；鹿港辜家則更晚才靠日據時期辜顯榮的漢奸生涯發跡的。宗族社會的晚成，使移民地緣性的原鄉組合，在臺灣延續了很長一段時間。這就對移民在原鄉組合原則下形成的族群觀念產生重要影響。

　　二、閩粵移民遷入臺灣的時間有所前後，其在臺灣享有的墾殖開發的權益，並不均等。就閩粵兩省而言，明代的臺灣移民，主要來自福建；不僅早期對澎湖的開發，主要是泉州府人，明末鄭氏父子引領的移民，也主要來自閩南。清政府統一臺灣以後，將臺灣作為一個府置於福建治下，其反覆「禁」、「放」的渡臺政策，也只開放福建一

省，而以粵東之地「素為盜賊淵藪，而積習未忘」為由，「嚴禁粵中惠、潮之民，不許渡臺」。為此廣東客家移民入臺，不僅人數少、時間也晚。臺灣學者林再復在《閩南人》一書中亦稱：「清代臺灣民間的三大勢力是：漳州人、泉州人和客家人（或稱粵民）。其中隨鄭成功來臺者大多是泉州人；隨施琅征臺者大多為漳州人。客家人在臺初入清朝版圖時，曾被禁止入臺，至康熙三十五年，施琅歿後，禁令漸弛，渡臺者才漸增多。」[2]文中涉及泉州人與漳州人的來臺先後，亦可從泉州人與漳州人移民臺灣後居住與墾殖地區的分布得到旁證。泉漳移民雖都比晚來的粵東移民占據條件較好的海濱和平原，但泉州人多在海口，而漳州人多靠近內山。正是這種環境差異所帶來的權益不均，造成了各籍移民之間的矛盾。

三、臺灣的墾殖開發是隨著移民的增加，逐步由中部向南北兩端發展，由沿海向內山發展，它同時也形成了移民沿墾殖路線分布的分類居住。臺灣的墾殖，從明鄭時代開始，首先在臺南地區，一路由臺南地區向北發展，另一路則從由中部鹿港登陸，開發彰化平原。康熙以後，才由彰化渡過大肚溪進入臺中；雍正初年，以漳州移民為主，由漳化沿八卦臺地南拓至南投、草屯至霧峰一帶。乾隆年間解除攜眷渡臺之禁以後，大批移民湧入，則由臺中盆地向四方拓展，並有進入丘陵山地的趨勢。在臺灣北部地區，以清初同安人王世傑請墾竹塹埔（今新竹地區）開始，返鄉邀集鄉親百餘入臺開發；與此同時，泉州移民也進入竹塹，至雍正初年，加入粵東移民。乾隆一朝，竹塹開發，包羅了閩之同安、泉州、惠安、晉江、南安和粵之陸豐、海豐、饒平、惠州諸地移民，達到全盛階段。桃園的開發，也延及康雍乾三世，以閩之漳邑的詔安、漳浦、龍溪、南靖等各縣和粵之饒平、五華、陸豐、梅縣等各縣移民為主，至嘉慶，才越過東北角山地，進入

2　林再復：《閩南人》（臺北市：三民書局，1984年10月、1996年7月增訂八版），頁211。

東部宜蘭平原。由於臺灣西部平原，多為福建移民所據。晚來的粵東移民，便更多南下進入屏東平原。臺灣由南向北、由西向東、由沿海向內山的開發路線，是和移民的遷徙路線，以及先後入臺的移民分布地區相疊合的。[3]由此亦可察見，臺灣移民以原鄉為聚合原則的地緣組合狀況。大抵而言，「以南北論，則北淡水，南鳳山多廣民，諸彰二邑多閩戶；以內外論，則近海屬漳泉之土著，近山多廣東客莊。」[4]

　　臺灣移民初期地緣性的原鄉社會組合，主要是出於墾殖的需要。它具有三個方面的作用：一是作為移民入臺的招引，是渡臺初期移民的生活組合方式；二是作為移民拓墾的一種生產組合方式。臺灣未經開發的惡劣自然環境，往往非移民個人力量所能戰勝，因此需要大家共同協力，原鄉組合便起了這樣一種生產組織的作用；第三它還是一種移民自衛的組合。移民社會是一個競爭激烈的社會，為土地、為水源、為各種利益衝突，常引起火拼，同樣需要集合移民力量，才能保障共同利益不受侵犯。這種自衛性的力量組合，在激烈的矛盾衝突中，往往也可能轉化為侵犯他人（他個移民組合）利益的惡性力量。

　　移民社會的這種地緣性的組合方式，是移民強烈的族群觀念形成的社會基礎。它基於移民初期個體生命對於群體依賴的生存原則。以原籍鄉緣和共同利益為前提建立起來的族群觀念，對移民社會的形成和發展，具有積極的意義。但另一方面，狹隘的地域觀念和利害關係，也可能使族群意識異化為一種小團體主義的幫派意識，從而走向社會良性發展的反面。清代臺灣頻頻發生的分類械鬥，便是這種狹隘的族群——幫派意義的反映。

　　關於「分類械鬥」，學術界一般有寬、嚴兩種界定。比較寬泛的界定是把民間械鬥，如一般的族姓械鬥、職業團體械鬥等，以其在臺

3　以上有關臺灣墾殖的發展路線，可詳細參閱林仁川：《大陸與臺灣的歷史淵源》（上海市：文匯出版社1991年3月），第3章〈清代漢族人民的東移與開發〉，頁69-75。

4　〈上福節相論臺事書〉，載《皇朝經世文編》，卷84。

灣亦含有一定的地域背景，都包括在內；比較嚴格的界定是專指移民
以不同祖籍或方言區所形成的地緣性組合之間，因利益衝突而引發的
不帶政治色彩的民間私鬥。這一界定，把「分類械鬥」和一般械鬥，
以及帶有政治色彩的被統治者反抗統治者的起義，被剝削者反抗剝削
者的階級鬥爭區分開來。[5]嚴格的界定，對於闡明「分類械鬥」的特
殊性質，以及突現臺灣移民社會的特徵當更為有利。不過不可否認，
作為「分類械鬥」社會基礎的臺灣移民原鄉性的「分類」組合方式，
本身也交雜著一定的族姓關係，其所形成的「族群／幫派」的分類意
識，也很容易滲透在一般的族姓械鬥或帶有一定政治色彩的抗爭之
中，或因分類械鬥升級，而擴大為抗官事件，或因官軍介入，而轉變
為反清事件，二者常常互相糾纏和互相轉化。而清政府對於移民的抗
清鬥爭，也常常利用畛域矛盾進行分化，閩人倡亂，則以粵人制之，
漳人倡亂，則以泉人制之，反之亦然。如康熙六十年（1721）閩人朱
一貴起義，清政府就利用鳳山縣下淡水流域的客家各莊，以「擁清」
為名，組織粵莊「義民」進行抗衡；又如乾隆五十一年（1786）林爽
文起義，多以原鄉的漳州府移民為部眾，清政府又利用漳泉矛盾，組
織泉籍「義民」參與鎮壓，以平定亂局，由此更進一步加深了漳泉兩
籍的矛盾。在臺灣「分類械鬥」中，這種帶有「族群／幫派」分類意
識的泛政治化現象，屢有發生，應當引起我們特別的注意。

　　有清一代，臺灣的各類械鬥，頻頻不斷。據陳孔立統計，自乾隆
三十三年（1768）至光緒十三年（1887）的一百二十年間，臺灣共發
生械鬥事件五十七起，平均兩年一次，其中，屬於分類械鬥三十五
起，一般械鬥二十二起起。分類械鬥中，閩粵十六起，漳泉十八起，
頂下郊一起；一般械鬥中，異姓十二起，同姓六起，同業二起，兵丁

5　參閱陳孔立：《清代臺灣移民社會研究》（廈門市：廈門大學出版社，1990年10月），
　頁251-252、261-262。

一起，不明對象者一起。其發生時間基本都在咸豐十年（1860）以前，閩粵械鬥多在前期，至道光後逐漸減少，而漳泉械鬥則在嘉慶、道光、咸豐年間達到高潮。其地點，閩粵械鬥多發生在臺灣北部或南部鳳山一帶，漳泉械鬥多發生在中部的彰化、嘉義地區。[6]

臺灣分類械鬥的原因相當複雜，可從三個方面分析：

一、政治原因：清政府平治臺灣後，初期所採取的消極治臺政策，導致臺灣的吏治敗壞，官府無能，班兵制度日見腐化，其對臺灣社會的控制力，也更趨薄弱。民間一有紛爭，官府無法秉公處斷，在訴訟不清、走告無門的情況下，移民便只有率眾合族，私相逞鬥，以解決爭端。而當事關重大，官府則又利用雙方矛盾，刻意分化，以致互相焚殺，形成血仇，使本就尖銳的畛域歧見，更趨激烈。政治上的因素，雖不是分類械鬥的直接原因，卻是產生的背景和釀造的溫床。

二、經濟原因：分類械鬥的發生往往由於利益的直接衝突所引起，主要涉及土地和水利的爭端為多。移民抵臺，分類聚居，以農業墾殖為主業。清代初期，可墾之地尚多，因爭地所誘發的械鬥較少。乾隆中葉以後，彰化、南投、竹塹、淡水已先後開發，在可墾之地日益緊缺的情況下，為爭奪土地的墾殖權，各籍移民便形若水火，互不相讓。先是閩粵爭鬥，繼有漳泉分類，或則漳人聯粵攻泉，或則泉人聯粵抗漳。嘉慶四年（1799）噶瑪蘭地區漳、泉、粵移民先後共同參與開發，因分地不均而引起械鬥，即為典型的例子。其次為爭水。臺灣地勢，中部隆起，兩岸臨海，山海之間，缺少大片平原過度，以致河流短促，一雨成災。粵人靠山，閩人近海，形成利害兩端。山洪來時，靠山的粵莊急盼速洩，減輕水患，卻造成近海的閩村洪水侵入，而深苦其患；閩人為阻遏洪水，則必使之假道粵莊，亦為粵人所難接

6　參閱陳孔立：《清代臺灣移民社會研究》（廈門市：廈門大學出版社，1990年10月），頁251-252、261-262。

受。而當少雨枯水時節，上游粵莊阻水灌溉，卻使下游閩村缺水無法耕作。《鳳山縣採訪冊》曾記：「鳳山下淡水各溪，發源於傀儡山。瀑，萬頃汪洋，傾瀉而下，分為數十重，雖地勢使然，亦粵民築壩截圍所致也。聞前輩不許截圍，欲使山泉順流而放諸海，不為害於閩莊。惜粵民不肯，幾成械鬥。因弗果行，遂至溪流浩大，氾濫無常。」[7]經濟上的利益衝突是分類械鬥產生的直接原因。

　　三、社會原因：首先是臺灣移民初期以地緣為分類原則的社會組合方式，強化了移民心理上的分類意識，成為臺灣分類械鬥的社會基礎和思想基礎。其次，臺灣移民社會初成，文教未興，整個社會的文治程度不高。移民中的豪強之士，以其逞勇好鬥成為移民領袖而進入社會領導階層；而移民所來自的原鄉，皆是民間械鬥多發的地區，如《清宣宗實錄》中所指出的：「械鬥之案，起於閩省漳泉二屬，而粵東潮惠尤甚。」風氣沿襲，使臺灣移民每遇利益衝突時，動輒聚眾，以圖解決。其民風強悍，誠如劉傳銘所云：「一言不合，拔刀相仇。」第三，早期臺灣移民由於禁止攜眷渡臺，多為單身青壯男性，入無天倫之樂，出無家室之累，心理生理的失衡，使之心浮氣躁，常以嗜酒賭鬥為樂。而移民之中，雜有許多無業遊民（俗稱「羅漢腳」），本就好事生非，樹旗結黨，每有衝突，則充當亡命，鋌而走險。第四，受上述風氣所染，臺灣移民中拜盟結會之風十分興盛。各種名目的同鄉會、宗親會、神明會、祖公會、父母會、兄弟會等，以共同利害關係為紐帶，結成地域性、血緣性、行業性的各種幫派團體，其數量之多，常為統治者驚心和警惕。據一九一九年日本的調查，僅清代成立的帶有宗親性質的神明會和祖公會，就有五千一百五十九個，占臺灣總戶數的一半。為此清政府曾以「仁德衰而盟誓生，道德薄而詛咒興」，譴責「動輒焚香祭酒，稱哥呼弟」的拜誓之風為

7　《鳳山縣採訪冊》（臺灣文獻叢刊本第73種，1960年8月）。

社會「惡俗」，嚴令取締，並律例「為首者絞，為從者杖一百，流千里。」[8]其律不可謂不嚴，但禁者自禁，行者自行，拜盟結會之風未減，且常因利益爭端「一言不合，即相仇殺」，而釀成械鬥。

清代臺灣移民社會的分類械鬥，不僅影響於當時，而且流弊於今天。就當時的社會發展而言，頻繁的流血械鬥，造成民間巨大的損失，其焚街燒屋，殺掠破壞，致使田園荒蕪，人口流徙，社會處於極度動盪之中，對經濟發展所造成的滯礙和文治社會的建設所帶來的禍害，遲緩了臺灣社會的發展步伐。對後世而言，分類械鬥所形成的幫派意識，滲透在民眾的心理之中，成為臺灣社會潛在的一個頑症。今日臺灣政壇的政黨紛爭，其性質和方式，都從某些方面讓我們聯想起昔日的分類械鬥，可視作是昔日分類械鬥的流弊遺風在今天社會的一種反映。其突出地表現在三個方面：

一是樹幫立派的分類意識廣泛地滲透在臺灣政壇的鬥爭之中。臺灣社會由歷史上移民矛盾而遺留下來的族群對立本就十分尖銳，這種以移民原鄉為分類的族群觀念被泛政治化以後，使新老族群的矛盾都帶上政治色彩。首先是所謂「本省人」和「外省人」的「省籍矛盾」，已不再是先後入臺的時間差異和地域差異，而是潛在著外來的國民黨政權和本土化政權要求之間的衝突；在所謂「本省人」之中，又存在著漢族移民和原住民的矛盾，以及漢族移民中的福佬與客家的矛盾，還有福佬和客家內部不同派系的矛盾。這一在今天仍不斷細化的多重分類，都尋求在政治上表達自己的訴求，使今天臺灣政壇上的各種人物都代表著某一部分人的利益和聲音。即使在同一政黨內，也是黨內有派，派中有幫。政黨意識中夾雜著小團體的，甚而是個人的利害關係，形成各種利益聯盟，一會兒聯甲伐乙、一會兒聯乙伐丙……不一而足，造成了臺灣政壇的各種亂象。被戴上政治光環的幫

8　參見陳文達：《臺灣縣志》，卷10（臺灣文獻叢刊本第103種，1961年10月），頁234-235。

派意識，實際上常常變成政壇人物以政治為幌子謀取私利的一種手段。臺灣政壇政治鬥爭的質量不高，與這一流弊不能沒有關係。

其次，臺灣政壇上過多的肢體衝突，可以看成是昔日分類械鬥現代版。政治鬥爭本來是一種高級的意識形態的鬥爭，把政治鬥爭肢體化、低級化，變成政壇上口水和拳頭紛飛的相罵和打架，是臺灣政壇傳揚於世的醜聞。這種不訴諸政治而訴之拳頭的肢體衝突，在本質上和先輩移民以武力解決問題的分類械鬥並無不同，是昔日遺風的再現。

第三，「黑金」或「白金」政治。以金錢駕馭政治，和以金錢收買打手，然後通過政治或打手（械鬥）來實現對利益的最大控制。這種由幕後財團操控的金錢政治，和由豪紳大戶公開支持的民間私鬥，在本質上並無兩樣。國民黨執政時期屢屢爆出的「黑金」醜聞，和民進黨執政以來並不乏見的買票賄選，乃至貪腐獲罪，以及利用政權資源公開進行營私操控，一「黑」一「白」，或者「黑」「白」兼具，都是昔日分類械鬥幕後手段的政治再現。

當前臺灣政壇的政治亂局，有著複雜的現實背景，也有著深刻的歷史根源。分類械鬥的現代流弊，是其歷史根源的一部分，認識分類械鬥，對我們辨析臺灣的政治亂象，或許有所助益。

第四節　邊緣心態和「孤兒」意識：自卑與自尊的心理敏感

閩臺在地理上都處於中原大陸的邊緣：福建在東南瀕海的一隅，北隔武夷山脈與中原斷開。在交通不便的古代，素有「閩道更比蜀道難」之稱，流配福建，視為畏途；而臺灣則在大陸東南的海中，以島嶼的形態依附在大陸邊緣，比福建距中原更隔一道海峽，雖稱一衣帶水，卻風波險惡。這種地理環境的邊緣位置，也造成了閩臺在政治版圖和文化版圖上的邊緣狀態。在政治版圖上，閩臺都遠離政治中心的

中原，是較晚才納入以中原為政治中樞的實際行政管轄之中，福建大致在漢代封閩越王之後，而臺灣則在明末鄭氏經營臺灣時期。在文化版圖上，遠離儒教中心的閩臺，在漢唐時中原已進入春秋鼎盛時期，還以蠻夷的形象接受來自中原的儒家文化的教化。地理的、政治的、文化的這種邊緣狀態，使閩臺社會無論在政治、經濟還是文化，都以中原為中心，形成中心與邊緣的一對範疇。中原是天子腳下的中原，是文化先進、經濟發達，可以號令天下的中原；而閩臺只是天子在「普天之下，莫非王土」的大一統觀念下，偶爾抬眼一望的遙遠國土的一角，是聽命中原和等待中原來開化的附臣之地。這種邊緣心態形成了閩臺長期來對中原的一種仰望的姿勢，一種既是先天而來，也是後天所成的自卑心理。

所謂「先天而來」，主要指的是地理環境因素對人的心理影響。中原的山川形勢，其平原遼闊，江河浩蕩，四季分明，充滿了帝王景象和英雄氣概，常使居於丘陵山地，時感平原狹小，河流短促的閩臺人民歎為觀止；雖然有海，在弄潮兒看來，是通往世界的坦途，但在懼海者面前，卻是更為森嚴的一道壁障。其心胸視野，自然也因兩地山川氣候的不同而有所差別。這種因客觀自然環境因素的影響所成的性格差異，潛在著閩臺對於中原的某種景仰的心理因素。

而「後天所成」，指的是閩臺在中原政治版圖和文化版圖上的邊緣位置，使閩臺長期處於一種從屬性的依附地位，由此而產生對於中原的自卑心理。這是影響閩臺文化心態更為重要的因素。一方面是閩臺的開發和社會的文治化進程，不僅遲緩於中原地區，而且主要是依靠中原移民，和由中原移民所攜帶來的中原文化來實現的，它自然形成了閩臺自卑於中原的文化心理；另一方面，邊緣的從屬性和依附性，對於中心而言，其重要性不可同日而語，有時候為了保住中心，邊緣是可以犧牲的，從而給邊緣帶來深重的心靈傷害。乙未割臺就是如此。當日軍攻陷威海衛，覆滅整個北洋艦隊，逼使清政府割地議和

時，君臣朝儀，提出以「宗社為重，邊徼為輕」的和談原則，為保住
中心而不惜犧牲邊陲；在這裡，邊緣作為中心權衡利弊的一個籌碼，
在輕重取捨之間，常常是犧牲的對象。中英鴉片戰爭失敗之後，清政
府接受英國侵略者提出的開放五口通商的停戰條件。這五口，包括福
建的廈門和福州，都是遠離中心的南方沿海城市。閩臺作為中原的邊
陲省分，近代以來面對蹈海而來的帝國主義列強的侵略和腐敗的中央
政府「丟卒保帥」的心靈傷害，是共同的。只不過相比起來臺灣尤
甚。臺灣歷史的挫折，首先來自日本帝國主義蓄謀已久的侵略，其次
是無能的清政府「宗社為重，邊徼為輕」的投降政策。對於臺灣民眾
而言，這種無法主宰自己命運的邊緣位置和被出賣的心靈傷害，在日
本帝國主義的殖民統治下，形成了「孤兒」兼「棄兒」的悲情意識。
臺灣詩人巫永福在一首題為〈祖國〉的詩中，表達了在這一歷史悲劇
中臺灣人民對於祖國既愛且怨的複雜感情。他寫道：

> 戰敗了就送我們去寄養
> 要我們負起這一罪惡
> 有中國不能喚祖國的罪惡
> 祖國不覺得羞恥嗎
> 祖國在海那邊
> 祖國在眼眸裡

　　臺灣著名小說家吳濁流在長篇小說《亞細亞的孤兒》中，通過主
人公胡太明的人生經歷，也很典型地表現了臺灣人民這種「棄兒」兼
「孤兒」的尷尬遭遇與複雜心態。從淵源家學中接受了濃厚中華文化
和民族意識的胡太明，無法忍受在殖民地臺灣的「二等國民」屈辱，
毅然返回大陸；卻又因為他的臺灣身分，無端為大陸情治當局疑為日
本間諜而陷身囹圄。這種兩面受困而無所歸依的生命歷程，是臺灣人

民普遍的一種生存尷尬。「孤兒」意識的一面是無可歸依的漂泊感、飄零感，其另一面是尋找歸依而終結漂泊的尋根意識與回歸行為。在這裡，漂泊是不甘屈服於異族統治的不安心態，而尋根回歸卻是漂泊的必然發展和最後的歸宿。吳濁流《亞細亞的孤兒》中胡太明這一形象的典型價值，就在於他從自己親身經歷中體驗了臺灣人民這一普遍的尷尬處境，表現出他最終的返國投身抗日鬥爭的人生抉擇，這也是臺灣人民最後的抉擇。

臺灣一個世紀以來的特殊歷史遭遇，把本來就處於邊緣狀態的自卑心理，演化成為日本殖民統治下被遺棄的孤兒意識；這種孤兒意識在臺灣光復以後，本應消失，但國民黨政權在對待臺灣民眾和本土文化上的錯誤政策，把曾經遭受過日本殖民統治視為一種「原罪」，使臺灣人民普遍存在一種「狗去肥豬來」的對於自己命運的悲情感慨，而期待有朝一日能夠真正當家做作主的「出頭天」的到來。這一針對日本殖民統治和國民黨專制政權而來的「出頭天」思想和悲情心態，可說是在臺灣特定歷史背景上發生的一種正常的情緒和心態。

自卑和自尊（自大）是一種心理的兩面。由特定的地理環境和特殊的歷史遭遇所造成的閩臺──特別是臺灣民眾充滿悲情的自卑心理，十分敏感而脆弱，很容易在某種刺激下走向反面，成為自大與自尊。閩臺山川地理，缺乏中原的遼闊大氣，使閩臺民眾感到自卑，但閩臺山水，雖大氣不足，卻秀麗繁富，在閩臺人民的精心治理下，發揚其亞熱帶氣候的山海優勢，變得精緻繁麗。這種精緻繁麗的文化品味，從環境的改造開始向文化的諸多領域擴展，形成了閩臺共同的一種文化品格。無論在飲食、信仰、工藝、表演的民俗文化層面，還是近代以來領風氣之先地接受西方文化影響，率先走向現代化的進程，都滲透著這種融匯中西的精緻的文化品格，常常是閩臺誇耀於中原的一種自尊和自大的心理資本。特別是二十世紀六十年代以來，臺灣從出口加工業轉向以發展資訊工業為中心的經濟起飛，在基本上沒有多

少地下資源的彈丸之地創造的經濟奇蹟，讓臺灣人民擁有了空前未有的自豪感。由自卑到自尊這種心理轉換在臺灣還有著複雜的政治原因，太過長久的不被尊重的歷史屈辱，使臺灣人民特別需要尊嚴，也特別看重尊嚴，這即是一種從自卑到自尊的「心理敏感」。

第五節　步中原之後和領風氣之先：近代社會的心態變化

中原是漢族的發祥之地，在中國歷史的發展上，一直處於中心的、領先的地位。自古以來，最早生存在這一地區的華夏系，東擴西突，南征北戰，融合了周邊的東夷系、荊吳系、百越系，形成族源多出的漢民族，以黃河流域中下游為基地，發展了高度的農業文明，建構起一個龐大的帝國。中原漢族移民的南徙，帶動了南方社會的發展。閩臺社會就是在中原漢族移民南徙的背景下，以中原漢族移民為人口主體，按照中原社會的模式建構起來的。閩臺社會所謂的傳統化、文治化，實質上就是中原化，是以中原傳統社會為模式，來推動閩臺由移民社會向定居社會轉型的。因此，步中原之後是歷史形成的一個客觀事實，也是閩臺一種普遍而典型的社會心態。它並不意味著落後或自甘落後，相反地，在閩臺特定的歷史背景下，它還意味著從蠻荒向文治轉化的一種社會進步，是由邊緣向中心的看齊。對於後發展的閩臺地區而言，這是一種自然正常，且帶有幾分自信自得的文化心態。

然而，近代以來，中國社會發生了極大的變化。一方面，清代中葉以後，持續發展了二千餘年的封建社會，開始進入它的末期；強盛一時的清王朝，也由盛入衰。在西方崛起的工業文明面前，封建王朝賴以鼎盛的以中原為發展基礎的農業文明，無論在經濟實力、政治體制、還是文化意識上，都顯出它難以應付世局驟變的軟弱無能和陳

腐，只能以閉關鎖國來守住自己「天朝上國」的美夢。但西方的堅船利炮，強迫轟開了清朝的國門，一連串喪權辱國的不平等條約的簽訂，不僅暴露了清政府無能賣國的本質，也從根本上動搖了作為帝國象徵的中原在民眾心目中的地位。中原在現實發展中尊貴地位的喪失，是閩臺社會心態發生變化的重要原因之一。另一方面，西方文明隨著殖民者的炮火擠進中國，為中國社會的近代化發展提供了一個契機。由於西方殖民者最先是從中國南方打開缺口，西方文明也較早從這裡登陸，「識夷」、「師夷」以「制夷」的觀念，便最先從南方提出。中國社會的近代化進程，也首先從南方起步。南方歷來只是邊緣，只有中原才是中心，步中原之後、向中原看齊一直被視為天經地義的事。但歷史的變化卻使中心和邊緣的關係發生了顛覆性的置換，南方諸省得風氣之先，成為中國社會近代化變革的中心。南方的崛起，是閩臺社會心態變化的另一個重要原因。

閩臺在這一波社會變革中，領風氣之先，對中國社會的近代化進程，做出了特出的貢獻。

首先，在西方勢力不斷東來，民族危機日益加深的情況下，福建湧現一批憂時愛國、主張變革的優秀知識分子，推動了中國社會的近代化轉折。其最突出的代表，當首推林則徐。作為「亦官亦儒」的封疆大吏，林則徐是在鴉片戰爭前夕受命兩廣總督的。在查禁鴉片的鬥爭中，他清醒意識到，保守的中國所面臨的，不僅是西方「船堅炮利」的先進科技的威脅，還有西方文化的嚴峻挑戰。因此他主張必先「識夷」才能「制夷」，即通過對「夷情」的了解，來改變滿朝文武「只知侈張中華，未睹寰瀛之大」的守舊思想。在他任上，延聘能曉外文的譯員，編譯匯納世界各國基本情況的《四洲志》，主持譯介西方政治、經濟、軍事情報的《澳門新聞報》，出版各國對華評論的《華事夷言》等，以求真務實的精神，成為近代以來「睜眼看世界的第一人」。林則徐的思想深刻影響了與他同時代的魏源、徐繼畬、姚

瑩等。魏源將林則徐的「師夷」和「制夷」思想進一步歸納發展為「師夷之長技以制夷」，主張「盡轉外國之長技為中國之長技」、「以富國強兵」，並且斷言「善師四夷者，能制四夷，不善師外夷者，外夷治之。」他繼《四洲志》之後所著的《海國圖志》，風行一時，甚至遠對日本的明治維新發生了重要影響。《海國圖志》與曾任福建巡撫的徐繼畬所撰的《康洲紀行》等，都為中國認識世界做了重要貢獻，成為中西文化交流的第一批成果。繼林則徐之後，福建近代史上的另一個重要人物是嚴復。十四歲就考入福建船政局附設的海軍學堂，而後派往英國學習海軍的嚴復，意識到西方的強大，與他們的經濟、政治、法律制度和人文思想密切相關，便悉心於西方社會科學著作的翻譯。其著名譯作包括宣傳進化與競存思想的赫胥黎的《天演論》，宣揚自由經濟理論的亞當斯密的《原富》，宣傳平等觀念的孟德斯鳩的《法意》，宣傳自由思想的穆勒的《群己權界論》，介紹西方社會學理論的斯賓塞的《群學肆言》，以及宣傳形式邏輯與科學方法的穆勒的《名學》、耶芳斯的《名學淺說》等，全面涉及了政治學、法學、經濟學、社會學、邏輯學等各個領域。嚴復是第一個把林則徐所倡言的「師夷之技」從物質層面推進到精神層面，為中國近代社會的歷史轉折，提供了西方的理論和文化資源。與嚴復殊途，雖不懂外文卻擁有「譯界之王」桂冠的林紓，其一生共翻譯西方小說一百八十三種，計一千二百萬字，形象地向國人介紹了西方的生活，改變了國人對西方妖魔化的想像，並以西方的小說觀念推動了中國傳統小說模式的革新。

近代以來，福建湧現的影響於世的文化人之多，可能唯有廣東可以比擬。其重要者還有：在英、德獲得多個學位，精通六國語言，曾任上海南洋公學校長、擔任洋務派張之洞幕府二十餘年的辜鴻銘，其最重要的貢獻之一是將中國儒家經典《論語》、《大學》、《中庸》譯成英文，並用英文寫了《春秋大義》、《尊王篇》等，向西方介紹中國文

化；曾在林則徐家中教讀，在鴉片戰爭爆發後寫了《平夷十六策》、
《破逆志》的愛國詩人林昌彝；繼左宗棠之後擔任船政大臣達八年之
久，並曾兩度抵臺指揮抗禦日軍侵擾並處理善後，對福建和臺灣的
「『洋務」建設多有貢獻的沈葆楨；以及在福建船政學堂期間，輔佐
沈葆楨使之計劃得以實現的梁鳴謙、吳仲翔、王元稚、黃維煊、王葆
辰、葉文瀾、張斯桂等；曾任宣統帝師，以講臣身分在維護儒學倫理
同時，又以了解西方人文歷史、風土政情作為皇上必學內容，從而將
「師夷制夷」的思想從一般士大夫的層面推向決策最高層的陳寶琛；
創辦商務印書館，為推行新學做出重大貢獻的高夢旦；畢生從事新聞
工作，以犀利文筆介紹西方文化、評說時事、鼓吹革命的著名報人林
白水等等。福建在中國歷史上唯有兩個時期對中國社會的發展產生過
全局性的影響，一在宋代，以朱熹為代表的閩中理學的建立，總儒學
之大成，成為南宋以後封建社會發展的思想基礎；一在近代，即鴉片
戰爭以來福建文化人在引進西學、推廣洋務，促進中國社會的近代化
進程，走在了時代前面。如果說，以朱熹為代表的閩中理學的影響，
主要是維護封建社會後期發展的延續，那麼近世以來以林則徐、嚴復
等為代表的一批人物的影響，則在於促進封建社會的解體，推動中國
歷史近代化的轉折。時代賦予了地僻東南的閩臺這一契機，使閩臺在
中國歷史的大轉折中扮演了重要角色。

　　其次，在「師夷之技以制夷」的民族感情與正義理性的認識基礎
上，閩臺成為引進西方科技文明的洋務運動實踐最力也收穫最大的重
要省分。在福建，一八六五年創辦的福建船政局，是當時國內規模最
大的一個洋務企業。依時任閩浙總督左宗棠的計劃，福建船政局將從
國外購賣機器、聘請技師，「立限五年，成船一十六號」，以改變國家
防務長期落後的局面。此一計劃在其後繼者沈葆楨兢兢業業的八年努
力中，得到了落實。馬尾造船廠成為當時遠東第一流的造船工業，借
鑑當時水平最高的法國的造船技術和英國的駕駛技術，成船四十艘；

並於船政局內設船政學堂，實行生產與教學相結合，為近代中國培養了一大批人才。如著名的工程師魏瀚、林慶升、池貞銓、林日章、鄭清濂、詹天祐等，著名的海軍將領鄧世昌、劉步蟾等，著名的外交家羅豐祿、陳季同、吳德章等。在洋務運動的同時，福建還吸收西方經驗，發展新式教育。福建的近代教育起步於教會學校的創辦，如一八五〇年英國倫敦教士施亞力在廈門創辦的英華中學，一八五三年美國公理會在福州創辦的格致中學，聖公會創辦的三一書院等，都在全國開風氣之先；尤其是一九一八年由教會創辦的協和學院，更是福建最早的大學之一。在新學風氣的帶動下，私人創辦的新式學校也紛紛湧現。以一八九六年創辦的福州蒼霞精舍為最早，繼而有一八九八年的廈門同文書院，一九〇二年的全閩大學堂等。一九〇五年科舉廢除之後，退隱在福州的陳寶琛等成立「閩省學會」，後改名「福建教育總會」，為促進新式學校創辦和舊式書院的改造，起了重要作用。在中西文化交流的推動下，新聞事業也異軍崛起。最初是教會創辦的英文報如一八五八年創刊的《福州府差報》、《廈門鈔報》等，以及中文的《郇山使者報》及後來易名的《閩省會報》等，雖多以宗教宣傳為主，但兼及時事評議。甲午以後，閩人自辦的報紙十分活躍。最早是黃乃裳於一八九六年四月二十八日創刊的《閩報》，其後相續出現了《福建白話報》、《福建新聞報》以及後來易名為《福建日報》的廈門《鷺江報》等。數十種報紙的出版，給民眾帶來了新鮮空氣，宣傳了維新思想和革命思想，使福建無論在洋務實業，還是文化教育，都走在了全國的前列。

在臺灣，近代化的建設，作為全國洋務運動的一個組成部分，肇始於臺灣建省前後。早在一八七四年，福建船政大臣沈葆楨抵臺處理日本侵華事件的善後時，就奏准在閩臺之間架設水陸電線，在安平、旗後建設新式炮臺，並引進國外機器開採基隆煤礦，是對臺灣近代化建設的奠基。一八七六年新任臺灣巡撫丁日昌全面提出了包括購戰

艦、建炮臺、開鐵路、建電線、買機器、辦公司、開礦、招墾等發展
計劃，並積極予以實施，為臺灣的近代化建設奠定了良好基礎。一八
八四年劉傳銘以福建巡撫督辦臺灣防務，並於一八八五年建省後任第
一任臺灣巡撫，立即整軍經武，大興洋務，把臺灣近代化建設全面推
開。在軍務上增設炮臺，設立軍械所與火藥局，整軍練兵，改用洋槍
洋炮；在交通上，修建鐵路，設電報總局，發行郵票，自辦郵局業
務；在工業上，置煤務局，辦硫磺廠、鋸木廠，引進製糖設備，發展
樟腦生產，出現了民族資本的近代工業；在商務上設招商局，實行樟
腦專賣，購輪船，發展對大陸和海外貿易；在市政上，開街築路修
橋，裝設電燈，引自來水，把人口日漸繁密的臺北建成為政治、經
濟、文化中心的近代化城市；而在教育上，創立西學堂，聘任中外教
習，培養通曉近代科學的人才。凡此等等，都使臺灣在陷日之前，就
已後來居上發展成為中國的先進省分之一。

　　歷史轉折所提供給予閩臺的這份機遇，改變了閩臺在中國歷史發
展上的邊緣性和從屬性地位，使閩臺在此後百餘年中國社會的現代化
進程中，一直作為敏銳地感應時代風潮，吸收西方先進科技與文化而
影響於全局的先發地區。歷史地位的這種轉變，自然帶來閩臺社會文
化心態的不同。首先，歷史上一直以步中原之後為自我規約的追隨心
理，一躍而成為領風氣之先的開創心理，它增加了閩臺文化心態上的
自信，激發了創造性的心理機制。如果說，以往閩臺社會的主導意識
集中在如何趕上中原步伐，使閩臺社會傳統化、中原化，知識分子的
走向是朝著傳統政治、文化中心的北方，以求取功名來福祉鄉里。那
麼近世以來，閩臺社會的主導意識更多地轉向對於外來文化的吸收，
以促進社會的近代化和現代化轉變。知識分子的動向中，相當一部分
走向海外，以學習西方科技和文化來改變中國社會的落後面貌。這種
文化心態和文化意識的變化，打上了鮮明的時代烙印。其次，閩臺社
會文化心態的變化，重新激活了本來就植根於閩臺社會生活之中的海

洋文化基因。閩臺在更多地走向海洋，無論是向海外移民拓展，還是進行海上的商業貿易，都在廣泛地接觸與吸納異質文化中，使閩臺文化具有了更多的開放性和兼容性的品格。它以靈動機變、善於吸收的文化性格特徵，區別於中原建立在悠久博大文化傳統基礎上的沉隱厚重、執著堅守的文化性格。南北社會的這種文化性格差異，既有著深遠的歷史因素，也蘊涵著豐富的現實機緣。第三，閩臺文化性格的開放性與兼容性，在近代社會中西文化的交融與衝突中，既可能推動中華文化在吸取異質文化的積極成分中走向更新，也可能產生否定民族傳統的消極媚外心態，這一文化性格的兩重性，在閩臺社會屢受外來侵侮的特殊歷史遭遇中，表現得十分複雜，應當引起我們深入細緻的分析。

當然，無論歷史怎樣發展，中原地區一直是中國政治、經濟、文化的中心和社會發展的重心。近世以來社會的變革，雖然由南方得風氣之先，但要影響於全局，還必須進入「中原」這個「中心」和「重心」。這就是為什麼從福建的林則徐、嚴復、林紓、辜鴻銘到廣東的梁啟超、康有為等燦耀一時的文化名人和革新派人物，都必須從南方走向中原，走向權力核心的北京的原因。但中原文化的博大與厚重，往往銷蝕和化解了來自南方的這些更多受到西方文化影響的知識人的革新意志，使他們消融在廣大無邊的文化傳統之中。這也就是為什麼一部分革新派人物，從嚴復、辜鴻銘到康有為、梁啟超等，最後都投入保守陣營的深刻的文化原因。領風氣之先並不能根本改變中原的傳統核心地位，文化轉化的複雜性和反覆性也深深鑴刻在閩臺社會的心理感受之中。

第八章

閩臺社會同步發展的中斷與臺灣文化同質殊相的呈現

第一節　日本據臺與閩臺社會同步發展的中斷

　　甲午戰敗，一八九五年，清政府派出李鴻章赴日議和；四月十七日，於日本馬關春帆樓簽署《講和條約》（即《馬關條約》），被迫以割地、賠款、增開通商口岸、承認朝鮮獨立等條件換取停戰。臺灣、澎湖及周圍所屬島嶼，自此落入日本帝國主義手中，成為異族統治下的殖民地。這是中國近代史上最為慘痛的喪權辱國條約之一，臺灣社會進程也由此出現了重大的曲折。

　　臺灣自明末開始出現較大規模的移民以來，經過清代持續不斷的發展，至臺灣陷日之前，歷經二百餘年，都以中國大陸的傳統社會為發展模式，完成了從移民社會到定居社會的建構。由於臺灣移民大多來自福建，兩地自然環境和語言文化有許多相似和相承的關係；在行政建置上，臺灣在一八八五年建省之前，一直置於福建治下。因此閩臺常被視為一體，臺灣社會也以和福建的同步發展，作為它實現中原化的一個標誌。但是，甲午戰爭的失敗，一紙《馬關條約》，使臺灣陷入殖民者的虎口之中，其與福建同步發展的這一內地化的歷史進程，也由此中斷。

　　日本統治臺灣半個世紀，全面實行嚴酷的殖民計劃，其根本目的，就在於把臺灣變成日本永久的國土。這是日本早在甲午之前就潛心已久的夢想，一旦實現，便變本加厲從政治、經濟、文化諸方面予

以實施。這是導致閩臺社會同步一體發展關係中斷的根本原因。

　　首先，在政治上，臺灣陷日以後，社會性質發生根本變化。在此之前，臺灣與福建同為一個主權國家中相鄰相攜的兩個兄弟省分；而在此之後，臺灣已從中國分離出去，變成日本帝國主義統治下的殖民地。閩臺國家歸屬和社會性質的不同，使兩地同步發展失去共同的政治前提。隨此而來，社會的政治結構和功能，也發生根本改變。過去臺灣巡撫衙門作為中央政府派出的地方行政建置，其目的是推動臺灣在中華文化基礎上的中原化、傳統化和文治化進程。而現在臺灣成為日本殖民地，由殖民宗主國日本派出的臺灣總督及全由日本人所組成的官僚體系，其目的恰恰相反，是阻斷臺灣與中國一體化的社會進程，變其為日本化的社會。為實現此一目的，日本殖民當局在臺灣實行的是集行政、軍事、立法三權於一身的專制、獨裁的總督制軍人統治，即使一九一九年以後改為文官總督，乃未改變其專制、獨裁的「武治」性質，只不過在籠絡上層人士和強制民眾同化上，增加了「文治」的另外一手。在把臺灣納入密如蛛網的警察控制中，以普及日語和灌輸大和精神的文化同化，作為與血腥鎮壓互相配合的殖民政策的補充。據一九〇二年的統計，全臺十個廳都設有警察課，九十七個支廳設有派出所九百九十二個，警察與民眾的比例在日本為一比一千二百二十八人，在朝鮮為一比九百一十九人，在臺灣則為一比五百四十七人，再加上恢復傳統的保甲制度，使臺灣儼然如一個警察的世界。嚴密的警察控制，是對臺灣民眾進行思想控制和文化控制的保證。在全面侵華戰爭爆發以後，日本殖民當局更以「國家總動員法」為依據，在「內（日本）臺一致」的口號下，嚴厲對「非國民言行」加以鎮壓，強制推行文化同化，極力把臺灣人民改造成日本「皇民」，將六百萬臺灣人民編入各種奉公團體，不但迫使臺灣人民捐錢獻工，還強迫臺灣青年到大陸和南洋充當炮灰。據日本厚生省戰後發表的數據：臺灣在二戰中被徵調的軍人、軍伕等，總數達二十萬七千

一百八十三人。戰時的臺灣，從政治、經濟和軍事都被日本軍國主義綁上了最終自取毀滅的侵略戰車。

其次，在經濟上，臺灣的殖民地化，使其失去了經濟上的自主性地位，變成殖民宗主國的經濟附庸，閩臺的經濟性質與走向由此發生根本變化。臺灣過去主要通過福建向大陸出口的「郊商」貿易，也已大大衰減，轉向以滿足日本需要為中心的生產和貿易。日本對臺灣的經濟控制，從其據臺開始進行的土地調查、林野調查入手，通過幣制改革，將臺灣納入日本的金融體制之中，大量增加賦課，以作為對臺灣殖民統治的財政支持。日本屬意於臺灣的是將其作為農業和工業原料產地的傳統米糖生產，稻米可以滿足日本國內需要，蔗糖在經過日本精製後出口，可以在國際市場獲取高額利潤。為此，殖民當局通過改良技術、增修水利，提高稻蔗產量，招引國內壟斷財團投資，抑制本地民間資本的活動空間，使臺灣稻米和蔗糖生產的絕大份額，都掌握在日本財團手中。尤其是糖業生產，因第一次世界大戰後歐洲甜菜嚴重減產，帶來國際市場糖價暴漲，使日本贏得巨大利潤。由此進一步引發了為擴大甘蔗種植而產生的米糖爭地的矛盾。由於糖業利潤是建立在臺灣稻米生產的低廉價格基礎上，所謂「米糖相剋」的矛盾，實質上反映的是臺灣農民的利益與日本糖業資本利潤之間的衝突，以及日本國內投資稻米和投資蔗糖的不同財團之間的矛盾。二戰爆發以後，日本為實現侵略中國和東南亞的「南進」計劃，將臺灣納入日本戰時經濟體制，調整了臺灣的經濟結構，把臺灣以米糖為中心的農業經濟，轉向以軍需生產為重點的工業經濟，大力發展電力工業，開發煤炭資源，帶動臺灣的鋼鐵、輕金屬、機器製造、船舶製造、水泥、化肥、紙漿、紡織等戰爭急需工業的發展。臺灣經濟對殖民宗主國的從屬性、依附性，使其與福建經濟的同步發展，已無從說起。殖民地經濟的畸形發展，雖然一定程度上提高了臺灣的工業化水平，但受惠者主要並非臺灣民眾，而首先是壟斷財團及其殖民帝國。

　　第三，在文化上，日本殖民者十分清楚，要把臺灣變成日本永久的國土，僅靠政治上的高壓、軍事上的屠殺和經濟上的掠奪，還遠不行；惟有從文化上進行同化，才能徹底改變臺灣人民的國家觀念和民族意識，成為認同於日本的天皇忠誠臣民。因此，自日本據臺以來，殖民當局便把文化同化作為其與軍事鎮壓相互為用的一貫的政策，且隨著時局的變化，日益變本加厲。文化同化政策的推行，主要從兩個方面著手，一是通過社會教育和學校教育，普及日語，灌輸日本民族的大和精神，推廣日本的生活方式，以使臺灣和臺灣人民「都成為皇國真正的一環」；二是割斷臺灣與中國的文化聯繫，禁絕一切與中華文化相關的文化活動，以抑制和淡漠臺灣民眾的民族向心力和文化向心力。文化同化的實施，依仗政治高壓的強制和經濟利益的引誘，在日本全面侵華戰爭爆發以後，推到了極端。從一九三七年九月開始實施，而在一九四一至一九四五年推向高潮的「皇民化」運動，是日本對臺灣強制文化同化的一次集中表現。所謂「皇民化」運動，是根據日本戰時「國民精神總動員」的實施綱領，以「強化國民意識」、培育「忠君愛國」思想，把臺灣人民都變成日本皇民的民族改造運動。它包容廣泛，仍然以上述的兩個方面為核心。一方面禁絕和取締漢語學校，禁止漢文報刊，燒燬臺灣民眾信仰的漢族神祇，取消傳統歲時節慶的民俗活動，禁演中國傳入的各種傳統劇種，以及在閩南歌仔基礎上發展起來的臺灣地方劇歌仔戲等地方戲曲，其嚴厲程度，前所未有。另一方面，從正面提倡更服（換穿日本和服）、易姓（改用日本姓名）、改變生活習慣、洗日本鳳呂（澡盆）、睡榻榻米，興建日本神社，供奉日本神祇，在學校教育中宣揚武士道精神，培養凶狠、好勝、服從的日本式國民性格等，以期「在不知不覺中感受皇民意識」。強制同化的「皇民化」運動，雖然受到臺灣民眾不同方式的抵制，如所謂的易姓，到一九四○年二月，才有一百六十八人去登記，且多為公務員之類，其中有些更姓者不顧「不得使用今姓所源之的中

國地名為姓」的禁令，將陳姓改為「潁川」，呂姓改為「宮內」等等，仍潛寓著對中國故地和祖先宗族的懷念。但由於戰爭時期特殊的政治環境，強制同化的「皇民化」運動，雖然並未能夠從根本上改變臺灣社會發展的中華民族文化基礎，但仍使中華文化在臺灣受到極大的破壞，給臺灣民眾帶來深刻的心靈傷害。從日語的普及情況看，據臺灣總督府統計，一九三七年的日語普及率為百分之三十七點八，一九四○年為百分之五十一，一九四四年則達到百分之七十一。語言是存在的「家」，其所潛隱的文化意義，對臺灣社會的影響之廣泛和深遠，絕不可低估。日據時期日本殖民當局的文化同化政策，使臺灣與中國的文化聯繫受到阻斷、淡化和破壞，導致日本文化對臺灣社會的滲透，與中華文化在臺灣出現某些異變。

　　從殖民地社會的文化結構分析，代表殖民者意志和願望的文化是居於統治地位的主導性文化，而植根於廣大民眾之中、成為社會基礎的民族文化，雖處於被統治地位，卻是代表社會最多人口的主體性文化。殖民者的主導性文化秉持其政治、經濟的力量，對廣大民眾主體性的民族文化的壓迫、銷蝕和替代，以及代表最廣大民眾利益和願望的主體性文化，對異族統治的主導性文化的反抗，構成了殖民地社會文化衝突的基本內容和形式。日本據臺五十年，臺灣人民反對殖民化的鬥爭也堅持了五十年。最初是以武裝反抗為主要鬥爭方式，反對日本的殖民統治，在持續了二十年的數十次起義遭到血腥鎮壓以後，轉向文化抗爭。日據初期與武裝起義同時掀起的以「讀漢書、寫漢字、做漢詩」為主要內容的漢學運動，是維繫民族文化傳統以抵制日本同化的一次具有深遠意義的文化抗爭。此後雖屢受當局普及日語的禁止，但民眾仍暗中堅持學習漢文漢學，不少漢學書房一直堅持到一九四三年才被強行關閉，就是一個典型的例子。在日本殖民當局從軍事鎮壓轉向文化懷柔後，一些具有民族意識的臺灣士紳如林獻堂等與島內知識分子的代表如蔣渭水等，通過日本人組織的「同化會」和自己

組織的以「助長臺灣文化之發展」為宗旨的文化協會等，爭取臺灣人民的權利，啟蒙廣大民眾的民族意識，以弘揚中華文化，對抗日本文化的同化。對於臺灣人民堅持民族立場的文化抗爭，《臺灣總督府警察沿革志第二編》的總序也不得不承認：「臺灣人的民族意識之根本起源，乃繫於他們原是屬於漢民族的系統，本來漢民族經常都在誇耀他們有五千年傳統的民族文化，這種民族意識可以說是牢不可破的。」

　　殖民地社會的性質改變，政治上的異族統治，經濟上的附庸地位和文化上的被迫同化，日據五十年，臺灣被迫中斷了它與福建——也即與中國大陸同步發展的社會進程。但日據時期，返鄉祭祖之事仍屢有發生。日本對於中國土地的殘暴侵略，也激起臺灣人民的巨大憤慨。日本侵華期間，許多臺灣青年潛回中國大陸參加抗日隊伍；在大陸的臺灣人民組成的「臺灣革命青年大同盟」、「臺灣革命民族總同盟」、「臺灣獨立革命黨」等，在一九四〇年三月聯合組成「臺灣革命團體聯合會」，成員達千人以上，積極參與中國的各種抗日活動。在東南沿海，李友邦組織領導的臺灣義勇軍和臺灣少年團英勇善戰，為打擊日本侵略，實現抗日戰爭最後勝利做出了重要貢獻。臺灣民眾在日本殖民者政治高壓下，表現出來的強烈的對中國和民族的向心力，是臺灣最終回歸中國的深刻的思想動力和文化基礎。

第二節　兩岸對峙與臺灣文化的同質殊相發展

　　二十世紀四十年代中期以來，臺灣歷史又經歷了一次重大轉折，閩臺關係也隨同歷史的波折，進入了另一種境況。標誌著這一重大轉折的主要是兩次影響深遠的歷史事件。

　　其一，一九四五年八月十五日，日本宣布無條件投降，中國人民堅持八年的艱苦抗戰，取得最後的勝利。根據二戰結束之前中、美、英三國簽署，後又有蘇聯加入的《開羅宣言》和《波斯坦公告》，日

本必須將它「所竊取於中國之領土，例如滿洲、臺灣、澎湖列島等，歸還中國」。一九四五年八月二十九日，由臺灣省行政長官公署首任行政長官兼警備司令陳儀，代表中國政府在臺北市公會堂（即今中山堂）接受了日本第十方面軍司令長官安藤利吉的投降書。自此，日本在臺灣的殖民統治宣告結束，被迫處於日本殖民統治之下長達五十年的臺灣，「所有一切土地、人民、政事」都重返中國。這一歷史事件改變了臺灣受辱半個世紀的殖民地歷史，掀開了回歸中國的歷史新篇章。

其二，一九四九年十月一日，中華人民共和國誕生。抗戰勝利後不久由國民黨挑起的國共第二次國內戰爭，在持續三年之後，以國民黨在大陸的全面失敗告終。國民黨政權撤遷臺灣，並形成了此後半個多世紀以臺灣海峽為界的兩岸對峙。新中國成立和國民黨政權遷臺這一互相關聯的事件，是繼臺灣回歸之後的又一次重大歷史事變，它再度改變了臺灣的歷史進程，使臺灣在近半個世紀來走上了無論是政治制度還是經濟體制，都與中國大陸不同的發展道路。兩岸的概念，在這一歷史背景下被突現了出來。過去經常將閩臺關係相連談論，突出了它的兩岸背景，此時所謂的閩臺關係，實際上就是以閩臺為代表的兩岸關係。兩岸關係這一概念的提出和強調，把閩臺關係包含其中，是現實政治發展的結果。臺灣在中國歷史上的地位，得到了前所未有的強調。

戰後半個世紀，臺灣在文化上的發展和變化，與中國大陸（福建包含其中）有本質上的同根和形態上的差異。這種文化發展上的同質殊相，既表現在中華文化傳統在臺灣的重建，也表現在臺灣文化的現代發展等方面。

第一個方面，中華文化傳統在臺灣的重新確認和建立。

文化重建是臺灣光復以後歷史提出的一個緊迫命題。基於日據時期殖民者對中華文化傳統在臺灣的阻斷和破壞這一特定背景，臺灣的

回歸，在根本意義上也是對於中華文化傳統的回歸。只有在中華文化的基礎上，臺灣才能與中國大陸同步發展。文化重建在臺灣實際上經歷了恢復與發展兩個階段。光復初期，擺脫了殖民地命運的臺灣人民，懷著重做國家主人的巨大熱情，積極參與和支持恢復行使臺灣主權的國民黨當局提出的各種文化重建政策。一九四六年一月，臺灣行政長官公署宣布進行教育改革，加強國文教育和國語教育，禁止在學校中用日語進行教學，並於同年四月在臺灣成立「國語推行委員會」，在各縣設置國語推行所，編寫加注漢語拼音的國語教材，舉行國語示範廣播，舉辦各類國語培訓班等，很快就獲得臺灣民眾的熱烈響應，在臺灣掀起了一個普及國語、學習中文的熱潮。一批愛國的臺灣知識分子，如游彌堅、許乃昌、楊雲萍、陳紹馨等，還組織了「臺灣文化協進會」，以「剷除殖民地統治所遺留下來的遺毒，建立民主的臺灣新文化」為宗旨，出版《臺灣文化》雜誌及其他書籍，舉辦各種文化活動，在認同臺灣文化的特殊地方性格同時，強調臺灣文化的中國屬性和與中華文化的傳承關係。當時《新生報》的文學副刊《橋》，還開展了廣泛吸引兩岸作家參與的「如何建設臺灣文學」的討論，以「臺灣文學是中國文化的一環」為前提來探討臺灣文學的建設問題。為了參與戰後臺灣的文化重建，光復初期大陸一批著名的作家和文化人，如許壽裳、臺靜農、魏建功、黎烈文、李霽野、李何林、袁珂、雷石榆、何欣、覃子豪、紀弦等，都滿懷熱情紛紛渡臺；戰爭期間留居大陸的臺灣作家，如張我軍、洪炎秋、林海音、鐘理和等，也相繼返臺，參加各種文化重建工作。隨同他們的到來，大陸各種文化出版物也紛紛湧進臺灣，成為溝通兩岸、重建傳統的文化橋樑。這是兩岸文化關係表現得最為融洽、熱絡的一個時期，文化重建由此打下良好的基礎。一九四七年「二二八事件」以後，國民黨當局的錯誤處理，極大地打擊了臺灣民眾的政治熱情和文化熱情。希望的破滅使這一時期臺灣人民自覺的文化重建運動陷入低潮。

　　文化重建的另一個重要發展階段在一九四九年以後。一九四九年十二月，國民黨政府正式從大陸撤遷臺灣，隨其進入臺灣的，不僅有來自全國各省籍的百萬軍隊和各級軍政人員，還有許多著名的文化人士及從大陸搬運抵臺的大量文化資產。儘管國民黨遷臺政權的文化工作帶有著太多的政治功利性，但對於中華文化在臺灣的弘揚，畢竟發生了重要影響。隨著教育的發展，臺灣在二十世紀六十年代末期開始普及「九年制國民教育」，為適應經濟建設對人才的需求，在發展中等職業教育的同時，中學和大學的數量和入學生數也迅速增加，至二十世紀八十年代末，各類公私立大學已達一百零九所。據一九八八年統計，包括小學生在內，臺灣的在校學生數共五百一十九點五萬人，占總人口的百分之二十六。教育的普及，也是中華文化的推廣和社會文化水準的提升。二十世紀六十年代末期，為了防止西方文化的過度衝擊，臺灣當局還成立「中華文化復興委員會」，推動「中華文化復興運動」，希望以「固有文化」來充實「國民精神生活」。如果說，日據之前，中華文化在臺灣的傳播，主要是經由閩粵移民的攜帶，以閩粵文化的區域性形態進入臺灣，帶有著中原文化二度傳播的間接性特徵；那麼這一時期中華文化在臺灣的延播，已經越出了閩粵的地域區限和俗文化的感性色彩，帶有著更多來自中原（中央）地區的直接性，涵納了各個省籍的豐富性和提升為菁英論述的學理性特徵。這是中華文化傳統在臺灣由光復初期的恢復、重建，發展到一個新的豐富、擴大和強化的重要階段。

　　當然，中華文化在臺灣的恢復和發展，是交錯在臺灣社會複雜的政治、經濟環境之中的。文化在臺灣，從來就不是單純的文化，而是為其背後潛隱的政治、經濟所牽制和服務的。這就使戰後臺灣的文化重建和發展，呈現出一些異乎尋常的特徵，產生了與中國大陸文化某些不同的形態。主要是：

　　一、中華文化在臺灣的重建和弘揚，是作為一種政治舉措，為鞏

固當局的政權統治服務的。光復初期，臺灣的政權重建，是和臺灣的
文化重建一致並同步進行的。政治文化所面臨的都是日本殖民體制的
政權建構和文化建構；因此，清除日本的殖民政權體系和掃除日本的
殖民文化遺害，是同樣重要而迫切、並互相影響的大事。以掃除殖民
文化為前提的文化重建，受到政權當局的支持，並作為政權重建的一
項重要措施予以推行。國民黨政權遷臺以後，弘揚中華文化也是作為
其維繫自己「法統」地位的一項象徵性的政治措施，得到政權機構的
支持。因此就整體而言，文化與政治在這一時期所表現出的功能上的
一致性，使中華文化的弘揚，作為臺灣當局政權建設的一個組成部
分，一方面進一步擴大了臺灣社會發展的中華文化基礎，但另一方
面，中華文化傳統所包含的「仁」、「仁人」的人文精神，這一更多表
現為民主、自由的思想傳統，卻是與政權當局的專制、獨裁統治相牴
觸，而屢屢受到抑制。因此，被政治化了的中華文化傳統在臺灣的延
播，並不徹底和全面，而是隨政治所需而有所摘取。在這一點上，政
界的選擇性和學界與現實脫節的純理性，都存在著難以將中華文化傳
統在臺灣貫徹到底的侷限。

　　二、中華文化傳統的重建與弘揚，是在外來異質文化的複雜糾葛
中進行的。國民黨政權在臺灣的統治，很大程度上依靠以美國為首的
西方陣營在政治、軍事、經濟上的支持，它同時帶來了西方文化的長
驅直入。臺灣當局對外來文化的毫不設防和臺灣社會仰賴西方在文化
上反映出來的全盤西化思潮，相互為用，都助長了西方文化對臺灣的
影響。它以中華文化為保守、陳舊，以西方文化為新潮、現代，客觀
上造成對中華文化的阻遏和衝擊。二十世紀八十年代以後，隨著本土
化思潮的崛起，殖民時代的日本文化死灰復燃，成為與政治、經濟勢
力互相配合的一股文化力量，活躍在島內。外來文化的某些先進成分
和其帶有政治色彩的後殖民性，既給中華文化的發展提供契機，也對
中華文化的存在構成威脅和壓迫；中華文化對外來異質文化既有條件

地吸收攝取，也進行激烈的排斥抗爭，構成了臺灣社會發展的複雜文化環境。在幾無設防的文化開放狀態下，異質文化的大量湧入，使以中華文化為原型的臺灣文化，不能不受其影響而呈現出某些異樣形態。

三、中華文化在臺灣的進一步發展，是在臺灣社會的現代化過程中進行的。文化與社會同步的現代化演進，是文化延播、發展的題中之義。它所誘發的種種矛盾與衝突，具有深刻的時代意義。關於這點我們下面將有專門論析，這裡不作贅述。

四、由文化菁英為代表的中華文化的經典傳統與廣大民眾興起的中華文化的民俗傳統，共同構成了中華文化在臺灣的大觀。臺灣民俗文化衍生於早期移民攜帶而來的閩粵民俗文化。它在戰後的再度興起，有著複雜的背景。它一方面是被日據時代壓抑過久的廣大民眾民族情感的爆發；另一方面又是臺灣當局在滌除日本文化遺毒時不恰當地把本土文化也當作殖民地文化加以反對，從而給臺灣民眾帶來情感傷害所引起的反抗。所謂本土民俗文化，是中華文化在臺灣的地域形態，它與臺灣先期移民的祖籍地閩粵有著十分密切的淵源關係。無論其民間信仰敬祀的主神、歲時年節的各種習俗、祭祖認宗的祭拜儀式，以及民間藝術的表演程式、日常生活的工藝製品等等，無不源自大陸。民俗文化的廣泛興起，從其基本層面上看，應是中華文化民間傳統的普及與菁英傳統的弘揚互相補充，是中華文化在臺灣延播富於地方特徵的一種方式。

第二個方面，臺灣文化的現代發展。

二十世紀下半葉，是中國實現現代化的重要發展時期，文化的現代性轉型，是社會發展必須面對的一個共同命題。半個世紀來兩岸的對峙，在不同的政治制度和經濟體制下，兩岸社會走上不同的發展道路。它使在這一不同社會環境中成長發展的文化，也呈現出不同的形態和進程。二者有著根本的不同。臺灣文化現代發展的異樣形態受到

三個方面因素的影響：

　　一、社會體制上政治、經濟因素的影響。國民黨政權在臺灣實行的是專制、獨裁的統治。為維繫其統治及實現其破滅的「反攻大陸」夢想，政治對文化的干預表現得十分直接而強烈。一方面，它從正面提出反共的文化主張，倡導所謂「戰鬥文學」、「戰鬥戲劇」等等，企圖以此來主導臺灣的文化運動，表現出十分強烈的「文化政治化」的傾向；另一方面，它又對文化上可能危及其統治的反對派和自由主義傾向，以莫須有的「配合中共統戰陰謀」、「涉嫌叛亂」等政治罪名，予以壓制。其典型的事件如自由派分子胡適、雷震所主持的《自由中國》，因發表一系列不滿獨裁統治、主張西方民主政治的文章，導致了刊物被取締和主編墜獄的結果。民進黨執政以後，在文化問題上的政治干預，同樣十分嚴重。民進黨利用其掌握的政權資源，將其在臺下所鼓吹的「臺獨」文化主張，逐項變為上臺執政的文化政策，使民進黨執政下的臺灣當局所推行的文化運動，瀰漫著政治化的「臺獨」色彩。與政治相配合的，是經濟的制約。一方面是政治利用經濟為誘餌，把文化納入政治軌道；另一方面又以經濟為手段，限制不滿其政權統治的其他文化的發展。國民黨執政時期以高額稿酬獎勵毫無藝術價值的「戰鬥文學」，和民進黨政權撥款支持有關「臺獨」的文化項目，其以經濟制約達到政治目的的手段，如出一轍，都呈現出臺灣文化發展上一種特殊的畸形狀態。

　　二、都市化因素的影響。據有關資料顯示，臺灣社會的都市化程度，發展很快。大約到一九六〇年，城市人口已超過臺灣社會總人口的一半，到一九八五年，已達百分之七十八點三。占總人口三分之一的都市人口，集中在僅占臺灣總面積百分之二點九的臺北、高雄、臺中、臺南、新竹、嘉義等七大城市裡。伴隨都市人口激增的，是一個教育程度較高、重視資訊與知識、政治參與活躍、社會聯繫廣泛、具有多種社團資格的中產階級的出現。據臺灣《中央》雜誌發表的署名

文章估計，中產階級家庭約占臺灣家庭總數的百分之三十至四十。這個具有多重角色和複雜心態的都市人群的出現和社會越來越普遍的都市化趨向，是在臺灣工業化和資訊化的經濟起飛中發生的。它直接帶來了臺灣都市文化意識的活躍和都市文化消費性格的形成。現代都市中心的出現，打破了傳統農業社會以宗族血緣為本位的社會結構模式，從而帶來對建立在自然經濟基礎上的宗法社會的價值觀、倫理觀、思維方式和行為規範的巨大衝擊。人從對於封建宗主關係的依附中解放出來，轉向對於商品經濟關係的依附。自由發展和激烈競爭的資本主義經濟，肯定了人的自我價值和個性的張揚；但金錢依附又造成對人的自我價值的貶抑和個性發展的束縛，使為滿足社會發展和個性解放出現的現代經濟和現代都市，又反轉過來成為壓迫人全面實現自己需求的異化物。臺灣文化就是在社會的這一複雜的現代化進程中，呈現出新的現代性的文化品格和文化形態的。

　　三、多元化的文化環境因素的影響。國民黨政權遷臺所造成的臺灣社會的特殊發展，使它在文化環境上處於兩種特殊狀態：一是對於中國傳統文化的重視，而對於五四以來中國新文化的發展，以其大部分文化人與共產黨的密切關係或生活在中國大陸，而予以否定和封殺，造成中國文化從古代到現代傳承上在臺灣的「斷層」；二是由於政治和經濟的原因，對以美國為代表的西方文化，採取不設防的全面開放；民進黨執政以後，更在對殖民時代的懷舊中宣揚日本文化。而從二十世紀六十年代以來，在經濟起飛和教育發展的基礎上，大批留學美歐和日本的青年，更帶來了他們在異邦求學中所養成的文化習慣，客觀上形成了臺灣文化環境的某種國際化的氛圍。這一切帶給了臺灣文化融攝其他異質文化的現代化契機，也不時呈現出對某些文化的媚外色彩。對異質文化的過度崇揚，在某種程度上也會引發與傳統和本土文化的矛盾。上世紀五、六十年代的臺灣現代主義風潮在包括從文學到藝術的諸個文化領域上的興盛，其所造成的背棄傳統和脫離

現實的弊端，就引發了一場規模浩大的鄉土文學論爭，即是這一複雜
文化環境誘發的文化思潮更替的一個典型事件。臺灣文化的現代化進
程，便交錯在這樣複雜的多元文化氛圍中完成。傳統和現代、本土和
外來、尚俗和媚外等多重矛盾所構成的文化張力，規約了臺灣文化的
走向，也呈現為臺灣文化現代化轉型的某些特殊形態和特徵。

　　臺灣文化的現代轉型，是二十世紀下半葉以後，臺灣社會走上與
中國大陸不同發展道路的文化表徵。它帶有著臺灣社會發展的某些特
殊形態和經驗，特別是從以農村自然經濟和封建社會為基礎的文化傳
統，轉向以都市現代經濟和社會結構為中心的現代文化建構，對中國
社會的現代化進程，無論經驗還是教訓，都有啟迪意義。這是臺灣在
戰後以來最具歷史價值的文化發展。

　　從傳統社會到現代社會，文化的現代化轉型，是歷史的必然。無
論臺灣還是中國大陸，都在二十世紀下半葉歷經這一過程。從文化的
動力學分析，推動文化發生變革的原因，既來自文化內部突破已無法
適應現實發展需要的傳統束縛的要求，也來自文化外部異質文化的衝
擊所提供的契機。但外因只是條件，內因才是動力。臺灣文化的現代
轉型所呈現出來的特殊的形態和進程，是由於臺灣社會的特殊性質和
歷史環境所造成的，它並不意味著臺灣文化的發展，脫離中華文化的
傳統。恰恰相反，無論是政權當局所推崇的菁英文化的經典傳統，還
是廣大民眾所熱心普及的民俗傳統，都構成了臺灣社會深厚的中華文
化基礎。臺灣文化的現代轉型，就是在這樣的基礎上實現的。即使臺
灣特殊的文化環境，使其受到多元的異質文化的衝擊，但無論對異質
文化的抵禦，還是對異質文化積極成分的吸收，都是將其納入民族文
化傳統之中，以現實的發展需要為準繩，進行選擇和揚棄，才能成為
民族文化傳統的新成分。因此，呈現出與中國大陸不同的臺灣文化的
特殊形態與進程，並不意味臺灣文化的發展脫離了中華文化的傳統，
而是在中華文化的邏輯軌道上的同質殊相發展。半個世紀來，臺灣與

中國大陸處於疏隔和對峙的狀態，但斷線不斷根，無論閩臺還是兩岸都是以中華文化為基礎發展的社會，其文化形態和進程的某些差異，只是一種同質殊相，這是無論誰都無法否認和改變的一個客觀的基本事實。

作者簡介

劉登翰

　　福建廈門人，北京大學中文系畢業。曾任福建社會科學院文學研究所所長、研究員，福建師範大學文學院博士生導師，兼任中國世界華文文學學會副會長、福建省作協副主席、福建省臺港澳暨海外華文文學研究會會長、福建省茶產業研究會會長等多種社會職務，已退休並卸任。現為廈門大學兩岸和平發展協同創新中心專家委員，福建師範大學兩岸文化發展協同創新中心研究員。主要從事中國當代新詩、臺港澳暨海外華文文學、閩臺區域文化和閩南文化研究，兼及藝術評論。出版學術論著和文學創作集三十餘種。晚近鍾情書法，在福州、廈門、泉州、金門、馬尼拉舉辦書法展，出版《登翰墨象》三冊、《墨語——劉登翰書法集》。

本書簡介

　　本書概括論述了以閩臺為中心的兩岸文化傳承關係及其發展和演變的全過程。全書採用文化地理學和文化史學交叉的研究方法，在追溯閩臺文化關係的歷史淵源，簡述閩臺文化的諸種外在表現形式的基礎上，深入探討閩臺文化的地域特徵，提出閩臺文化既不是內陸文

化、也不是海洋文化，而是從內陸走向海洋的多元交匯的「海口型」文化的重要觀點。同時，從閩臺特殊的地理環境和歷史遭遇，分析閩臺社會的文化心態和特殊心理，其中觸及諸如祖根意識與本土認同的認識分歧、拚搏開拓與冒險犯難的特殊性格、族群觀念與幫派意識的社會心理等問題，還探討了日本割據臺灣以後閩臺社會同步發展的中斷和閩臺文化同質殊相的發展狀況。本書所探討的諸多理論問題具有重要的現實意義。

福建師範大學文學院百年學術論叢·第六輯 1702F01

中華文化與閩臺社會

作　　者　劉登翰

總 策 畫　鄭家建　李建華

發 行 人　林慶彰

總 經 理　梁錦興

總 編 輯　張晏瑞

編 輯 所　萬卷樓圖書股份有限公司

　　　　　臺北市羅斯福路二段 41 號 6 樓之 3

　　　　　電話 (02)23216565

　　　　　傳真 (02)23218698

發　　行　萬卷樓圖書股份有限公司

　　　　　臺北市羅斯福路二段 41 號 6 樓之 3

　　　　　電話 (02)23216565

　　　　　傳真 (02)23218698

　　　　　電郵 SERVICE@WANJUAN.COM.TW

香港經銷　香港聯合書刊物流有限公司

　　　　　電話 (852)21502100

　　　　　傳真 (852)23560735

ISBN 978-986-478-386-1

2020 年 6 月初版

定價：新臺幣 380 元

如何購買本書：

1. 劃撥購書，請透過以下郵政劃撥帳號：
　　帳號：15624015
　　戶名：萬卷樓圖書股份有限公司

2. 轉帳購書，請透過以下帳戶
　　合作金庫銀行　古亭分行
　　戶名：萬卷樓圖書股份有限公司
　　帳號：0877717092596

3. 網路購書，請透過萬卷樓網站
　　網址　WWW.WANJUAN.COM.TW

大量購書，請直接聯繫我們，將有專人為您服務。客服：(02)23216565 分機 610

如有缺頁、破損或裝訂錯誤，請寄回更換

國家圖書館出版品預行編目資料

中華文化與閩臺社會 / 劉登翰著. -- 初版. --
臺北市：萬卷樓, 2020.06
　　面；　公分. -- (福建師範大學文學院百年學
術論叢. 第六輯；1702F01)
ISBN 978-986-478-386-1(平裝). --
1.文化研究　2.兩岸交流　3.臺灣　4.福建省

　　　　　541.28　　　　109015575